STARK

2020

Realschulabschluss
Original-Prüfungsaufgaben mit Lösungen

Sachsen

Deutsch

Inhalt

Jeweils im Herbst erscheinen die neuen Ausgaben
der Original-Prüfungsaufgaben mit Lösungen.

Autorinnen

Claudia Israel und Carina Kendler:
Übungsaufgabe 1, Übungsaufgabe 2 (1, 2.1, 2.2), Übungsaufgabe 3 (2.1, 2.3),
Übungsaufgabe 4 (1, 2.2, 2.3)

Claudia Israel und Martina Kilian:
Lösungen zum Realschulabschluss 2014–2018, Übungsaufgabe 5 (2.3)
Martina Kilian: Lösungen zum Realschulabschluss 2019

Marion von der Kammer:
Übungsaufgabe 3 (1, 2.2), Übungsaufgabe 4 (2.1), Übungsaufgabe 5 (1, 2.1, 2.2)

Vorwort

Liebe Schülerin, lieber Schüler,

mit dem vorliegenden Buch kannst du dich zielsicher auf die **schriftliche Realschul-abschlussprüfung im Fach Deutsch** an Oberschulen in Sachsen vorbereiten. Im Kapitel „**Tipps und Hinweise für die Prüfung**" erfährst du genau, was dich in der Abschlussprüfung erwartet und wie du beim Lösen der verschiedenen Aufgaben vorgehen kannst.

Mit den anschließenden **Übungsaufgaben im Stil der Prüfung** kannst du das Lösen der verschiedenen Aufgabenarten trainieren. Sie sind genauso wie die Prüfungsaufgaben aufgebaut, sodass du für dich schon einmal eine eigene Prüfung zu Hause durchführen kannst.

Die **Original-Abschlussprüfungsaufgaben** der Jahre 2014–2019 findest du im Anschluss an die Übungsaufgaben.

Zu allen Aufgaben gibt es ausführliche **Lösungsvorschläge**, die dir zeigen, wie man die Aufgaben richtig und umfassend beantworten kann. Das heißt, dass auch andere Lösungen als die hier abgedruckten möglich sind. Versuche stets, die Aufgaben zunächst **selbstständig** zu lösen, und sieh nicht gleich in der Lösung nach.

Falls du nicht weiterkommst, helfen dir die grau markierten ✐ **Hinweise und Tipps** zur jeweiligen Lösung. Wenn du sie gelesen hast, solltest du unbedingt selbstständig weiterarbeiten. Erst am Schluss solltest du deine Lösung mit der hier angebotenen Lösung vergleichen und deine eigenen Ergebnisse gegebenenfalls korrigieren.

Ergänzend zu diesem Buch bietet dir der Band **Training Abschlussprüfung Deutsch Realschulabschluss Sachsen (Best.-Nr. 1415401)** weitere grundsätzliche Hinweise und vielseitige Übungen. Er ist ideal zur vertieften und langfristigen Vorbereitung auf alle Kompetenzbereiche und Aufgabenarten der Realschulabschlussprüfung.

Sollten nach Erscheinen dieses Bandes noch wichtige **Änderungen** in der Abschlussprüfung 2020 vom Kultusministerium bekannt gegeben werden, findest du aktuelle Informationen dazu im Internet unter: www.stark-verlag.de/pruefung-aktuell.

Wir wünschen dir nun viel Spaß bei der Vorbereitung und vor allem viel Erfolg in der Prüfung!

Die Autorinnen

Tipps und Hinweise für die Prüfung

Wie läuft die Prüfung ab?

Zu Beginn der Prüfung hast du in der Regel **15 Minuten** Einlesezeit, um dich mit den Prüfungsaufgaben vertraut zu machen. Anschließend stehen dir insgesamt **240 Minuten** zur Bearbeitung der Aufgaben zur Verfügung.

Du darfst während der Prüfung ein **Wörterbuch** der deutschen Rechtschreibung verwenden. Hier findest du Hilfe, wenn du nicht genau weißt, wie ein Wort geschrieben wird. Auch wenn du wissen möchtest, was ein schwieriger Ausdruck oder ein Fremdwort bedeuten, kannst du dort nachschlagen.

Schüler*innen mit Migrationshintergrund dürfen zudem ein zweisprachiges Wörterbuch (z. B. Russisch – Deutsch oder Türkisch – Deutsch) verwenden.

Wie ist die Prüfung aufgebaut?

Die schriftliche Abschlussprüfung im Fach Deutsch besteht aus **zwei Teilen**, die du beide bearbeiten musst.

Dem **ersten Teil** der Prüfung liegen ein literarischer Text oder ein Sachtext zugrunde, der Tabellen und Schaubilder enthalten kann. Hier wird dein **Textverständnis** geprüft. Zudem wird geprüft, ob du die eventuell beigefügten Materialien (Tabellen, Schaubilder) verstehst und ihnen Informationen entnehmen kannst.

Im **zweiten Teil** kannst du aus drei Aufgaben **wählen**. Meist bezieht sich jede Aufgabe auf einen anderen Text (Sachtext oder literarischer Text). Es geht auch hier darum, den jeweiligen Text zu verstehen. Dies stellst du unter Beweis, indem du auf der Grundlage des Vorlagentextes einen eigenen Text verfasst. Im zweiten Aufgabenteil wird also deine Fähigkeit zur **Textproduktion** geprüft.

Die Textgrundlagen für beide Aufgabenteile können sein:

- die **Ganzschriften**
  Johann Wolfgang Goethe: Faust I,
  Mirjam Pressler: Nathan und seine Kinder,
  Bernhard Schlink: Der Vorleser,
- **kurze literarische Texte** (z. B. Kurzgeschichte, Gedicht),
- **Auszüge aus** längeren **literarischen Texten** (z. B. Roman, Drama) oder
- **Sachtexte** (z. B. Bericht, Reportage), die Tabellen und Schaubilder enthalten können.

Welche Aufgabenarten gibt es?

Es gibt drei unterschiedliche Arten von Aufgaben. Mit allen drei Aufgabenarten wird geprüft, ob du den jeweiligen Text richtig verstehst und ihn erschließen kannst.

Im **ersten Teil** der Prüfung, bei dem es um das **untersuchende Erschließen** eines Textes geht, wird dein Textverständnis geprüft. Hier sollst du Fragen zum Inhalt und zur Aussage des Textes sowie zu seiner sprachlichen Gestaltung beantworten. Je nach Aufgabenstellung wird von dir erwartet, dass du richtige von falschen Antwortmöglichkeiten unterscheiden (Multiple-Choice-Aufgaben), Zusammenhänge kurz erklären oder deine eigene Meinung zu einem Sachverhalt formulieren und begründen kannst. Du musst also in der Lage sein, zentrale Aussagen des Textes zu erfassen und ihm gezielt Informationen zu entnehmen. Wenn nicht ausdrücklich in der Aufgabenstellung steht, dass Stichpunkte genügen, musst du in vollständigen Sätzen antworten.

Im **zweiten Teil** der Prüfung wird von dir verlangt, dass du auf der Grundlage eines Textes und einer konkret formulierten Aufgabenstellung einen eigenen Text verfasst. In den Aufgaben zu den Ganzschriften wird die genaue Textkenntnis (der Ganzschriften) vorausgesetzt. Beim **erörternden Erschließen** musst du dich argumentativ mit einem Thema auseinandersetzen, das in der Aufgabenstellung meist als Frage oder als These formuliert ist. Grundlage deiner Argumentation ist der Text, auf den du dich beziehen sollst. Das **gestaltende Erschließen** von Texten umfasst die kreative Auseinandersetzung mit der Textvorlage. Entsprechend der Aufgabenstellung musst du einen eigenen Text verfassen. Dies kann z. B. ein innerer Monolog einer Figur, ein Tagebucheintrag oder ein Zeitungsbericht sein. Auch bei dieser Aufgabenart ist es wichtig, dass du dich auf die Textvorlage stützt, denn die dort enthaltenen Informationen sind die Grundlage deines eigenen Textes.

Wie gehst du am besten vor?

Wenn du deine Prüfungsaufgaben erhalten hast, musst du dir erst einmal einen **Überblick** über die Texte und Aufgabenstellungen verschaffen, damit du weißt, was von dir erwartet wird. Nutze die Einlesezeit von 15 Minuten zu Beginn der Prüfung auch dazu, dich zu **entscheiden**, welche der drei Wahlaufgaben du im zweiten Teil der Prüfung bearbeiten möchtest.

Zu empfehlen ist, dass du mit dem **ersten Teil** der Prüfung beginnst. Lies den Text genau durch und informiere dich darüber, was die einzelnen Aufgaben von dir verlangen. Markiere **Schlüsselwörter**, die für die Aufgabenstellung wichtig sind und bearbeite anschließend die einzelnen Aufgaben. Beginne mit den Aufgaben, bei denen du dir sicher bist. Halte dich bei schwierigen Aufgaben nicht zu lange auf. Stelle sie zurück und löse sie, wenn du die anderen Aufgaben bewältigt hast. Denke daran, dass du auch den zweiten Teil der Prüfung noch bearbeiten musst.

Im **zweiten Teil** musst du dich für eine der drei Wahlaufgaben entscheiden. Überlege auch hier vorher genau, was in der Aufgabe von dir gefordert wird. Im zweiten Aufgabenteil wird von dir immer ein zusammenhängender Text erwartet. Wie umfangreich dieser ausfallen soll, hängt von der jeweiligen Aufgabenstellung und dem Ausgangstext ab. Wenn du dich für eine Aufgabe entschieden hast, beginne mit den **Vorarbeiten** (Markieren wichtiger Textstellen, Stoffsammlung, Gliederung). Achte beim Schreiben des Konzepts darauf, dass du deine Gedanken in eine logische **Reihenfolge** bringst. Berücksichtige dabei, dass die von dir geforderten Texte in der Regel aus **Einleitung, Hauptteil** und **Schluss** bestehen müssen. Anschließend überarbeitest du dein Konzept, indem du es sowohl inhaltlich als auch hinsichtlich der Rechtschreibung, Zeichensetzung und Grammatik überprüfst. Denke daran, dass auch die äußere Form (z. B. freier Rand und Leserlichkeit) bewertet wird. Die **Überarbeitung** des Konzepts wird einige Zeit in Anspruch nehmen, plane deshalb ausreichend Zeit für die Reinschrift ein.

Wie wird die Prüfung bewertet?

Für jede Aufgabe erhältst du eine bestimmte Anzahl an Bewertungseinheiten (BE). Diese findest du neben der Aufgabenstellung.

Für den **ersten Teil** der Abschlussprüfung kannst du maximal **20 BE** erhalten: 18 BE für inhaltlich richtige Lösungen und 2 BE für die korrekte Rechtschreibung und Grammatik. Für das Nichteinhalten der Normen der äußeren Form (z. B. unlesbares Schriftbild, unsauberes Arbeiten) kann dir 1 BE abgezogen werden.

Der **zweite Teil** wird mit höchstens **30 BE** bewertet:
* Für die **inhaltliche Qualität** erhältst du maximal **15 BE**. Sie wird an einer eigenständigen Lösung und dem aufmerksamen Lesen des Ausgangstextes gemessen. Das bedeutet, dass du dich entsprechend der Aufgabenstellung äußerst, dass du deine Idee angemessen umsetzt und deine Gedanken logisch und vielfältig miteinander verknüpfst.

* Für den **Textaufbau** erhältst du **3 BE**, wenn du die Anforderungen der Textsorte beachtest (Erzählform, Perspektive, Gliederung …).

* Die **sprachliche Qualität** wird mit maximal **5 BE** bewertet, das bedeutet, dass du der Textsorte, dem Thema und dem Adressaten entsprechende sprachliche und stilistische Mittel einsetzen musst.

* Für die Einhaltung der **Schreibkonventionen** kannst du insgesamt **7 BE** erhalten. Diese setzen sich zusammen aus 2 BE für die grundlegenden formalen Normen (äußerer Aufbau, Rand, normgerechte Korrektur und Leserlichkeit) und eine angemessene Textlänge (Anzahl der Wörter). Dazu kommt die Beachtung der Normen von **Orthografie** und **Grammatik** mit maximal **5 BE**.

Die erreichten Bewertungseinheiten beider Prüfungsteile werden addiert und ergeben deine Prüfungsnote.

Note	1	2	3	4	5	6
BE	50–47 BE	46–38 BE	37–30 BE	29–20 BE	19–10 BE	9–0 BE

Heiße Prognosen für die kommenden Jahre
Die Argumente, die den katastrophalen Klimawandel infrage stellen, schmelzen so schnell wie
das Eis der Pole. Doch wie entstehen diese Studien eigentlich?

Seit Jahren jagen Klimaforscher allen
nur verfügbaren Daten aus Luft und
Wasser, vom Boden und aus Tiefsee
hinterher. Dies alles, um nur einigerma-
5 ßen verlässliche Modelle für Wetter und
Klima bauen zu können. Die globalen
Werte von Satelliten und wesentlich ge-
nauere Sensoren für Spurenelemente in
der Luft geben ihnen erstmals ein Hand-
10 werkzeug, das sie präzise arbeiten lässt.
Und erst die besten Großrechner machen präzise Prognosen möglich. Wohl-
gemerkt: Prognosen sind keine exakten
Vorhersagen. Alles, was hier in die
15 Daten einfließt, sind ja nur Annahmen,
wie sich die Welt letztlich entwickelt.
Nicht die Klimaforscher, die Ökonomen
sind es daher, die zunächst die Daten
anbringen: Wie schnell und unter wel-
20 chen technologischen Voraussetzungen
entwickelt sich die Welt? Wie viele
Ressourcen werden verbraucht, und was
bedeutet das für den Kohlendioxidaus-
stoß? Biologen müssen dann ihre Anga-
25 ben dazu machen, wie viel Kohlendio-
xid in jedem der künftigen Jahre in der
Luft bleiben wird, denn der Ozean und
die Pflanzen nehmen einen Teil dieser
Gase auch wieder auf.
30 Zudem kalkulieren die Forscher den
Strahlungstransfer durch die Erdatmo-
sphäre: Sonnenlicht dringt durch die
Luftschichten, trifft auf die Erde und
erwärmt sie. Ein Teil dieser Energie
35 wird nicht ins All zurückgestrahlt, sondern von den Treibhausgasen zurückge-
halten. Je mehr Treibhausgase vorhanden sind, umso stärker erwärmt sich die
Atmosphäre. „Hier sind alle Klima-
40 modelle eng beieinander: Bei gleicher
Änderung der CO_2-Konzentrationen
liefern sie mehr oder weniger die gleichen Strahlungsänderungen", sagt Erich

Roeckner, der am Max-Planck-Institut
45 für Meteorologie in Hamburg solche
Modelle entwickelt.
Die höheren Temperaturen haben zum
Beispiel Folgen für das Meereis. „Wenn
es schmilzt, wird seine helle Oberfläche
50 durch die dunkle des Wassers ersetzt.
Eis strahlt bis 70 Prozent der einfallen-
den Sonnenstrahlung zurück, Wasser
nur zehn Prozent. Die Differenz erwärmt das Wasser und schmilzt weite-
55 res Eis", sagt der Max-Planck-Forscher.
In einer wärmeren Atmosphäre wird
zudem mehr Wasserdampf gespeichert.
„Wasserdampf ist noch vor CO_2 das
wichtigste Treibhausgas. Dadurch be-
60 kommen wir eine weitere Erwärmung."
Das Handwerkzeug der Klimaforscher
ist letztlich die Simulation. Die Vorgänge in der Atmosphäre und im Ozean
lassen sich mathematisch beschreiben
65 und damit im Computer nachbilden.
Dafür wird die Erde jeweils mit einem
gedachten Gitternetz überzogen. Im
Hamburger Atmosphärenmodell beträgt
dessen Gitterweite etwa 200 Kilometer
70 – so entstehen auf der Erdoberfläche
18 432 Punkte.
Wie die Schalen einer Zwiebel wölben
sich darüber 31 Luftschichten, jede wiederum mit 18 432 Punkten. So ergeben
75 sich insgesamt dann 571 392 Gitterpunkte, an denen jeweils acht mathematische Gleichungen unter anderem Temperatur, Wind sowie den Wasser- und
Eisgehalt beschreiben. Jeder Wert an
80 einem einzelnen Punkt wirkt sich zu
jeder Zeit auf seine Nachbarn aus. Ein
ähnlicher Aufwand wird für den Ozean
getrieben. Beide Modelle beeinflussen
einander. Der Computer kalkuliert nun
85 die entstehenden Änderungen. Das
Hamburger Modell simuliert das Klima

im Zwölf-Minuten-Rhythmus bis zum Jahr 2100. Die riesigen Datenmengen füllen große Bandarchive.
90 Exakte Vorhersagen können die Modelle prinzipiell nicht liefern. Aber wie gut sie funktionieren, können die Forscher letztlich an der Vergangenheit testen. Daten vom Wetter und der Luftzusam-
95 mensetzung, die lange zurückliegen, werden in das Modell gegeben und an-

schließend dann eine Prognose bis zum heutigen Tag errechnet. Am Ende müsste diese dann mit dem heutigen Klima
100 identisch sein, dann funktioniert das Modell. Nicht nur eine, sondern 400 Simulationen liegen dem neuen UN-Klimabericht zugrunde mit 23 verschiedenen Model-
105 len. Da ist Irrtum ausgeschlossen.
(dpa/SZ/sts)

Aus: Sächsische Zeitung vom 3./4. Februar 2007, S. 3

Teil 1: Textverständnis

1.1 Benenne die Textsorte.

1.2 Sind nachfolgende Aussagen dem Text zu entnehmen?
Kreuze Zutreffendes an.

Aussagen	trifft zu	trifft nicht zu
a) Mithilfe des Computers können das Wetter und die weitere Klimaentwicklung recht genau vorausgesagt werden.	☐	☐
b) Weltweit von Satelliten gesammelte Daten und neue Sensoren sorgen dafür, dass Klimaforscher immer genauere Vorhersagen machen können.	☐	☐
c) Das Hamburger Modell simuliert das Klima sechs Mal pro Stunde.	☐	☐

1.3 Welche Gründe für die Erderwärmung werden im Text genannt?

    a) Im Text heißt es: „Je mehr Treibhausgase vorhanden sind, umso stärker erwärmt sich die Atmosphäre." (Z. 37–39) Wie wirken sich die Treibhausgase auf die Erderwärmung aus? Kreuze die richtige Antwort an.

    Die Treibhausgase sind dafür verantwortlich, dass …

    ☐ immer mehr Sonnenstrahlen auf die Erde treffen.

    ☐ immer weniger Sonnenstrahlen auf die Erde treffen.

    ☐ immer mehr Sonnenstrahlen von der Erde ins All reflektiert werden können.

    ☐ immer weniger Sonnenstrahlen von der Erde ins All reflektiert werden können.

    b) Welche Treibhausgase werden als Hauptverursacher der Erderwärmung im Text genannt?

1.4 Erkläre die Folgen der Erderwärmung für das Meereis.

1.5 Leite aus den Textaussagen über das Meereis zwei weitere mögliche Folgen der Erderwärmung ab, die nicht im Text erwähnt werden. Begründe diese mithilfe des Textes.

1.6 a) Welche Auswirkungen hat der Klimawandel auf Sachsen?
Formuliere drei Aussagen, die sich aus den vier Grafiken ableiten lassen.

b) Vergleiche deine Aussagen zu Antwort a) mit den Auswirkungen des Klimawandels auf das Bundesland Rheinland-Pfalz.

Die Auswirkungen des Klimawandels auf Deutschlands Regionen

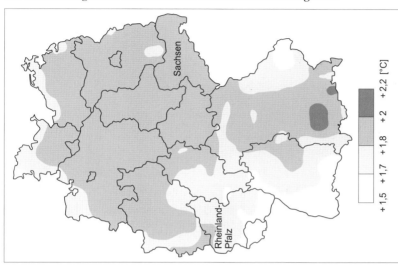

Grafik 2: bestmögliche Entwicklung des Temperaturanstiegs (Tagesmittel) bis zum Jahr 2010 (bei konsequenter Reduzierung des CO$_2$-Ausstoßes)

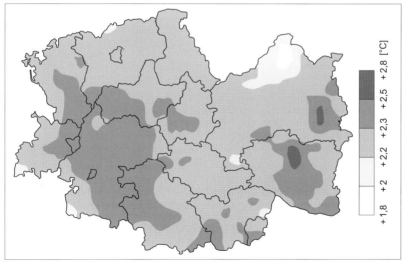

Grafik 1: wahrscheinlicher Temperaturanstieg (Tagesmittel) bis zum Jahr 2010 (ohne konsequente Reduzierung des CO$_2$-Ausstoßes)

3

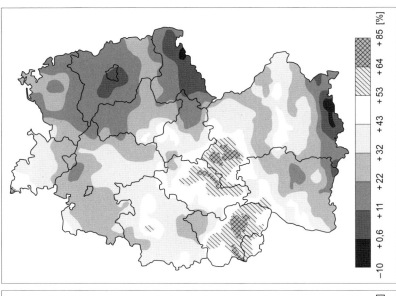

Grafik 4: wahrscheinliche Entwicklung des Winterniederschlags bis zum Jahr 2010 *(Quelle für Grafiken: Umweltbundesamt)*

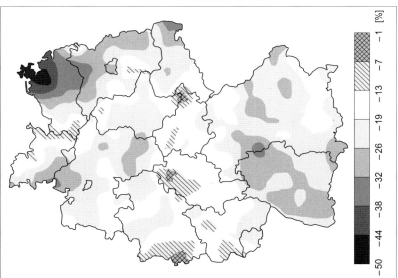

Grafik 3: wahrscheinliche Entwicklung des Sommerniederschlags bis zum Jahr 2010

1.7 Die Hamburger Forscher haben eine Methode entwickelt, mit der sie überprüfen
können, ob ihre Klimaprognosen stimmen. Erkläre diese Methode.

1.8 Nicht nur Klimaforscher beschäftigen sich mit dem Klimawandel.
Welche weiteren Forschergruppen werden im Text genannt?

Teil 2: Textproduktion

Wähle **eine** der folgenden Aufgaben 2.1, 2.2 oder 2.3 aus.

2.1 Schreibe zur Frage der Woche einen Leserbrief, in dem du dich auf den Artikel „Jetzt wird's richtig heiß" beziehst und deinen eigenen Standpunkt deutlich machst.

> Frage der Woche:
> **„Sind Sie bereit, für das Klima Opfer zu bringen?"**
> Senden Sie Ihre Antworten bitte an:
> Sächsische Zeitung, Ostra-Allee 20, 01067 Dresden

Jetzt wird's richtig heiß
Stephan Schön zu den Ursachen und Folgen des Klimawandels.

Es bleibt nichts mehr, wie es ist. Und es wird jeden treffen. Nein, die Insel, an der die globale Klimakatastrophe nicht ankommt, sie gibt es nicht.
5 Was das Klima künftig mit uns macht, das wird die größte Herausforderung für die Menschheit. Sie ist mit nichts vergleichbar. Dies wird die Welt verändern. Selbst wer in einer der wenigen
10 Regionen leben sollte, wo Stürme, Hitze, Wassermassen sich zurückhalten, die Zeche ist von allen zu zahlen. Britische Ökonomen haben dies erst kürzlich auf Euro und Pfund genau beziffert.
15 Und sie haben auch gesagt, was es die Welt zusätzlich kosten würde, wenn den Klimagasen nicht bald der Hahn zugedreht wird. Es wäre schon in wenigen Jahren ein Vielfaches von dem,
20 was es jetzt noch kosten würde.

„Das Klima wird die größte Herausforderung für die Menschheit."

Unsere heutige Art zu leben, kommt schon die Kinder teuer zu stehen. Ich
25 möchte nicht in der Haut jener Politiker stecken, die sich an Gesundheit, an Geld und am Wohlstand der kommenden Generationen vergreifen. Die letzte

30 viel zitierte Schutzbehauptung, das alles sei ja gar nicht so sicher, hat spätestens seit gestern ihre Zauberkraft verloren. Abgesehen davon lässt sich eine ganze Menge auch persönlich gegen Energie-
35 verschwendung und für das Klima tun. Doch eine wirklich greifende Lösung, die kann es eben nur weltweit geben. Wer Konventionen und Abkommen missachtet, sollte mit ähnlichen Konse-
40 quenzen zu rechnen haben – wie beim Völkerrecht. Aber solange nicht einmal die USA als einer der Hauptklimasünder die Anerkennung ausgehandelter Verträge für nötig hält, ist Hoffnung auf
45 gutes Klima ziemlich abwegig. Dabei würde das Kyoto-Umweltprotokoll noch nicht einmal ausreichen, die Welt von heute zu erhalten. Es könnte nur das schlimmste Szenarium verhindern.
50 Tatenlosigkeit ist in diesem Falle ein Verbrechen an der Zukunft, für das die Sünder nicht mehr zur Verantwortung gezogen werden können. Das macht die Bewältigung der Klimakatastrophe so schwierig. Sie kommt schleichend
55 und fast unbemerkt. Nur ist der Extremzustand erst einmal Normalität, lässt er sich nicht mehr wegbringen.

Aus: Sächsische Zeitung vom 3./4. Februar 2007, S. 4

5

2.2 Lies das Gedicht „Die Fabrik".
Forme den Inhalt des Gedichtes in eine kurze Erzählung um, in deren Mittelpunkt eine
in der Fabrik beschäftigte Person steht. Schreibe in der Ich-Form.

Gerrit Engelke: Die Fabrik (1914)

Düster, breit, kahl und eckig
liegt im armen Vorort die Fabrik.
Zuckend schwillt, schrill und brutal
aus den Toren Maschinen-Musik.

5 Schlot und Rohr und Schlot und Schlot,
heißdurchkochtes Turmgestein,
speisen dickes Qualmgewölk
über traurigstarre Häuser, Straßenkot.

Tausend Mann, Schicht um Schicht,
10 saugt die laute Arbeitshölle auf.
Zwingt sie all in harte Pflicht
Stunde um Stunde.

Bis der Pfiff heiser gellt:
Aus offnem Tore strömen dann
15 Mädchen, Frauen, Mann und Mann –
blasses Volk – müde – verquält. –

Schläft der Ort –; glüh und grell
schreit aus hundert Fenstern Licht
Kraftgesumm, Rädersausen. Qualm durchbricht
20 roh und dumpf die Nacht –

Aus: Gerrit Engelke: Das Gesamtwerk. Paul List Verlag, München 1960

2.3 **Bernhard Schlink: Der Vorleser**
Michael Berg hat den Prozess, in dem sich Hanna als Angeklagte verantworten muss,
bereits eine Zeit lang verfolgt und plötzlich begriffen, dass sie nicht lesen und schreiben
kann.

Stelle dir Folgendes vor: Michael bespricht nach seiner Entdeckung ein Tonband, auf
dem er Hanna mitteilt, dass er von ihrem Analphabetismus weiß. Er schildert ihr seine
zwischen Verständnis und Vorwurf schwankenden Empfindungen und versucht, sie
dazu zu überreden, dem Richter ihr Problem anzuvertrauen.

Schreibe den Text, den Michael auf Tonband spricht.

Teil 1: Textverständnis

1.1 Der vorliegende Text ist ein **Bericht**.

*Hinweis: Dass es sich um einen Bericht handelt, erkennst du vor allem an folgenden Textsortenmerkmalen: Ein **Bericht** ist eine ausführliche Nachricht, in der ein aktuelles Ereignis oder ein Sachverhalt von verschiedenen Seiten beleuchtet wird. Dabei werden zunächst die wesentlichen W-Fragen beantwortet: Wer? Was? Wann? Wo? und Wie? Im Gegensatz zu einer knappen Nachricht werden außerdem die W-Fragen nach den Gründen und Folgen beantwortet: Warum? Welche Folgen?*

1.2 **Aussagen**

	trifft zu	trifft nicht zu
a) Mithilfe des Computers können das Wetter und die weitere Klimaentwicklung recht genau vorausgesagt werden.	☒	☐
b) Weltweit von Satelliten gesammelte Daten und neue Sensoren sorgen dafür, dass Klimaforscher immer genauere Vorhersagen machen können.	☒	☐
c) Das Hamburger Modell simuliert das Klima sechs Mal pro Stunde.	☐	☒

Hinweis: Du findest die Information zu a) in Z. 11 f. und zu b) in Z. 6–10. Dass Aussage c) nicht stimmt, kannst du, indem du ein bisschen nachrechnest, den Z. 85–88 entnehmen.

1.3 a) Die Treibhausgase sind dafür verantwortlich, dass …

☒ immer weniger Sonnenstrahlen von der Erde ins All reflektiert werden können.

Hinweis: Du findest die richtige Aussage in Z. 34–37. Wenn du den gesamten Abschnitt (Z. 32–37) genau liest, kannst du aus den dort enthaltenen Informationen schließen, dass die anderen Aussagen nicht zutreffen können.

b) Die Treibhausgase Wasserdampf und CO_2 sind die Hauptverursacher der Erderwärmung.

Hinweis: Zu dieser Frage wird im Text eine ganz konkrete Aussage gemacht. Du findest sie in Z. 58–60.

1.4 Durch die steigenden Temperaturen schmilzt das Meereis. Infolgedessen ist immer weniger helle Eisoberfläche vorhanden, die das Sonnenlicht zu 70 % reflektiert. Stattdessen nimmt die dunkle Wasseroberfläche zu, die nur 10 % Sonnenlicht reflektiert. Dadurch steigen die Temperaturen noch stärker an, was dazu führt, dass noch mehr Eis schmilzt.

Hinweis: Du findest die Antwort in Z. 47–55.

1.5 Wenn immer mehr Eis aufgrund der Erderwärmung schmilzt, nimmt die Wassermenge in den Weltmeeren zu. Dadurch steigt der Meeresspiegel an, was wiederum zur Folge haben kann, dass Inseln und Küstenstreifen im Meer versinken. Wenn Treibhausgase dafür sorgen, dass sich die Atmosphäre immer stärker erwärmt, kann dies für andere Teile der Erde dagegen bedeuten, dass bislang fruchtbare Gegenden zu Wüsten werden.

Hinweis: Die Informationen, aus denen du weitere (im Text nicht enthaltene) Folgen der Erderwärmung ableiten kannst, findest du in Z. 47–55. Überlege, was es für Länder wie z. B. Spanien oder Holland bedeutet, wenn die Temperatur bzw. der Meeresspiegel steigt.

1.6 a) Die Tagesmitteltemperatur in Sachsen wird steigen und der Sommerniederschlag wird deutlich sinken (um bis zu 38 %). In den nächsten Jahren wird es in Sachsen im besten Fall durchschnittlich bis zu zwei Grad wärmer, wahrscheinlich ist aber, dass es bis zu 2,3 Grad sind. Es werden heiße und trockene Sommer zu erwarten sein. Nicht überall in Sachsen kann der Winterniederschlag das Zurückgehen des Sommerniederschlags ausgleichen.

b) Auch in Rheinland-Pfalz wird die Tagesmitteltemperatur steigen. Es werden heiße, aber nicht ganz so trockene Sommer wie in Sachsen zu erwarten sein.

In den nächsten Jahren wird es im besten Fall durchschnittlich bis zu 1,8 Grad wärmer, wahrscheinlich ist aber auch hier ein Anstieg um bis zu 2,3 Grad (oder sogar noch mehr).

Im Gegensatz zu Sachsen werden in Rheinland-Pfalz im Winter die Niederschläge stark zunehmen.

Hinweis: Achte bei der Bearbeitung beider Aufgabenteile auf Auffälligkeiten in der Schattierung der Grafiken, die auf besondere (extreme) Werte hinweisen. Deute diese Werte, indem du mögliche Entwicklungen aufzeigst. Im Aufgabenteil b) musst du die Aussagen, die du im Aufgabenteil a) über Sachsen gemacht hast, mit den Informationen vergleichen, die du den Grafiken zum Bundesland Rheinland-Pfalz entnehmen kannst. Achte dabei auf Gemeinsamkeiten und Unterschiede zwischen den beiden Bundesländern.

1.7 Im Hamburger Atmosphärenmodell werden die Vorgänge in der Atmosphäre und im Ozean durch mathematische Gleichungen beschrieben. Die Erde wird mit einem gedachten Gitternetz überzogen. Darüber liegen zwiebelartig 31 Luftschichten, auch diese sind mit Gitternetzpunkten versehen. An jedem der übereinanderliegenden Punkte werden mit mathematischen Gleichungen z. B. Temperatur und Wind sowie Wasser- und Eisgehalt beschrieben. In gleicher Art und Weise wird mit dem Ozean verfahren. Die Werte der Gitternetzpunkte beeinflussen sich gegenseitig, sodass der Computer fortlaufend Wechselwirkungen berechnen muss. So wird das Klima im 12-Minuten-Rhythmus bis zum Jahr 2100 simuliert.

Hinweis: Du findest die Beschreibung der Methode in Z. 62–88. Versuche, die dort enthaltenen Informationen so zusammenzufassen, dass der Leser versteht, wie die Methode funktioniert. Verzichte dabei auf überflüssige Details (z. B. die genaue Anzahl der jeweiligen Gitterpunkte).

1.8 Neben den Klimaforschern beschäftigen sich Ökonomen und Biologen mit dem Klimawandel.

Hinweis: Du findest die Antwort in Z. 17 und Z. 24.

Teil 2: Textproduktion

Teilaufgabe 2.1

*Hinweis: Du sollst einen Leserbrief zum Artikel „Jetzt wird's richtig heiß" schreiben, in dem das Thema Klimawandel kritisch kommentiert wird. Dabei sollst du auch zur „Frage der Woche" Stellung nehmen und beantworten, ob du selbst bereit wärst, für das Klima Opfer zu bringen. Du musst also deine Meinung begründet darstellen und Argumente für deine Position anführen. Überlege zunächst, welche **inhaltlichen Anforderungen** du erfüllen musst.*

– Orientiere dich daran, was du für die Erörterung gelernt hast: Jedes Argument sollte aus Behauptung, Begründung und Beispiel bestehen. Ordne die Argumente nach dem Prinzip der gesteigerten Wichtigkeit.

– Stelle deine Gedanken so dar, dass der Leser sie gut nachvollziehen kann.

– Gliedere deinen Brief in Einleitung (Bezug zur Fragestellung, kurze Inhaltswiedergabe des Artikels, knappe Darstellung der eigenen Meinung), Hauptteil (Begründung deiner Meinung durch eine ausführliche Argumentation mit Bezug auf den Artikel) und Schluss (Schlussfolgerung, Zusammenfassung).

*Achte bei einem Leserbrief auf folgende **formale Anforderungen**:*

– Name und Anschrift des Absenders und Empfängers, Ort und Datum, Betreffzeile, Anrede, Grußformel, Unterschrift, großgeschriebene höfliche Anredepronomen „Sie/Ihnen/Ihr"

– Ich-Form

– sachliche und höfliche Sprache

*Fertige eine **Stoffsammlung** für deine Stellungnahme mithilfe der folgenden Fragen an:*

– Welche Aspekte spielen eine Rolle? Einerseits klingt die Formulierung „Opfer bringen" sehr negativ (Verzicht, Einschränkung der Lebensqualität). Andererseits gewinnt derjenige, der etwas für das Klima tut, langfristig an Lebensqualität (persönlicher Gewinn).

– Was ist mit „Opfer bringen" konkret gemeint? Energie- und Wassersparmöglichkeiten nutzen (Energiesparlampen, Wassersparen z. B. beim Duschen), Verzicht auf Fahrten mit dem privaten Auto (Fahrrad als Alternative)

– Welche Position nimmst du ein? Grundsätzliche Bereitschaft, aber der Verzicht auf das private Auto ist nicht immer möglich (Leben auf dem Land, weite Strecken, hohe Preise für öffentliche Verkehrsmittel).

Bringe deine Stoffsammlung anschließend in eine sinnvolle Reihenfolge.

Mithilfe der Stoffsammlung und der Vorüberlegungen zu den inhaltlichen und formalen Anforderungen kannst du nun deinen Leserbrief schreiben.

Aufsatzbeispiel

Sibylle Friedrich
Hauptstraße 11
01234 Osterdorf

6. 2. 2007

Sächsische Zeitung
Ostra-Allee- 20
01067 Dresden

Leserbrief zum Artikel „Jetzt wird's richtig heiß" und zur Frage der Woche vom 3./4. 2. 2007

Sehr geehrte Damen und Herren,
der Autor des Artikels „Jetzt wird's richtig heiß" geht davon aus, dass die Veränderung des Klimas uns alle – direkt oder indirekt – zu Betroffenen und auch zu Beteiligten macht. Deshalb prangert er an, dass für die Tatenlosigkeit im privaten wie im öffentlichen Bereich, die ein Verbrechen an der Zukunft sei, niemand bestraft werden kann.

Er hat recht. Niemand kann zur Verantwortung gezogen werden, weil er keine Energiesparlampen verwendet oder immer noch ein Auto mit hohem Benzinverbrauch fährt. Niemand zieht eine Industrienation wie die USA zur Verantwortung, die es ablehnt, das Kyoto-Protokoll zur Reduzierung der Treibhausgase zu unterschreiben. Auch wenn der Einfluss der genannten Beispiele sehr unterschiedlich scheint, so haben sie doch alle Auswirkungen auf das Klima. Dennoch stellt sich die Frage, ob man sich tatsächlich vorrangig Gedanken darüber machen sollte, wie eine solche Tatenlosigkeit bestraft werden kann? Ich denke, zunächst sollte das Bewusstsein für den Zustand des Klimas und das eigene Handlungsvermögen geweckt werden! Verbote und Strafen reichen nicht aus – Aufklärung und Hilfestellungen für klimafreundliches Verhalten sind ebenso wichtig.

Der Autor selbst schreibt, dass wir ausnahmslos alle Betroffene sind, wenn nicht direkt durch extreme Witterungsbedingungen und deren unmittelbare Folgen, so doch zumindest durch die entstehenden Folgekosten. Der Klimawandel hat selbstverständlich Auswirkungen auf die Wirtschaft und kann deshalb langfristig auch nicht folgenlos für das Alltagsleben jedes Einzelnen bleiben. Deshalb denke ich, wenn wir uns alle der Gefahren des Klimawandels und seiner Bedeutung für das tägliche Leben bewusst sind, wird klimafreundliches Verhalten attraktiv.

In Ihrer Frage der Woche wollen Sie wissen, ob man persönlich bereit wäre, für das Klima Opfer zu bringen. Einerseits scheint mir Ihre Formulierung sehr negativ zu klingen: Sie klingt nach Verzicht und Einschränkung der Lebensqualität. Wenn man etwas für das Klima tut, bedeutet das doch aber auch, dass man langfristig gesehen kein „Opfer" bringt, sondern persönlichen Gewinn und mehr Lebensqualität erzielt. Wenn Sie mit „Opfer bringen" meinen, dass man zum Beispiel Möglichkeiten zum Energie- und Wassersparen nutzen sollte oder dass man über die eingeschränkte Nutzung des privaten Autos nachdenkt, dann bin ich dazu bereit. Zu Hause haben wir ausschließlich Energiesparlampen, außerdem versuchen wir immer, zum Beispiel beim Duschen, Wasser zu sparen. Da wir auf dem Land wohnen, ist der Verzicht auf das eigene Auto nicht immer möglich. Einerseits fahren die öffentlichen Verkehrsmittel nicht regelmäßig und andererseits sind die Fahrpreise in letzter Zeit immer wieder gestiegen. Für kurze Wege jedoch benutzt jedes Familienmitglied sein Fahrrad. Ich fahre zum Beispiel täglich mit dem Rad zur Schule.

Es stellt sich mir dennoch die Frage nach der Wirksamkeit dieser Maßnahmen: Sind wirklich alle bereit, Opfer für das Klima zu bringen? Was nützt es, wenn unsere Familie spart, der Nachbar aber z. B. seinen Garten mit Trinkwasser bewässert? Ist auch die Wirtschaft zu Opfern bereit? Oder ist es so, wie der Autor Stephan Schön vermutet: Die Extreme werden zur Gewohnheit und irgendwann ist es zu spät, etwas zu tun.

Diese Aussicht beschäftigt mich und ich hoffe, sie wird nie Wirklichkeit. Mit den Klimaveränderungen müssen wir alle leben. Wir sollten gemeinsam versuchen, den Klimawandel – so weit es noch möglich ist – aufzuhalten, z. B. durch einen bewussten Umgang mit unserer Umwelt. Nicht nur Politiker und Wirtschaftsbosse sind hier gefragt, sondern jeder Einzelne.

Mit freundlichen Grüßen
S. Friedrich

Teilaufgabe 2.2

*Hinweis: Du sollst eine Erzählung schreiben, in der du alle wesentlichen Informationen des Gedichts einarbeitest und durch eigene Gedanken ergänzt. Gehe folgendermaßen vor: Lies zuerst das Gedicht gründlich durch. Mache dir dabei klar, worum es in dem Gedicht geht. Notiere Stichworte zu den **W-Fragen**:*
- **Wer** *spricht im Gedicht?* ein lyrisches Ich, das in einer Fabrik arbeitet
- **Was** *ist das Thema des Gedichts?* Thema ist der düstere Fabrikalltag des lyrischen Ichs und anderer Fabrikarbeiter und -arbeiterinnen
- **Wo?** Fabrik im Vorort einer Großstadt
- **Welche Folgen?** ausgelaugte Fabrikarbeiter und -arbeiterinnen, trostloser Arbeitsalltag

Nutze die Ergebnisse der Gedichtanalyse auch als Grundlage für deine Erzählung. **Inhaltlich** *solltest du auch in deiner Erzählung von folgenden Voraussetzungen ausgehen:*
- **Fabrik:** Ihre Form wird als breit, kahl, eckig beschrieben. Sie ist düster, im Gegensatz zum grellen Licht in der Nacht (Widerspruch!), hat viele Schlote (heiß, Feuer), erzeugt Rauch, Qualm (Luftverschmutzung), laute Maschinen (Lärm), Schichtarbeit, Pfiff bei Arbeitsende, Massen sind darin beschäftigt.
- **Ort:** Vorort einer Stadt, Häuser wirken starr und traurig (triste, eintönige Siedlung), dreckige Straßen, in der Nacht ist der Ort erleuchtet von der Fabrik
- **Arbeit:** laut, Pflicht, „Hölle", Qual macht müde (In der Nacht ist wegen des Lichts, des Lärms und der Luftverschmutzung durch die Fabrik keine Erholung möglich.)
- **Leute/Arbeiter:** anonyme Masse (Männer, Frauen, Mädchen), blass, müde, gequält, arm

Achte auf **sprachliche Besonderheiten** *des Gedichts und ihre Wirkung. Diese Wirkung sollte sich auch in deinem Text widerspiegeln:*
- *Durch treffende* **Adjektive** *wird das Geschehen als bedrückend dargestellt (z. B. „düster", „breit", „kahl", „eckig", „arm", „schrill", „brutal", „laut", „müde", „grell").*
- *Durch* **Zusammensetzungen** *wird die Fabrik und der Arbeitsalltag der Menschen anschaulich beschrieben (z. B. „heißdurchkocht", „traurigstarr", „Maschinen-Musik", „Turmgestein", „Qualmgewölk", „Straßenkot", „Arbeitshölle", „Kraftgesumm", „Rädersausen").*
- *Wortwiederholungen deuten auf eine ständige Wiederkehr des gleichen Arbeitsalltags hin (z. B. „und Schlot und Schlot"; „Schicht um Schicht"; „Stunde um Stunde"; „Mann und Mann").*
- *Durch* **Personifizierungen** *erscheint es so, als wäre die Fabrik eine lebendige Bedrohung (z. B. „Zuckend schwillt [...] Maschinen-Musik"; „Schlot und Rohr [...] speisen dickes Qualmgewölk"; „Tausend Mann [...] saugt die laute Arbeitshölle auf"; „Schläft der Ort"; „schreit [...] Licht"; „Qualm durchbricht [...] die Nacht").*

In deinem Text formulierst du diese **Sprachbilder in eigenen Worten.** *Verwende dafür z. B.*
- *treffende Verben (hassen, sich quälen, ausspucken ...),*
- *veranschaulichende Adjektive (entkräftet, trist, bedrohlich, kaputt ...),*
- *Vergleiche (wie ein riesiges Monster; grauer Dunst wie Blei ...).*

Die Aufgabenstellung verlangt, dass du in der **Ich-Form** *aus der* **Perspektive des lyrischen Ichs** *(des Erzählers) schreibst. Beachte, dass du in der Ich-Form als Erzähler gleichzeitig auch Beteiligter der Handlung bist.*

Achte auf die **Zeitform** *des Erzählens. In der Regel wird in der schriftlichen Erzählung das Präteritum verwendet. Solltest du wörtliche Rede verwenden, dann schreibe diese im Präsens.*

Gliedere deine Erzählung in Einleitung, Hauptteil und Schluss. Du kannst zum Beispiel in der **Einleitung** *und im* **Schluss** *die Situation des Schichtwechsels aufgreifen. Dadurch schaffst du einen Rahmen, der deine Erzählung zusammenhält. Im* **Hauptteil** *schilderst du dann die Ereignisse, Stimmungen etc., wie der Ich-Erzähler sie wahrnimmt. Denke dir auch eine passende* **Überschrift** *aus, z. B. „Schichtwechsel".*

11

Aufsatzbeispiel

Schichtwechsel

Ich war müde und quälte mich, ich war so unsäglich müde und kaputt. Zehn Stunden hatte ich schon geschuftet, seit vier Uhr war ich auf den Beinen. Ich ging früh am Morgen in die Fabrik und kam spät am Abend zurück nach Hause. Mein Zuhause war einer dieser Vororte der Stadt mit dreckigen Straßen, starr und traurig wirkenden Häusern, auch nachts hell erleuchtet von den grellen Lichtern der Fabrik. Ob ich diese Woche wohl meinen vollen Lohn erhalten werde? Am Dienstag war mir schwindelig geworden. Entkräftet sank ich plötzlich an der Maschine zusammen. Ich musste nach Hause gehen – eine ganze Stunde früher als sonst. Aber am nächsten Tag war ich wieder an meinem Platz.

Ich hasste diese Fabrik. Das hässliche, dunkle Gebäude stand wie ein riesiges Monster, umringt von tristen Arbeitersiedlungen, draußen vor der Stadt. Grauer Dunst lag wie Blei um den gewaltigen Körper und aus zahlreichen Schornsteinen spuckte es immer mehr dicken, heißen Rauch in den Himmel.

Der entsetzliche Lärm in der Fabrikhalle übertönte jedes gesprochene Wort; es schien mir fast, als würde die Fabrik mich ständig anbrüllen. Das ununterbrochene Klopfen, Hämmern und Kreischen der Maschinen, brachte mich Tag für Tag fast um den Verstand.

Jede Nacht musste ich das schrille Pfeifen und bedrohliche Zischen ertragen, denn die Fabrik, dieses niemals ermüdende Monster, war nicht sehr weit von meiner Wohnung entfernt. Eine Nachtruhe, die ich brauchte, um am nächsten Tag wieder arbeiten zu können, gab es nicht. Ich musste lernen, mit dem Lärm und dem grellen Licht in der Nacht zu leben.

Ich wollte ein einziges Mal Ruhe haben! Ich war blass, seit ich hier arbeitete. Ich fuhr schon einige Jahre jeden Morgen hierher. Das Atmen fiel mir früher leichter. Dabei war ich erst 25 Jahre alt. Die Stadt war grau, die Fabrik war grau, der Himmel war grau und alles war so laut. Jeden Tag quälte ich mich durch den gleichen lauten Rhythmus. Jeden Tag, jede Schicht verabscheute ich diese Fabrik, den immer gleichen Tagesablauf, dennoch ging ich in diese „Hölle". Diese Qual machte mich müde.

Auch die anderen Arbeiter – Männer, Frauen, Mädchen – sahen blass, müde und gequält aus. Tagtäglich schluckte die Fabrik eine anonyme Masse, die sich wie ich der Pflicht der Arbeit ergeben hatte, um Geld zum Leben zu verdienen.

Ich wollte weg von dem dampfenden, lärmenden Monster, raus aus dem Gewühl, raus aus dem grellen, flackernden Licht. Ich brauchte Luft. Eine Stunde musste ich noch arbeiten, dann sollte Schichtwechsel sein.

Die Sirene zum Schichtende brüllte. Die Fabrik spuckte die Menschen aus, nur um andere wieder zu verschlingen. Ich wurde endlich in die Freiheit der Nacht entlassen. Bis morgen früh.

Teilaufgabe 2.3

Hinweis: Du sollst zum Roman „Der Vorleser" aus der Sicht Michaels einen Text schreiben, den dieser – an Hanna gerichtet – auf Tonband spricht. Beachte dabei, dass Michael den Analphabetismus von Hanna erkannt hat und sich nun mit widersprüchlichen Gefühlen auseinandersetzen muss, weil er einerseits Verständnis für sie hat, ihr andererseits aber auch Vorwürfe macht. Darüber hinaus soll dein Text zum Ausdruck bringen, dass Michael Hanna davon überzeugen will, sich dem Richter anzuvertrauen.

*Überlege dir, welche Anforderungen an die von dir zu schreibende Textsorte gestellt werden. Du kannst hier die Form eines **persönlichen Briefes** wählen, der von Michael auf Tonband gesprochen wird. In Bezug auf die äußere **Form** und den **Aufbau** kannst du dich also an folgenden Merkmalen orientieren:*

*– Jeder Brief ist aus Einleitung, Hauptteil und Schluss aufgebaut. Daher solltest du auch die Tonbandnachricht entsprechend aufbauen: In der **Einleitung** wendest du dich direkt an den Empfänger (Hanna) und arbeitest den Grund für deine Nachricht klar heraus. Da es sich um einen gesprochenen Text handelt, solltest du dich auch als Sprecher mit deinem Namen (Michael) zu erkennen geben. In den **Hauptteil** schreibst du alles, was du dem Empfänger mitteilen willst. In den **Schlussteil** deines Briefes gehören Fragen, Bitten oder Appelle sowie ein geeigneter Abschiedsgruß.*

– Jeder neue Gedankenschritt sollte mit einem Absatz beginnen.

*– Schreibe in der **Ich-Form**.*

*– Denke an die **Datumsangabe**. Diese stellst du am besten an den Anfang deiner Nachricht.*

*Halte dich zudem an die folgenden **inhaltlichen Anforderungen:***

– Michael hat erkannt, dass Hanna nicht lesen und schreiben kann. (S. 126 ff.)[1]

– Er wirft ihr einerseits ihr Verhalten vor, hat aber andererseits auch Verständnis dafür.

– Er appelliert an Hanna, sich dem Richter anzuvertrauen und ihm ihr Problem zu schildern.

– Beachte unbedingt, dass Michael froh darüber ist, dass Hanna nicht aus der Untersuchungshaft entlassen wird („Ich wollte sie weit weg von mir haben, so unerreichbar ...", S. 93). Er will Distanz, fürchtet sich vor einer Begegnung. Bedenke, dass diese Distanz beim Schreiben deines Textes zum Ausdruck kommen sollte, auch in der Anrede.

***Sprachlich** solltest du darauf achten, dass du die Gedanken und Gefühle, Stimmungen und Empfindungen Michaels aus dessen Sicht so anschaulich wie möglich schilderst. Verwende dazu z. B. veranschaulichende Adjektive und treffende Verben.*

---

1 zitiert nach: Bernhard Schlink: Der Vorleser. Diogenes Verlag: Zürich 1997

*Fertige nun eine **Stoffsammlung** an. Sie könnte z. B. so aussehen:*

Einleitung	Hauptteil (Mitteilung/Schilderung)	Schluss (Appell/Bitte)
Anrede: „Hanna, …" **Auslöser:** Erkenntnis im Wald: „Hanna konnte nicht lesen und schreiben." (S. 126) **Anlass:** einerseits Wunsch nach Distanz, andererseits Beschäftigung mit dem Prozess und Wissen um entlastende Hinweise	Aufgrund der **Erkenntnis**, dass Hanna Analphabetin ist, versteht Michael rückblickend ihr Verhalten: – ihren Zorn über seine Unlust zu lernen – ihren Wunsch, er solle ihr aus Büchern vorlesen – ihre Wut, Aggression und schließlich Resignation im Zusammenhang mit seinem Zettel im Hotel – ihre Flucht vor der bevorstehenden Beförderung zur Straßenbahnfahrerin – die Tatsache, dass sie die Anklageschrift nicht gelesen hat und nicht auf den Prozess vorbereitet ist – die Tatsache, dass sie das Buch der Tochter eines Opfers nicht gelesen hat **Vermutung:** Hanna empfindet große Scham und will sich nicht bloßstellen. **Vorwurf:** – Hanna hat sich schuldig gemacht: Verbrechen in der NS-Zeit (z. B. Mitglied in der SS, Aufseherin in Krakau, hat Frauen nach Auschwitz geschickt, hat Menschen in einer Kirche verbrennen lassen), über die sie geschwiegen hat (auch Michael gegenüber) – Die Scham über ihren Analphabetismus hat Konsequenzen: Hanna redet sich beim Prozess um Kopf und Kragen. Sie lädt auch die Schuld anderer auf sich (gibt zu, Bericht geschrieben zu haben). – „Aus Angst vor der Bloßstellung als Analphabetin die Bloßstellung als Verbrecherin? Aus Angst vor der Bloßstellung als Analphabetin das Verbrechen?" (S. 127) **eigene Schuldgefühle:** – Michael hat eine NS-Verbrecherin geliebt. – Michael weiß um das „Geheimnis", er trägt als Jurist Verantwortung für die Aufklärung von Unwahrheiten.	**Ziel:** Michael will Hanna helfen und ein gerechtes Urteil für sie erreichen. **Appell/Bitte:** Hanna soll ihren Stolz überwinden und den Richter über ihren Analphabetismus informieren, damit eine teilweise Entlastung im Prozess und eine Strafminderung möglich werden (Verurteilung nur für tatsächlich begangene Straftaten, nicht für ungerechtfertigte Anschuldigungen).

Mithilfe deiner Vorüberlegungen und der Stoffsammlung kannst du nun die Nachricht, die Michael Hanna auf Band spricht, verfassen.

Aufsatzbeispiel

Heidelberg, 12. Juni 1966

Hanna,

hier spricht Michael. Es fällt mir nicht leicht, diese Worte an dich zu richten. Jahrelang habe ich mich darum bemüht, dich zu vergessen.
Und plötzlich sah ich dich wieder. Ich kam zum Prozess, weil dies zu meiner Ausbildung gehört. Du bist in diesem NS-Verbrecher-Prozess eine der Hauptangeklagten. Ich habe mir all die Dinge angehört, die dir zur Last gelegt werden und die du schweigend zur Kenntnis nimmst.
Viele Dinge verstehe ich noch nicht, aber eines habe ich erkannt: Ich weiß, was du versuchst zu verbergen. Ich weiß, dass du nicht lesen und nicht schreiben kannst. Du bist Analphabetin. Diese Erkenntnis zwingt mich, an unsere gemeinsame Vergangenheit zu denken. Ich verstehe jetzt, warum ich dein Vorleser wurde. Ich begreife, warum du so zornig wurdest, als ich mich nicht mehr in der Schule anstrengte und es gleichgültig hinnahm, dass ich deswegen vielleicht ein Schuljahr wiederholen sollte. Mir ist klar, warum du mich damals im Hotel geschlagen und behauptet hast, da wäre kein Zettel gewesen. Und ich vermute, du hast die Stadt verlassen, weil du Angst hattest, nachdem dir eine Ausbildung angeboten wurde. Man hätte deine Schwäche entdecken können. Damals verstand ich dich nicht.
Hanna, ich weiß jetzt, dass du schon dein Leben lang eine tiefe Scham empfindest, weil du nicht lesen und schreiben kannst. Du hast Angst, jemand könnte es entdecken. Deshalb verhältst du dich so seltsam während des Prozesses, du willst um jeden Preis vermeiden, dass du bloßgestellt wirst. Erst schweigst du und dann lädst du alle Schuld auf dich.
Ich habe Dinge gehört, die nicht zu meinen Erinnerungen an dich passen. Aber die Tatsachen sprechen für sich – du bist damals zur Verbrecherin geworden. Möglicherweise warst du auch damals, als du zur SS gegangen bist, auf der Flucht vor der Bloßstellung als Analphabetin. Du hast in Auschwitz freiwillig als Aufseherin gearbeitet, in Krakau hast du Frauen in den sicheren Tod geschickt, du hast die Menschen in einer Kirche verbrennen lassen. An all diesen Taten trägst du Schuld. Aber warum übernimmst du auch die Schuld der anderen?
Ich bin vermutlich der Einzige, der weiß, dass du dich nicht auf den Prozess vorbereiten konntest und weshalb du nichts zu deiner Verteidigung sagen wolltest. Die Anklageschrift hast du nie gelesen. Du hast auch keinen gebeten, sie dir vorzulesen, denn damit hättest du dein Geheimnis preisgeben müssen.
Ich weiß, du kannst den Bericht über den Kirchenbrand nicht geschrieben haben. Du kannst auch nicht wissen, was die beiden Überlebenden niedergeschrieben haben. Das Buch hast du niemals gelesen. Wieso ist deine Angst vor der Entdeckung deines Analphabetismus um so vieles größer als die Angst vor einer Verurteilung für Verbrechen, an denen du nicht allein die Schuld trägst?
Hanna, mit deinem Verhalten gibst du den Mitangeklagten die ungerechtfertigte Gelegenheit, dir die Hauptschuld anzulasten. Verstehst du, dass du die alleinige Schuld tragen sollst? Verstehst du, dass damit deine Strafe viel höher sein wird? Es steht außer Frage, dass du schwere Schuld auf dich geladen hast. Dem musst du dich stellen. Aber du solltest nur für das zur Rechenschaft gezogen werden, was du wirklich und wissentlich getan hast!
Hanna, ich bitte dich, bekenne dich zu deinem Analphabetismus und rede mit dem Richter über dein Problem, damit der Prozess endlich gerecht geführt werden kann. Du kannst dich doch nicht ein Leben lang verstecken! Sprich mit dem Richter und nimm deine gerechte Strafe an.

15

Aus Schaben wird man klug

Schweizer Forscher haben Roboter als Anführer in Kakerlakengruppen eingeschleust.
Die Technik hilft beim Bau intelligenter Maschinen – und vielleicht auch bei der Hühnerzucht.

Leise surrende Miniaturroboter und quirlige Kakerlaken sausen hektisch kreuz und quer auf einer weißen, hell erleuchteten
5 Versuchsfläche durcheinander. Doch das vermeintliche Chaos hat System: Nach kurzer Zeit versammeln sich die ungleichen Kreaturen im Schatten einer
10 roten Plexiglasscheibe.

„Uns ist es erstmalig gelungen, statistisch sauber und einwandfrei nachzuweisen, dass es möglich ist, Roboter in eine lebendige, so-
15 ziale Gruppe von Tieren einzuschleusen", sagt Roland Siegwart, Professor für Autonome Systeme an der Eidgenössischen Technischen Hochschule Zürich (ETH). „Die Kakerlaken und Roboter
20 interagieren miteinander, als seien sie Artgenossen."
Siegwart und sein Team konstruierten den Roboter mit dem Namen „Insbot" (Insect Robot) im Rahmen des europäi-
25 schen Forschungsprojekts „Leurre" (deutsch: Köder). „Wir forschen praktisch an der Schnittstelle zwischen Biologie und der Modellbildung von Entscheidungsprozessen am Computer", so
30 Siegwart. Gemeinsam mit Forschern aus Frankreich und Belgien zeigten die ETH-Ingenieure, dass Tiere und Roboter miteinander in Kontakt treten und einander beeinflussen können.

35 **Schaben treffen simple Entscheidungen**

Die widerstandsfähigen Krabbeltiere boten sich aus mehreren Gründen als Versuchsobjekte an: Kakerlaken leben in Gruppen ohne Hierarchie und treffen
40 Entscheidungen nach einfachen Mustern. Sie bevorzugen dunkle und feuchte Ecken als Aufenthaltsort. Ähnlich wie viele andere Insektenarten kommunizieren Kakerlaken über Duftstoffe: Sie
45 markieren ihren Weg mit Pheromonen[1] und informieren sich so gegenseitig über ihren Standort. Verharrt eine Kakerlake für längere Zeit an einer Stelle, gilt dies für die Artgenossen als Signal, dass es
50 sich um eine Futterquelle oder ein schattiges Plätzchen handelt. Um sich erfolgreich in die Gemeinschaft der Kakerlaken einzuschleichen, mussten sich die Roboter nur an die Verhaltensweisen
55 der Insekten halten.
Dafür statteten die Ingenieure den zündholzschachtelgroßen Roboter mit einem Mikrochip als Steuereinheit aus, eine Miniatur-Zeilenkamera und Infrarotsen-
60 soren dienen zur Orientierung und zum Unterscheiden zwischen Roboter und Kakerlake. Durch eine Batterie ist das Gerät vollkommen autonom[2]. Die Forscher programmierten die Insbots so, als
65 ob sie Kakerlaken auf Schattensuche wären, und bedufteten sie zusätzlich mit küchenschabespezifischen Lockstoffen. Dabei imitierten die Maschinen die mäandrischen[3] Suchbewegungen, das
70 plötzliche Stehenbleiben und das Versammeln der Insekten. Wie die Schädlinge suchten die Roboter die gegensei-

17

tige Nähe und versammelten sich an dunklen Stellen. „Der Erstkontakt war ein wenig verwirrend für die Tiere, doch bereits nach einigen Minuten gewöhnten sich die Kakerlaken an die Eindringlinge", sagt Siegwart.

Ausflug ins Licht

Die Forscher konnten sogar das Verhalten der Gruppe durch die Insbots beeinflussen. Dazu programmierten sie die Roboter, sich – anders als die Kakerlaken – im helleren von zwei Verstecken zu versammeln. Und tatsächlich: Die an sich lichtscheuen Kakerlaken folgten den attraktiv duftenden Robotern in den hellen Unterschlupf. „Unsere Vision ist, die gewonnenen Erkenntnisse für andere Dinge zu nutzen", sagt Siegwart. So könnten Weiterentwicklungen der Roboter das Fress- und Bewegungsverhalten von Nutztieren wie Hühnern stimulieren. „In der Schweiz werden viele Tiere im Freiland gehalten. Roboter könnten die Tiere dazu animieren, mehr an die frische Luft zu gehen und ihre Freiheit auszunutzen. Dadurch lässt sich das Wohlbefinden der Tiere steigern." Vorstudien dazu laufen bereits.

„Bei solchen Experimenten handelt es sich um eine hochspannende Entwicklungsrichtung mit großem Zukunftspotenzial", sagt Norbert Sachser, Verhaltensbiologe an der Universität Münster. Was die Weiterentwicklung angeht, ist er allerdings eher skeptisch: „Kakerlaken reagieren auf Schlüsselreize, das gesamte Erscheinungsbild ist eher nebensächlich. Einem Huhn oder Hund jedoch machen Sie nicht so schnell vor, dass es sich um einen Artgenossen handelt."

Wenig Hoffnung hat Siegwart, die Kakerlaken-Maschinen als Schädlingsbekämpfer in der Küche einzusetzen. Dazu sind sie nicht beweglich genug: „Bereits kleine Stufen stellen für die Roboter leider unüberwindbare Hürden dar."

VON MARTIN KAHL

Aus: Financial Times Deutschland vom 2. Januar 2007
Foto: EU-Projekt LEURRE, http://leurre.ulb.ac.be/

Anmerkungen:
1 Pheromone: Duft- und Lockstoffe
2 autonom: unabhängig
3 mäandern: sich schlängelnd bewegen

Teil 1: Textverständnis

1.1 Benenne die Textsorte.

1.2 Sind nachfolgende Aussagen dem Text zu entnehmen?
Kreuze Zutreffendes an.

Aussagen	trifft zu	trifft nicht zu
a) Das Projekt soll zeigen, dass Kakerlaken einfache Lebewesen mit einem ausgeprägten Gemeinschaftssinn sind.	☐	☐
b) „Insbot" ahmt typische Bewegungen von Kakerlaken nach.	☐	☐
c) Mit dem „Insbot" können auch Haushaltsschädlinge bekämpft werden.	☐	☐

1.3 Nenne den Namen des Forschungsprojekts und begründe die Wahl dieses Namens.

1.4 Im Text heißt es:
„Die Kakerlaken und Roboter interagieren miteinander, als seien sie Artgenossen."
(Z. 19–21)
Erkläre die Begriffe „interagieren" und „Interaktion" mithilfe eines Wörterbuchs.
Überlege anschließend, warum sich das beschriebene Forschungsprojekt als
„Interaktions-Experiment" bezeichnen lässt.

1.5 Wie funktioniert die Interaktion zwischen Kakerlaken und Robotern?

1.6 Beschreibe, aus welchen Bestandteilen der „Insbot" zusammengesetzt ist und
welche Funktion diese Bestandteile jeweils haben.

1.7 Die Überschrift des Berichts spielt auf eine Redewendung an. Nenne die Redewendung
und erkläre, welches sprachliche Mittel in der Überschrift zum Einsatz kommt.

1.8 Nimm Stellung zur Frage:
Hat das Projekt einen praktischen Nutzen für den alltäglichen Gebrauch?
Belege deine Entscheidung anhand des Textes.

Teil 2: Textproduktion

Wähle **eine** der folgenden Aufgaben 2.1, 2.2 oder 2.3 aus.

2.1 An deiner Schule soll ein Elternabend zum Thema „Bei Computerspielen müssen sich Erwachsene auskennen – Eltern müssen mitspielen" stattfinden.
„*Wer nie mitspielt, verletzt heute seine elterliche Verantwortung.*" (Z. 59 f.)
Nimm zu dieser Aussage Stellung, indem du als Schüler/in einen einführenden Vortrag zu diesem Elternabend schreibst.

Eltern müssen mitspielen

Bei Computerspielen sollten sich Erwachsene auskennen – nur so können sie ihre Kinder schützen

Nichts ist leichter, als Eltern in die Enge zu treiben. Man muss sie nur auf Computerspiele ansprechen, schon flüchten sie hinter den inneren Schutzwall.
5 Von dort witzeln sie über die virtuellen Krummschwerter und die Maschinengewehre ihrer Kinder, über ihren Hang zu Orks und Ego-Shootern. Sie nennen es einen hässlichen Teil der Pubertät
10 und versichern sich und anderen, das verschwinde schon wieder – wie Pickel, die erste Freundin und das Poster von Tokio Hotel.
In Wahrheit sind Computerspiele den
15 meisten Eltern fremd geblieben. Ein Ort voller Geheimnisse mitten in ihrem Zuhause. [...]
Auf das Naheliegende kommen die wenigsten: Sie müssen selbst ran. Ran an
20 Tastatur und Handsteuerung. So wie Väter und Mütter jahrzehntelang den Fernsehkonsum ihrer Kinder kontrolliert haben, so müssen sie sich heute mit Computerspielen auseinandersetzen.
25 Das heißt nicht, dass sie besser spielen lernen sollen als ihre Kinder, was ohnehin nie gelingen wird. Um mitreden zu können, reichen Grundfertigkeiten, und die kann man leicht erlernen. Also bitte
30 keine Ausreden.
Computerspiele sind ein Massenmedium geworden. Im Guten wie im Schlechten. Für viele Jungen sind sie

das wichtigste Medium überhaupt, und
35 für Mädchen werden sie es zunehmend auch: Rund 70 Prozent der Jugendlichen zwischen 12 und 19 Jahren spielen gelegentlich. Fast 40 Prozent tauchen intensiv und nahezu täglich in Autoren-
40 nen wie Need for Speed oder Schießorgien wie Half-Life 2 ein. Wie viele Stunden sie das dürfen, dafür gibt es in den meisten Familien sicher Regeln, aber in dem gesetzten Zeitrahmen kön-
45 nen die Kids oft machen, was sie wollen. Die Mehrheit von ihnen verfügt bereits über einen eigenen Computer oder einen eigenen Fernseher mit Spielkonsole, und globale Konzerne setzen
50 alles daran, dass sich die Spielkultur noch weiter ausbreitet. [...]
Das ist das Besondere am Computerspiel: Es hinterlässt wesentlich tiefere Spuren als andere Medien – aber Er-
55 wachsene und Heranwachsende können darüber oft nicht miteinander reden, weil den Eltern die Kompetenz und damit die Autorität fehlt. [...]
Wer nie mitspielt, verletzt heute seine
60 elterliche Verantwortung. Wer dagegen zwischen Half-Life und dem sehr viel harmloseren World of Warcraft zu unterscheiden vermag, kann seinen Kindern den Spaß gönnen – und sogar
65 selbst welchen haben.
VON GÖTZ HAMANN

Aus: Die Zeit, Nr. 12/2007 vom 15. 3. 2007 (gekürzt)

2.2 Schreibe einen Tagebucheintrag, den die junge Frau nach ihrer Heimfahrt mit der Straßenbahn verfasst.

Tanja Zimmermann: Sommerschnee

Mir ist alles so egal, ich fühle mich gut. Der Regen macht mir nichts aus, meine Stiefel sind durchweicht, die Bahn kommt nicht. Neben mir hält ein Mer-
5 cedes: „Engelchen, ich fahre dich nach Hause."
Ich hab keine Angst, setze mich einfach neben eine alte Frau, fühle mich sicher, mir kann nichts passieren! In der Bahn
10 stehe ich eingequetscht zwischen nass-stinkenden Persianermänteln und grau-en Anzugmännern. Die Bahn bremst, eine dicke Frau fällt gegen mich, drückt mich an die Fensterscheibe. Die Leute
15 fluchen, beschimpfen den Fahrer. Ich lache.
Beim Aussteigen drängt jeder den ande-ren, ich lasse mich treiben, bin glück-lich, denke nur an dich!
20 An der Ampel merke ich, dass ich zu laut singe. Eine Mutter mit Kinder-wagen lacht mich an, eine aufgetakelte Blondine mustert mich von oben bis unten. Ich weiß, ich bin klitschnass,
25 meine weiße Hose ist nach fünf Tagen eher dunkelgrau, doch ich weiß, dass sie dir gefällt. Meine Haare hängen nass und strähnig auf meiner Schulter. Du hast gesagt, du hast dich schon am ers-
30 ten Tag in mich verliebt, und da hatte ich auch nasse Haare.
Ich laufe schnell über die Straße, leiste mir eine Packung Filterzigaretten, kau-fe welche, die mir zu leicht sind, die du
35 am liebsten magst.
Ein grelles Quietschen. Ein wütender Autofahrer brüllt, ob ich Tomaten auf den Augen hätte. Ich lache und beru-hige ihn mit einem „kommt nicht noch
40 mal vor". An einem Schaufenster bleibe

ich trotzdem stehen, zupfe an meinen Haaren herum, ziehe die Hose über meine Stiefel, will dir ja gefallen. Ich will dir ja sogar sehr gefallen!
45 Auf der Apothekenuhr ist es fünf. Ich laufe quer über die nasse Wiese. Schlid-dere mehr, als dass ich laufe. Aber ich will dich nicht warten lassen, ich kann das auch nicht. Ich werde dann von Mi-
50 nute zu Minute nervöser, also laufe ich. Bevor ich schelle, atme ich erst ein paar Mal tief durch, dann klingle ich, fünf-mal hast du gesagt. Und meine Freude, dich zu sehen, ist endgültig Sieger über
55 meine Angst.
Erst dann bemerke ich den kleinen zu-sammengefalteten Zettel an der Wand. Ja, es tut dir leid, wirklich leid, dass du Vera wieder getroffen hast! Ich soll es
60 mir gut gehen lassen. Richtig gut gehen lassen soll ich es mir! Die brennende Zigarette hinterlässt Wunden auf mei-ner Hand. Das Rattern der vorbeifah-renden Laster, das Kindergeschrei, Hun-
65 degebell und das laut aufgedrehte Radio von gegenüber verschwimmen zu einem nervtötenden, Angst einjagenden Einheitsgeräusch, meine Augen nehmen nur noch die gröbsten Umrisse wahr.
70 Wie eine alte Frau gehe ich den endlos langen Weg zur Haltestelle, meine Füße sind nass und kalt in den durchweich-ten Stiefeln. Ein glatzköpfiger Mann pfeift hinter mir her, bietet mir sein
75 Zimmer und sich an.
Verschüchtert stehe ich in der Ecke ne-ben dem Fahrplan, mein Gesicht spie-gelt sich in der Scheibe. Wann kommt endlich diese elende Straßenbahn?

Aus: Marion Bolte u. a. (Hrsg.): Total verknallt. Ein Liebeslesebuch.
Rowohlt: Reinbek bei Hamburg 1984, S. 121 f.

Mirjam Pressler: Nathan und seine Kinder

„Erst als die Mondsichel über dem Feigenbaum stand, verabschiedete er sich."
(Mirjam Pressler: Nathan und seine Kinder. Weinheim: Beltz & Gelberg 2011, S. 243)

Nach dem Besuch von al-Hafi geht Recha zu Daja und erzählt ihr von al-Hafis Besuch. Die beiden unterhalten sich über Nathan, über den Tag, an dem Daja ihr Nathans Geheimnis erzählt hat, und über Rechas klärendes Gespräch mit Nathan.

Schreibe dieses Gespräch.

Lösungsvorschläge

Teil 1: Textverständnis

1.1 Der vorliegende Text ist ein **Bericht**.

> *Hinweis: Beachte die folgenden Textsortenmerkmale: Ein **Bericht** ist eine ausführliche Nachricht, in der ein aktuelles Ereignis oder ein Sachverhalt von verschiedenen Seiten beleuchtet wird. Dabei werden zunächst die wesentlichen W-Fragen beantwortet: Wer? Was? Wann? Wo? und Wie? Im Gegensatz zu einer knappen Nachricht werden zudem die W-Fragen nach den Gründen und Folgen beantwortet: Warum? Welche Folgen?*

1.2 **Aussagen**

	trifft zu	trifft nicht zu
a) Das Projekt soll zeigen, dass Kakerlaken einfache Lebewesen mit einem ausgeprägten Gemeinschaftssinn sind.	☐	☒
b) „Insbot" ahmt typische Bewegungen von Kakerlaken nach.	☒	☐
c) Mit dem „Insbot" können auch Haushaltsschädlinge bekämpft werden.	☐	☒

> *Hinweis: Einen Hinweis auf das Forschungsziel des Projekts findest du in Z. 26–34. Die Bestätigung, dass Aussage b) zutrifft, kannst du Z. 68–74 entnehmen. Dass Aussage c) falsch ist, geht aus Z. 113–118 hervor: Es ist zwar nicht völlig ausgeschlossen, dass der „Insbot" zur Schädlingsbekämpfung eingesetzt werden kann, doch äußerst unwahrscheinlich („wenig Hoffnung").*

1.3 Das Forschungsprojekt trägt den Namen „Leurre" (frz. Köder), weil es erstmalig gelungen ist, Roboter als Köder oder Lockvögel in lebende Tiergruppen einzuschleusen. Die Roboter schaffen es sogar, die Kakerlaken an Stellen zu locken, die sie unter normalen Bedingungen nicht aufsuchen würden.

> *Hinweis: Der Projektname und die Begründung für die Namensgebung stehen nicht im selben Textabschnitt. Du findest den Namen des Projektes in Z. 15 und die Begründung in Z. 11–16, 85–88.*

1.4 Interaktion: Wechselbeziehung zwischen Personen und Gruppen; interagieren: Interaktion betreiben. Das Forschungsprojekt lässt sich als Interaktions-Experiment bezeichnen, weil die Wechselbeziehung zwischen Kakerlaken und Robotern untersucht wird.

> *Hinweis: Kläre die Begriffe „Interaktion" und „interagieren" durch Nachschlagen im Duden. Eine Erklärung dafür, warum das Projekt als Interaktions-Experiment bezeichnet werden kann, findest du in Z. 31–34.*

1.5 Die Roboter sind so programmiert, dass sie die Verhaltensweisen (schlängelnde Suchbewegung, plötzliches Stehenbleiben und Versammeln, gegenseitige Suche von Nähe) von Kakerlaken auf Schattensuche imitieren. Zusätzlich sind sie mit Lockstoffen beduftet. Die Kakerlaken folgen den vermeintlichen Artgenossen und suchen ihre Nähe.

Hinweis: Hier musst du erklären, wie genau die Interaktion zwischen Kakerlaken und Robotern funktioniert. Hinweise für diese Erklärung findest du in Z. 63–74.

1.6 Der „Insbot" besteht aus einem Mikrochip, einer Miniatur-Zeilenkamera, Infrarotsensoren und einer Batterie. Über den Chip wird der Roboter gesteuert. Mithilfe der Kamera und der Infrarotsensoren kann er sich orientieren und zwischen Roboter und Kakerlake unterscheiden. Die Batterie sorgt dafür, dass der „Insbot" unabhängig ist.

Hinweis: Achte bei der Bearbeitung dieser Aufgabe darauf, keinen Bestandteil, wie z. B. die Batterie zu vergessen. Du findest die entsprechenden Informationen in Z. 56–63.

1.7 Die Redewendung lautet: „Aus Schaden wird man klug".
Durch ein **Wortspiel** (hier: Verwendung eines ähnlich klingenden Wortes) entstand daraus die Überschrift „Aus Schaben wird man klug".

Hinweis: Bei dieser Aufgabe ist dein Allgemeinwissen in Bezug auf Redewendungen gefragt. Eine Redewendung ist eine feststehende Verbindung von mehreren Wörtern, die meist sowohl eine wörtliche als auch eine übertragene Bedeutung hat, z. B. „jemanden übers Ohr hauen" oder „ins Gras beißen". Im engeren Sinne handelt es sich hier sogar um ein Sprichwort, welches sich von der Redewendung dadurch unterscheidet, dass es eine feste und unveränderliche Formulierung (meist im Satz) ist. In der Regel geben beide Formen eine auf Erfahrung begründete, allgemein bekannte Lebensweisheit wieder.

1.8 Derzeit ist kein praktischer Nutzen ableitbar. Die Roboter sind nicht einsetzbar zur Bekämpfung von Küchenschaben im Haushalt, da sie nicht beweglich genug sind und an kleinsten Hindernissen scheitern. Im Text heißt es dazu, dass „bereits kleine Stufen [...] für die Roboter leider unüberwindbare Hürden" (Z. 116–118) darstellen.
Es gibt aber Überlegungen zur Weiterentwicklung der Roboter hinsichtlich der Beeinflussung von Nutztieren. Beispielsweise planen die Forscher, dass der „Insbot" „das Fress- und Bewegungsverhalten" von Hühnern „stimulieren" und sie somit dazu bringen soll, „mehr an die frische Luft zu gehen" (Z. 90–99). Dies würde, so die Hoffnung der Forscher, zum Wohlbefinden der Tiere beitragen.
Solche Visionen sind skeptisch zu sehen. Nach Meinung des Verhaltensbiologen Sachser, spielt das Erscheinungsbild der Roboter bei solchen Tieren, ganz im Gegensatz zu den Kakerlaken, eine wesentliche Rolle. Er behauptet: „Einem Huhn oder Hund jedoch machen Sie nicht so schnell vor, dass es sich um einen Artgenossen handelt." (Z. 110–112)

Hinweis: Anhaltspunkte und Textbelege zur Bearbeitung der Aufgabe konzentrieren sich im letzten Textabschnitt. Die nötigen Informationen findest du in Z. 88–100, 108–118.

Teil 2: Textproduktion

Teilaufgabe 2.1

Hinweis: Um zur Aussage „Wer nie mitspielt, verletzt heute seine elterliche Verantwortung." *begründet Stellung nehmen zu können, musst du wissen, was die Aussage bedeutet und welche Schlussfolgerungen und Forderungen man von ihr ableiten kann. In einem ersten Schritt solltest diese Aussage mithilfe der folgenden* **Leitfragen** *analysieren und dabei eine Stoffsammlung anfertigen. Zur Beantwortung der Leitfragen kannst du Argumente aus dem Text übernehmen, aber auch eigene Überlegungen anstellen.*

Leitfrage 1: Worin besteht die elterliche Verantwortung?
– *im Schutz des Kindes und darin, dass sie für seine positive Entwicklung sorgen*
  → *Kinder vor Schaden (körperlich und psychisch) bewahren*
  → *Zeit mit ihnen verbringen*

Leitfrage 2: Inwiefern sind Kinder durch Computerspiele gefährdet?
– *durch Inhalte, die Kinder verstören und verängstigen oder gar zu gefährlichen bzw. kriminellen Handlungen anregen können*
  → *Spiele in denen es hauptsächlich darum geht, anderen zu schaden, indem man sie verprügelt oder tötet*
– *dadurch, dass Kinder sich in virtuellen Welten verlieren und keine Kontakte außerhalb der ihrer Computerspielwelt pflegen*
  → *wenn sich Kinder abschotten, lieber Computerspiele spielen, als sich z. B. mit Freunden auf dem Sportplatz zu treffen oder mit Eltern und Geschwistern Zeit zu verbringen*
  → *Suchtgefahr: Kinder können häufig mit dem Spielen nicht mehr aufhören, wenn keine Kontrolle von außen gegeben ist.*

Leitfrage 3: Weshalb sollten sich Eltern mit Computerspielen auskennen und mitspielen?
– *Sie lernen die Inhalte kennen, erkennen gegebenenfalls die Gefahren und können eingreifen, wenn sie die Spiele für nicht geeignet halten (z. B. sogenannte Ego-Shooter, vgl. Z. 8).*
– *Sie können mit ihren Kindern über die Spiele sprechen und möglichen Ängsten ihrer Kinder entgegenwirken.*
– *Sie können gezielte Maßnahmen ergreifen, um ihre Kinder vor der Vereinsamung am Computer zu bewahren (z. B. attraktive Unternehmungen mit Freunden organisieren).*
– *Sie können die Faszination solcher Spiele nachvollziehen und besser verstehen, wie es dazu kommt, dass Kinder damit viel Zeit verbringen (virtuelle Welten, in denen man versinken kann wie in spannenden Büchern).*
– *Sie lernen eventuell auch positive Seiten von Computerspielen kennen: Kinder spielen in Teams und sind kreativ (schaffen aufregende Welten und statten Figuren mit einer Lebensgeschichte aus).*
– *Sie lernen ihre Kinder besser kennen, indem sie mehr Zeit mit ihnen verbringen, sie erfahren von ihren Interessen und Vorlieben.*

Leitfrage 4: Was sind mögliche Hindernisse, der Verantwortung gerecht zu werden?
– *Scheu der Eltern vor Computerspielen als einem „Ort voller Geheimnisse" (Z. 15 f.)*
– *Eltern haben sich bereits ein (negatives) Urteil über Computerspiele gebildet und halten es nicht für nötig, sich näher mit ihnen auseinanderzusetzen. Dennoch schätzen viele Eltern den Einfluss von Computerspielen auf ihre Kinder nicht richtig ein und sind sich der Gefahren nicht bewusst.*

Leitfrage 5: Welche Forderungen lassen sich ableiten?
– *Ängste und Vorurteile überwinden*
– *Kinder beim gemeinsamen Spielen um Hilfe bitten*

24

*In einem zweiten Schritt entwirfst du eine **Gliederung** des Vortrags. Dabei solltest du die formalen Anforderungen dieser Textsorte (Vortrag) beachten (Begrüßung/direkte Ansprache der
Zuhörer, Nennen des Themas und Anlasses und abschließender Dank an das Publikum).*

- *Einleitung: Anrede, Begrüßung, Anlass (Elternabend), Bedeutsamkeit des Themas (Aktua-
lität: wird seit Längerem in den Medien diskutiert; wichtig für Eltern und Lehrer als diejenigen, die für die Kinder Verantwortung tragen) und Benennen der These: „Wer nie mitspielt, verletzt heute seine elterliche Verantwortung." Besonders lebhaft und interessant
wird dein Vortrag, wenn du z. B. mit einem anschaulichen Beispiel beginnst.*
- *Hauptteil: Hier führst du die Stichpunkte deiner Stoffsammlung mithilfe von Argumenten
aus. Beachte, dass jedes Argument aus einer Behauptung, einer Begründung und einem
Beispiel bestehen sollte.*
- *Schluss: Fazit und Dank an die Zuhörer*

*Da dein Vortrag gut verständlich und interessant sein soll, solltest du **anschaulich** und in
einfachen Sätzen schreiben. Du kannst dich dabei an der gesprochenen Sprache orientieren.
Anschaulichkeit erreichst du z. B. dadurch, dass du sprachliche Bilder („in virtuelle Welten
abtauchen") und rhetorische Fragen („Worin liegen also mögliche Gefahren?") einbaust.*

Aufsatzbeispiel

Liebe Eltern, liebe Lehrer,
sicher kennen Sie die Situation: Morgens, zu Hause oder in der Schule, kreuzen Wesen Ihre
Wege, die Sie zwar täglich sehen, die Ihnen aber dennoch völlig fremd sind. Diese Wesen
scheinen eine andere Sprache zu sprechen und verwenden eigentümliche Gesten, von ihrer
Kleidung mit zum Teil abenteuerlichen Aufdrucken ganz zu schweigen. Es handelt sich um
Ihre Kinder beziehungsweise Schüler und eigentlich sollten Sie diese kennen, denn Sie tragen
Verantwortung für sie.
Was tun Sie, wenn Sie diese fremden Wesen kennenlernen möchten? Sie untersuchen am bes-
ten, so haben wir es in der Schule gelernt, ihre Lebensbedingungen. Einen Teil davon kennen
Sie, liebe Eltern und Lehrer: die Gespräche beim Frühstück und Abendbrot, den Unterricht,
Freunde und Hobbys.
Wie steht es aber um die Stunden, in denen Sie Ihre Kinder, Ihre Schüler nicht sehen, in
denen diese sich in ihre Zimmer mit den wilden Postern zurückziehen und nur das Klacken
der Computertastatur nach außen dringt? Die Zeit also, die sie mit Computerspielen verbringen? Vielen Eltern und auch Lehrern ist jene Welt, die Kinder betreten, wenn sie den Computer anschalten, fremd. Deshalb und weil das Thema Computerspiele seit Längerem in den
Medien heiß diskutiert wird, hat unsere Schule sich dazu entschlossen, einen Elternabend zum
Thema „Bei Computerspielen müssen sich Erwachsene auskennen – Eltern müssen mitspielen" zu veranstalten.
Die These, die ich meinem einführenden Vortrag zugrunde lege, lautet: „Wer nie mitspielt,
verletzt heute seine elterliche Verantwortung." Sie stammt von Götz Hamann, einem Redak-
teur der Wochenzeitung „Die Zeit", und stellt die Verantwortung der Eltern in den Mittelpunkt. Die Verantwortung, von der Hamann spricht, betrifft zum Teil auch die Lehrer und
besteht – da werden Sie mir sicher zustimmen – vor allem im Schutz der Kinder und darin, für
ihre positive Entwicklung zu sorgen. Dazu gehört, sie vor körperlichem und psychischem
Schaden zu bewahren, aber auch, Zeit mit ihnen zu verbringen. Wenn Eltern und Lehrer
Interesse daran zeigen, womit Kinder sich beschäftigen, trägt dies zur positiven Entwicklung
der Kinder bei, das gilt auch für Computerspiele.
Die These legt nahe, dass Computerspiele eine Gefahr für Kinder darstellen können. Worin
liegen also diese möglichen Gefahren? Es gibt Computerspiele, z. B. sogenannte Ego-Shooter,
die Kindern Angst machen oder sie sogar zu gefährlichen und kriminellen Handlungen verleiten können. Die extremen Beispiele sind uns allen aus den Medien bekannt. In diesen Spielen
geht es vor allem darum, anderen zu schaden, indem man sie verletzt oder tötet. Beinahe jeder

von uns Schülern hat selbst schon einmal solche Spiele gespielt oder hat Freunde, die diese spielen. Sie können durch ihre Gewalttätigkeit nicht nur Ängste bei Kindern auslösen, sondern auch dazu führen, dass sie Gewalt gegenüber abstumpfen und aggressiv werden.
Wenn Eltern gemeinsam mit ihren Kindern spielen, können sie diese Gefahren leichter erkennen und, wenn nötig, eingreifen. Nur wenn Eltern mit ihren Kindern über ihre Computerspiele sprechen, ist es ihnen möglich, Ängste zu erkennen und abzubauen. Dazu müssen sie aber wissen, worüber sie sprechen. Sie werden feststellen, liebe Eltern, dass Sie bei diesen Gesprächen über Ängste, aber auch über Interessen und Vorlieben ihrer Kinder, neue Seiten an ihnen kennenlernen. Auch das Verhältnis zu Ihren Kindern kann von den Gesprächen über Computerspiele profitieren, denn Ihre Kinder fühlen sich dabei mit ihren Interessen ernst genommen. Computerspiele machen nicht nur Angst, sie können auch einsam machen. Die verschlossene Zimmertür, durch die nur das Klacken der Tastatur nach außen dringt, ist häufig ein Zeichen dafür, dass Kinder sich zurückziehen und gegenüber ihrer Umwelt abschotten. Sie spielen lieber am Computer, als mit Freunden auf den Sportplatz zu gehen oder mit Eltern und Geschwistern Zeit zu verbringen. Wenn Ihnen, liebe Eltern und Lehrer, ein solches Verhalten auffällt, ist es wichtig, dass Sie eingreifen, indem sie z. B. attraktive Unternehmungen mit Freunden organisieren oder selbst etwas mit Ihren Kindern unternehmen.
Viele Eltern sind der Ansicht, es genüge, das Spielen am Computer zeitlich zu begrenzen, um einer möglichen Vereinsamung oder Suchtgefahr vorzubeugen. Wenn Sie, die Eltern, die Spiele selbst ausprobieren, können Sie die Faszination, die von ihnen ausgeht, nachvollziehen und besser verstehen, wie es dazu kommt, dass Ihr Kind so viel Zeit am Computer verbringt.
Einige der Spiele, von denen wir hier sprechen, sind virtuelle Welten, in die man versinken kann wie in ein spannendes Buch. Wenn Eltern darüber Bescheid wissen, lassen sich eventuell auch leichter Kompromisse finden, wenn es wieder einmal darum geht, welches Spiel wie lange gespielt werden darf.
Vielleicht entdecken Sie sogar positive Seiten an dem einen oder anderen Computerspiel.
In manchen von ihnen spielen Kinder in Teams, lernen und sind kreativ, indem sie aufregende Welten erschaffen und Figuren mit einer Lebensgeschichte ausstatten. Diese Spiele könnten Sie ihren Kindern anbieten, damit wäre beiden gedient: Ihrem Wunsch nach einem glücklichen, aber auch sicheren Kind und ebenso dem Wunsch Ihres Kindes, Zeit mit Computerspielen zu verbringen – alles in Maßen, versteht sich.
Bei all den Vorzügen, die es offenbar mit sich bringt, wenn Eltern mitspielen, stellt sich die Frage, warum dies immer noch eine Ausnahme ist. Warum verbringen nicht mehr Eltern und Kinder einen verregneten Sonntagnachmittag am Computer und tauchen gemeinsam in virtuelle Welten ab? Ein Hauptgrund, so vermute ich, ist die Angst vor dem Unbekannten. Nicht alle Eltern gehen täglich mit dem Computer um und wenige wissen, wie man eine Spielkonsole bedient. Andere wiederum haben sich bereits ein (negatives) Urteil über Computerspiele gebildet und halten es nicht für nötig, sich näher mit ihnen auseinanderzusetzen.
Ersteren möchte ich Mut machen, es einfach auszuprobieren. Trauen Sie sich! Ihre Kinder helfen Ihnen sicher gerne, wenn sie merken, dass Sie wirklich interessiert sind. Letzteren möchte ich zu bedenken geben, dass Sie den großen Einfluss, den Computerspiele – im Positiven wie im Negativen – auf Kinder haben, nur richtig einschätzen können, wenn Sie wissen, worum es sich dabei handelt. Nur so können Sie der Verantwortung Ihrem Kind gegenüber gerecht werden. Seien Sie offen und überprüfen Sie Ihre Vorurteile, ich bin mir sicher, es lohnt sich.
Wir, Ihre Schüler und Kinder laden Sie ganz herzliche zum Mitspielen ein.
Ich bedanke mich für Ihre Aufmerksamkeit.

Teilaufgabe 2.2

Hinweis: Du sollst einen Tagebucheintrag aus der Sicht der Ich-Erzählerin der Kurzgeschichte „Sommerschnee" schreiben. Die junge Frau verfasst den Tagebucheintrag, nachdem sie mit der Straßenbahn nach Hause gefahren ist. Du kannst also davon ausgehen, dass sie darin ihre Gedanken und Gefühle zu dem äußert, was ihr kurz zuvor widerfahren ist: Ihr Freund hat sich nur mittels eines knapp verfassten Zettels von ihr getrennt. Sie wird einerseits sicher ihre Enttäuschung und Wut angesichts dieser feigen Abfertigung ausdrücken, andererseits wird sie wohl auch darüber nachdenken, wie es dazu gekommen ist und wie sie sich vor und nach der Entdeckung des Zettels gefühlt hat.

*Gehe dabei folgendermaßen vor: Lies zuerst die Kurzgeschichte gründlich durch. Mache dir dabei klar, worum es in der Kurzgeschichte geht. Notiere Stichworte zu den **W-Fragen**:*
- *__Wer?__ Ich-Erzählerin (Mädchen, junge Frau)*
- *__Was?__ Erzählerin ist sehr verliebt, freut sich zunächst sehr auf ihren Freund, wird aber enttäuscht durch Botschaft auf einem Zettel: Freund beendet Beziehung*
- *__Wann?__ Gegenwart, keine genaue Zeitangabe, nur der Hinweis: „Auf der Apothekenuhr ist es fünf." (Z. 45)*
- *__Wo?__ größere Stadt (es gibt dort Straßenbahnen)*
- *__Wie?__ Erzählerin befindet sich auf dem Weg zu ihrem Freund – Wahrnehmungen, Handlungen und Gedanken sind Ausdruck ihrer Gefühle (Verliebtsein, Vorfreude, Selbstbewusstsein, Glück); findet Zettel an der Wand, beginnt Heimweg – wiederum sind Wahrnehmungen, Handlungen und Gedanken Ausdruck ihrer Gefühle (Enttäuschung, Wut, Selbstzweifel)*

Überlege dir nun, welche Anforderungen du beim Verfassen eines Tagebucheintrags erfüllen musst. Ein Tagebucheintrag ist eine Form des persönlichen Schreibens. In einem Tagebuch werden sehr persönliche Dinge zum Ausdruck gebracht und festgehalten: z. B. Gedanken und Gefühle, heimliche Wünsche, Erinnerungen, Sorgen und Probleme, innere Konflikte und mögliche Entscheidungsfindungen. Ein Tagebuch wird normalerweise von keiner anderen Person gelesen, nur der Schreiber selbst ist auch der Leser des Buches. Der Inhalt des Tagebuchs ist also etwas sehr Privates.

*Halte dich bei einem Tagebucheintrag an folgende **formale Anforderungen**:*
- *Wähle die Ich-Form, denn du schreibst aus der Perspektive der betroffenen Erzählerin.*
- *Achte darauf, dass Satzbau und Wortwahl den Gedanken und Gefühlen der jungen Frau entsprechen und ihre momentane Stimmung wiedergeben. Da sie innerlich sehr aufgewühlt ist, solltest du z. B. verkürzte Sätze, Ausrufe, Gedankensprünge sowie anschauliche Verben, Adjektive und Substantive verwenden.*
- *Umgangssprachliche Wendungen solltest du nur gebrauchen, wenn sie zur Schreiberin des Tagebucheintrages passen.*
- *Verwende als Zeitform das Präsens, da die junge Frau über ihre gegenwärtigen Gefühle und Gedanken schreibt. Wenn sie über Vergangenes nachdenkt, verwendest du das Präteritum.*
- *Beginne den Tagebucheintrag mit der Angabe des Datums: Da aus dem Text keine eindeutige zeitliche Einordnung zu entnehmen ist, kannst du dir etwas ausdenken. Daran kannst du eine Anrede anschließen (z. B. Liebes Tagebuch). Auch wenn es sich bei einem Tagebucheintrag um eine sehr emotionale (gefühlsbetonte) Textart handelt, solltest du darauf achten, eine Gliederung in Einleitung, Hauptteil und Schluss einzuhalten.*

*Stelle dir folgende Fragen zum **Inhalt**:*
- *Wie erlebt die Ich-Erzählerin den Weg zu ihrem Freund? Was denkt und fühlt sie?*
- *Was bedeutet die auf dem Zettel notierte Botschaft für die Ich-Erzählerin?*
- *Wie erlebt die Ich-Erzählerin den Heimweg? Was denkt und fühlt sie?*
- *Was geht im Moment des Schreibens in der Ich-Erzählerin vor? (Selbstzweifel, Wut, Suche nach einem Grund für die Trennung)*
- *Wird sie aus ihren Überlegungen Konsequenzen ziehen (z. B. den Entschluss fassen, sich nicht unterkriegen zu lassen)?*

27

*Fertige nun eine stichpunktartige **Stoffsammlung** an. Sie könnte z. B. so aussehen:*

	Inhalt
Einleitung	**Anlass des Tagebucheintrags:** große Enttäuschung
Hauptteil	**1. Erinnerung an den Hinweg:** – Gleichgültigkeit gegenüber allem Unangenehmen: schlechtes Wetter, nasse Schuhe, warten auf Straßenbahn, Anmache von einem Fremden (ignoriert ihn), Gedränge in der Straßenbahn, missmutige Menschen – beinahe widersinniges Verhalten: Lachen in unangenehmer Situation, obwohl alle anderen schimpfen (Straßenbahn, Autofahrer), lautes Singen – unerschütterliches Selbstbewusstsein: trotz nasser Haare, schmuddeliger Hose → Sicherheit, Freund liebt sie, so wie sie ist – Bemühen zu gefallen: Zurechtzupfen von Kleidung und Haaren; Kaufen der Zigaretten, die der Freund mag; Bemühen um Pünktlichkeit – Aufregung, Nervosität: Unaufmerksamkeit im Straßenverkehr, quer über die nasse Wiese laufen, tiefes Durchatmen vorm Klingeln
	2. Wendepunkt: Finden des Zettels
	3. Erinnerung an den Rückweg: – Wut: Wiederholung („Richtig gut gehen lassen soll ich es mir!", Z. 60 f.) – Fassungslosigkeit: spürt Verbrennung nicht, keine deutliche Sinneswahrnehmung mehr – wie nach einer Betäubung (alle unangenehmen Geräusche werden zu einem einzigen nervtötendem Geräusch, sieht nur noch gröbste Umrisse) – Enttäuschung, Selbstzweifel: wie bei einem geschlagenen Tier: Geräusche flößen Angst ein; Laufen wie alte Frau, nasse Sachen werden ihr bewusst, Anmache durch „Glatzköpfigen" (unangenehm), Verschüchterung
Schluss	**abschließender Gedanke:** mögliche Gefühle: Traurigkeit, Wut („blöder Typ", „Wieso bin ich auf ihn reingefallen?"), Trotz („Ich werde mich nicht unterkriegen lassen!") → Entschluss

Mithilfe deiner Überlegungen zu den formalen und inhaltlichen Anforderungen sowie der Stoffsammlung kannst du nun einen zusammenhängenden Text verfassen.

Aufsatzbeispiel

Dresden, 10. Oktober 2007

Liebes Tagebuch,

ich kann es nicht fassen! Ich habe geweint und konnte gar nicht mehr aufhören. Ich wollte eigentlich keine Träne vergießen, aber der Schmerz ist so groß. Mein Magen krampft sich zusammen, mein Herz tut weh und die Schrift verschwimmt, weil mir schon wieder Tränen in den Augen stehen.

Er hat mich verlassen. Einfach so, ohne Vorwarnung. Nur ein Zettel an der Wand neben seiner Tür. Dabei sollte es heute ein so schöner Tag werden! Ich habe mich so sehr auf ihn gefreut. Seit dem Tag, an dem er mich endlich angesprochen hatte, fühlte ich dieses Kribbeln im Bauch, dieses tolle Gefühl, das mich kaum schlafen ließ und mich trotzdem beflügelte. Irgendwie schien alles einfacher. Ich konnte es kaum erwarten, zu ihm zu fahren.

Den ganzen Tag schon regnet es, aber das war mir egal. Ich würde ihn sehen! Völlig durchnässt war ich, aber das schien gleichgültig. Außerdem dachte ich, er mag mich so wie ich bin. Ich habe extra die weiße Hose, von der ich weiß, dass sie ihm gefällt, angelassen, obwohl sie inzwischen eher dunkelgrau war. Ähnlich zerzaust muss ich ausgesehen haben, als wir uns zum ersten Mal begegneten – damals auf dieser Party, als ich zu spät kam wegen des schlechten Wetters. Und er hat gesagt, dass er sich damals in mich verliebt habe.

Weil ich nur an ihn denken konnte, waren mir auch die missgelaunten Menschen so egal, mir war einfach nur nach Singen zumute. Fast hätte ich einen Unfall verursacht, weil ich mich nicht auf die Straße konzentriert habe, die ich überquerte! Ich war so aufgeregt. Sogar seine Lieblingszigaretten habe ich noch für ihn gekauft. Mit jedem Schritt, der mich seinem Haus näher brachte, wurde ich nervöser, wurde dieses Kribbeln im Bauch stärker. War ich schon jemals so verliebt gewesen?

Und dann dieser Zettel … Einfach nur ein Zettel an der Wand! Ein Stück Papier, das alles zerstört, das im Widerspruch steht zu allen Gefühlen, die ich hatte, als ich bei ihm klingeln wollte. Er hat seine ehemalige Freundin wieder getroffen, diejenige, die er vor mit hatte. Die, von der er behauptet hat, es sei vorbei. Die, die es nicht gab, wenn wir zusammen waren. Ich konnte mich kaum bewegen. Es würde ihm leidtun und ich solle es mir gut gehen lassen. Was soll das denn? Wie kann ich es mir gut gehen lassen? Wie soll es mir gut gehen ohne ihn? Es tut weh! Er tut mir weh!

Ich weiß nicht, wie lange ich dort vor dem Haus stand, mit diesem Zettel in der Hand. Mit einem Mal änderte sich alles. Alles schien unwirklich, war laut und schmerzte in meinem Kopf. Mir war kalt. Ich fühlte mich unwohl in meinen Sachen und mit den nassen Haaren. Was die Leute wohl von mir dachten? Und dann machte mich auch noch dieser unangenehme, glatzköpfige Mann an. Ich wollte weg, einfach nur nach Hause. Endlich allein sein. Der Heimweg schien mir nun unendlich lang zu sein.

Wie konnte das nur passieren? Wie kann sich in einem so kurzen Augenblick die Welt so sehr verändern? Wie kann ein einzelner Mensch bewirken, dass plötzlich alles anders aussieht? Wie konnte er mir so wehtun?

Wieso hat er mich damals angesprochen? Hat er mich belogen? Hab ich es nur nicht bemerkt? Können Gefühle so täuschen? Warum fühle ich mich so klein, warum so verletzt? Ist es das, was alle mit „gebrochenem Herz" meinen?

Nein, nicht mit mir! Ich muss aufhören, mir solche Fragen zu stellen! Ich bin traurig, denn ich habe etwas verloren. Ich bin wütend, denn er hat mir etwas genommen. Aber morgen wird es besser. Oder übermorgen. Irgendwann wird es gut sein. Und vielleicht werde ich irgendwann wieder auf der Straße singen. Nur nicht heute.

Teilaufgabe 2.3

*Hinweis: Von dir wird verlangt, einen **Dialog** zu schreiben. Analysiere zuerst die **Aufgaben-***
stellung. Stelle dir im Vorfeld Fragen zur Aufgabe, z. B.: Wie stehen die beiden Personen zu
diesem Zeitpunkt zueinander? Welche Inhalte müssen im Gespräch vorkommen? Welche Ge-
fühle haben die beiden Figuren dabei? Erstelle auch eine Liste mit Merkmalen/Kriterien zur
verlangten Textsorte (Gespräch).

*Beachte, welche **inhaltlichen Anforderungen** die **Schreibsituation** an dich stellt: In welcher*
Situation befinden sich die beiden Frauen zum Zeitpunkt des Gesprächs? Finde heraus, wel-
chen Stellen des Romans du Informationen für deinen Text entnehmen kannst, und lies die be-
treffenden Seiten nochmals gründlich nach.
– Verlangt wird ein Gespräch zwischen Recha und Daja. Das Gespräch findet am Ende des Ro-
mans statt. Nathan ist bereits verstorben und Recha hat seinen Platz im Haus eingenommen.
– Al-Hafi, Nathans Freund, hat Recha gerade besucht. Er hat ihr Geschenke des Sultans
überbracht und die beiden haben über Nathan gesprochen. Auch das letzte Gespräch, das
Recha mit Nathan geführt hat, war Thema.
– Recha hat al-Hafi auch erzählt, dass sie eines Tages einen Sohn haben werde, den sie Na-
than nennen und den sie lehren wolle, dass Liebe und Barmherzigkeit das Wichtigste auf
der Welt seien.
– Al-Hafi und Recha sitzen bis zum späten Abend beieinander, es ist also schon spät, als
Recha Daja aufsucht.
– Laut Aufgabenstellung sprechen die beiden Frauen außer über al-Hafis Besuch auch über
Nathan, über Rechas letztes Gespräch mit ihm (als sie erfahren hatte, dass Nathan nicht ihr
leiblicher Vater ist) und über den Tag, als Daja Recha dieses Geheimnis offenbart hat.

*Überlege, welche **formalen und sprachlichen Anforderungen** du bei einem Gespräch erfül-*
len musst.
– Wörtliche Aussagen der Figuren in verteilten Rollen
– Regieanweisungen zur Verdeutlichung von Gefühlen und der Situation
– Ich-Form und Berücksichtigung der Perspektive beider Gesprächsteilnehmer (dafür nicht
nur in eine Figur, sondern in alle Beteiligten hineinversetzen!)
– Möglichst ausgeglichener Redeanteil der Beteiligten
– Gesprochene Sprache, also Alltags- bzw. Umgangssprache; Wichtig: Sprache muss zu den
Figuren passen → Wortwahl und Stil an die Figuren anpassen
– Nicht nur abwechselnd persönliche Meinung der Figuren darstellen, sondern: Figuren sol-
len im Gespräch aufeinander eingehen, sich Fragen stellen, Fragen beantworten, auf den
anderen reagieren, Aussagen des anderen aufgreifen, etwas einwenden, sich möglicherwei-
se auch einmal unterbrechen usw.

*Fertige nun eine **Stoffsammlung** mit wichtigen Inhalten, die im Gespräch vorkommen kön-*
nen, an. Sie könnte z. B. so aussehen:

Themen	Mögliche Inhalte
Al-Hafi	– sein Besuch am Abend (Recha berichtet):
	• Geschenke des Sultans (Öle, Salben, Perlenschnur) und sein Versprechen für Hilfe und Schutz von ihm und seiner Schwester Sittah
	• Verhältnis zwischen Sultan und Nathan
	• Nathans Vergangenheit
	• Al-Hafis Fazit über Nathans Charakter: *„Das ist wahrlich ein großer Mensch, der Verzweiflung und Rachsucht überwindet und sie in Liebe zu den Menschen verwandelt."* (S. 242)
	• Ankündigung bezüglich ihres späteren Sohnes

	– Freundschaft von al-Hafi und Nathan allgemein, ihr regelmäßiges Schachspiel
	– al-Hafis tägliche Besuche bei Recha ab dem ersten Tag nach Nathans Tod
	– Ringparabel (von der ihnen al-Hafi einige Tage zuvor berichtet hat)
	– al-Hafis Vergangenheit und sein Charakter
Nathan	– Nathans Tod als großer Verlust für beide Frauen
	– Nathans Charakter: angesehener und hilfsbereiter Mann → zahlreiche Trauergäste mit Gaben
	– Nathans gute Tat an Daja (Retter) und ihr Verhältnis zu ihm
	– Dajas eigene Vergangenheit (Kindheit bei der Großmutter, Kreuzzug, Tod des Mannes)
	– der Mord an Nathan: unbekannte Täter, Rachegedanken Elijahus und des Tempelritters, Rechas Ablehnung von Rache: *„Mein Vater hat nie vom Gott der Rache gesprochen, immer nur vom Gott der Liebe."* (S. 237)
Nathans letztes Gespräch mit Recha	– Rechas Gespräch mit Nathan, als dieser aus Hebron zurückgekommen war: wie sie ihn auf das Geheimnis angesprochen hat (beschlossen am Tag, als Daja es ihr verraten hat)
	– Nathans Verzweiflung über den Verlust seiner Familie und seine Dankbarkeit für Recha, Rechas Name, den seine Frau einer Tochter gegeben hätte
	– Nathans Worte, dass Liebe stärker als Blut und Recha seine Tochter, obwohl nicht ihr leiblicher Vater
	– Bedeutung dieses Gesprächs für Recha, ihre Freude darüber, dass sie es mit ihm hatte
Verrat des Geheimnisses	– Evtl. Dajas nochmalige Erklärung, wie es zu dem Verrat kam (Achtung: Es muss hervorgehen, dass die beiden schon einmal darüber gesprochen haben.) und ihr schlechtes Gewissen deswegen
	– Rechas Gefühle, als Daja ihr das Geheimnis erzählte: erst wollte sie es nicht glauben, dann wollte sie nichts mehr hören, ihr Weltbild erschüttert, fühlte sich ihrer Zugehörigkeit zu Nathan und zu ihrem Leben beraubt, war wie gelähmt → so einsam wie nie zuvor, während Daja sie weiter kämmte und redete
	– ihre anschließende Verzweiflung: wie sie durch die Straßen gelaufen ist und am Bach Kidron nachgedacht hat
	– ihr Entschluss, Nathan darauf anzusprechen
	– Rechas Begegnung und Unterhaltung mit Geschem, ihre Feststellung, dass sie, im Vergleich zu ihm, großes Glück hatte
Geschem	– Nathans Hilfe für den Jungen, sein Name, den er von Nathan hat
	– die Rolle Elijahus und Ziporas in Bezug auf Geschems Rettung
Zukunft	– mögliche Zukunftspläne
	– Recha als neue Hausherrin;
	– Elijahus Absicht, bei Recha zu bleiben

Verfasse nun, mithilfe deiner Vorüberlegungen und der Stoffsammlung, das Gespräch zwischen Recha und Daja.

Aufsatzbeispiel

So könnte das Gespräch beginnen:

(Recha geht zu Dajas Zimmer, klopft leise an die Tür und tritt gleich darauf leise in das Zimmer ein.)

RECHA: Daja? Bist du noch wach?

DAJA *(setzt sich auf)*: Ja, Recha, ich bin wach. Kannst du nicht schlafen?

RECHA: Gerade erst habe ich mich von al-Hafi verabschiedet. Er lässt dich grüßen.

DAJA: Jeden Tag war er nun da, nicht wahr? Er war Nathan ein guter Freund und jetzt ist er dir einer.

(Recha setzt sich zu Daja ans Bett.)

RECHA: Ja, das ist wahr. Vater und er waren viel mehr als nur Schachpartner und es tut mir gut, dass er da ist, dass ich mit ihm sprechen kann. Er ist fast wie ein Oheim für mich.

(Daja streicht Recha übers Haar.)

DAJA: Wir werden alle für dich da sein, Recha, so lange du uns brauchst.

RECHA: Er kam mit Geschenken des Sultans, heute. Mit Salben, Ölen und mit einer Perlenschnur …

DAJA *(verblüfft)*: Mit Geschenken des Sultans?

RECHA: Ja. Er sagte, der Sultan habe Vater sehr geschätzt und dass er geweint habe, als er von seinem Tod erfahren hat. Er sagte, ich könne mich an ihn wenden, und an seine Schwester, wenn ich Hilfe brauche oder Schutz.

DAJA: Dein Vater war ein guter Mann, Recha. Und jeder, der ihn kennengelernt hat, wusste das. Es verwundert mich nicht, dass der Sultan das auch erkannt hat. Er kann grausam sein, das wahrlich, aber er ist auch klug und großzügig. Er weiß um die Ungerechtigkeit dieser Tat und dass Nathans Tod ein Verlust ist, nicht nur für dich, sondern für viele Menschen.

RECHA *(nickt)*: Ja, er hat vielen geholfen. Es war ihm egal, ob sie jüdisch, christlich oder muslimisch sind. Wenn Menschen Hilfe brauchten, dann war er für sie da. Er hatte so ein großes Herz …

DAJA: Mir hat er auch geholfen. Ich habe es dir schon oft erzählt, dass er mein Retter war, nicht wahr? Ich weiß nicht, was ohne ihn aus mir geworden wäre … Einsam und verzweifelt war ich, gerade hatte ich die Gräuel des Kreuzzugs hinter mir, hatte meinen Mann, meinen Gisbert, verloren und wusste nicht weiter. Und dann kam er, wie ein rettender Engel, und nahm mich mit.

RECHA: Uns beide hat er gerettet, Daja, uns beide.

…

Siegfried Lenz: Eine Liebesgeschichte

Joseph Waldemar Gritzan, ein großer, schweigsamer Holzfäller, wurde heimgesucht von der Liebe. Und zwar hatte er nicht bloß so ein mageres Pfeilchen
5 im Rücken sitzen, sondern, gleichsam seiner Branche angemessen, eine ausgewachsene Rundaxt. Empfangen hatte er diese Axt in dem Augenblick, als er Katharina Knack, ein ausnehmend ge-
10 sundes, rosiges Mädchen, beim Spülen der Wäsche zu Gesicht bekam. Sie hatte auf ihren ansehnlichen Knien am Flüßchen gelegen, den Körper gebeugt, ein paar Härchen im roten Gesicht, während
15 ihre beträchtlichen Arme herrlich mit der Wäsche hantierten. In diesem Augenblick, wie gesagt, ging Joseph Gritzan vorbei, und ehe er sich's versah, hatte er auch schon die Wunde im Rücken.
20 Demgemäß ging er nicht in den Wald, sondern fand sich, etwa um fünf Uhr morgens, beim Pfarrer von Suleyken[1] ein, trommelte den Mann Gottes aus seinem Bett und sagte: „Mir ist es", sagte
25 er, „Herr Pastor, in den Sinn gekommen zu heiraten. Deshalb möchte ich bitten um einen Taufschein."
Der Pastor, aus mildem Traum geschreckt, besah sich den Joseph Gritzan ziemlich
30 ungnädig und sagte: „Mein Sohn, wenn dich die Liebe schon nicht schlafen läßt, dann nimm zumindest Rücksicht auf andere Menschen. Komm später wieder, nach dem Frühstück. Aber wenn du
35 Zeit hast, kannst du mir ein bißchen den Garten umgraben. Der Spaten steht im Stall."
Der Holzfäller sah einmal rasch zum Stall hinüber und sprach: „Wenn der
40 Garten umgegraben ist, darf ich dann bitten um den Taufschein?"
„Es wird alles genehmigt wie eh und je", sagte der Pfarrer und empfahl sich.
Joseph Gritzan, beglückt über solche
45 Auskunft, begann dergestalt den Spaten zu gebrauchen, daß der Garten schon nach kurzer Zeit umgegraben war. Dann zog er, nach Rücksprache mit dem Pfarrer, den Schweinen Drahtringe durch die
50 Nasen, melkte eine Kuh, erntete zwei Johannisbeerbüsche ab, schlachtete eine Gans und hackte einen Berg Brennholz. Als er sich gerade daranmachte, den Schuppen auszubessern, rief der Pfarrer
55 ihn zu sich, füllte den Taufschein aus und übergab ihn mit sanften Ermahnungen Joseph Waldemar Gritzan. Na, der faltete das Dokument mit umständlicher Sorgfalt zusammen, wickelte es in eine
60 Seite des Masuren-Kalenders und verwahrte es irgendwo in der weitläufigen Gegend seiner Brust. Bedankte sich natürlich, wie man erwartet hat, und machte sich auf zu der Stelle am Flüßchen,
65 wo die liebliche Axt Amors[2] ihn getroffen hatte.
Katharina Knack, sie wußte noch nichts von seinem Zustand, und ebenso wenig wußte sie, was alles er bereits in die
70 heimlichen Wege geleitet hatte. Sie kniete singend am Flüßchen, walkte und knetete die Wäsche und erlaubte sich in kurzen Pausen, ihr gesundes Gesicht zu betrachten, was im Flüßchen möglich
75 war.
Joseph umfing die rosige Gestalt – mit den Blicken, versteht sich –, rang ziemlich nach Luft, schluckte und würgte ein Weilchen, und nachdem er sich aus-
80 geschluckt hatte, ging er an die Klattkä, das ist ein Steg. Er hatte sich heftig und lange überlegt, welche Worte er sprechen sollte, und als er jetzt neben ihr stand, sprach er so: „Rutsch zur Seite."
85 Das war, ohne Zweifel, ein unmißverständlicher Satz. Katharina machte ihm denn auch schnell Platz auf der Klattkä, und er setzte sich, ohne ein weiteres Wort, neben sie. Sie saßen so – wie lan-
90 ge mag es gewesen sein? – ein halbes Stündchen vielleicht und schwiegen sich gehörig aneinander heran. Sie betrachteten das Flüßchen, das jenseitige Waldufer, sahen zu, wie kleine Gringel in den

95 Grund stießen und kleine Schlammwol-
ken emporrissen, und zuweilen verfolg-
ten sie auch das Treiben der Enten.
Plötzlich aber sprach Joseph Gritzan:
„Bald sind die Erdbeeren soweit. Und
100 schon gar nicht zu reden von den Blau-
beeren im Wald." Das Mädchen, unvor-
bereitet auf seine Rede, schrak zusammen und antwortete: „Ja."
So, und jetzt saßen sie stumm wie Hüh-
105 ner nebeneinander, äugten über die Wiese, äugten zum Wald hinüber, guckten
manchmal auch in die Sonne oder kratz-
ten sich am Fuß oder am Hals.
Dann, nach angemessener Weile, er-
110 folgte wieder etwas Ungewöhnliches:
Joseph Gritzan langte in die Tasche,
zog etwas Eingewickeltes heraus und
sprach zu dem Mädchen Katharina
Knack: „Willst", sprach er, „Lakritz?"
115 Sie nickte, und der Holzfäller wickelte
zwei Lakritzstangen aus, gab ihr eine und
sah zu, wie sie aß und lutschte. Es schien
ihr gut zu schmecken. Sie wurde übermütig – wenn auch nicht so, daß sie zu
120 reden begonnen hätte –, ließ ihre Beine
ins Wasser baumeln, machte kleine
Wellen und sah hin und wieder in sein
Gesicht. Er zog sich nicht die Schuhe aus.
Soweit nahm alles einen ordnungsgemä-
125 ßen Verlauf. Aber auf einmal – wie es
zu gehen pflegt in solchen Lagen – rief
die alte Guschke, trat vors Häuschen und
rief: „Katinka, wo bleibt die Wäsch'!"
Worauf das Mädchen verdattert auf-
130 sprang, den Eimer anfaßte und mir
nichts dir nichts, als ob die Lakritzstange
gar nichts gewesen wäre, verschwinden
wollte. Doch, Gott sei Dank, hatte Joseph
Gritzan das weitläufige Gelände seiner
135 Brust bereits durchforscht, hatte auch
schon den Taufschein zur Hand, packte
ihn sorgsam aus und winkte das Mädchen noch einmal zu sich heran.
„Kannst", sprach er, „lesen?"

140 Sie nickte hastig.
Er reichte ihr den Taufschein und erhob
sich. Er beobachtete, während sie las, ihr
Gesicht und zitterte am ganzen Körper.
„Katinka!", schrie die alte Guschke,
145 „Katinka, haben die Enten die Wäsch'
gefressen?"
„Lies zu Ende", sagte der Holzfäller
drohend. Er versperrte ihr, weiß Gott,
schon den Weg, dieser Mensch.
150 Katharina Knack vertiefte sich immer
mehr in den Taufschein, vergaß Welt und
Wäsche und stand da, sagen wir mal: wie
ein träumendes Kälbchen, so stand sie da.
„Die Wäsch', die Wäsch'", keifte die
155 alte Guschke von neuem.
„Lies zu Ende", drohte Joseph Gritzan,
und er war so erregt, daß er sich nicht
einmal wunderte über seine Geschwät-
zigkeit.
160 Plötzlich schoß die alte Guschke zwischen den Stachelbeeren hervor, ein ge-
schwindes, üppiges Weib, schoß hervor
und heran, trat ganz dicht neben Katharina Knack und rief: „Die Wäsch',
165 Katinka!" Und mit einem tatarischen
Blick[3] auf den Holzfäller: „Hier geht
vor die Wäsch', Cholera[4]!"
O Wunder der Liebe, insbesondere der
masurischen; das Mädchen, das träu-
170 mende, rosige, hob seinen Kopf, zeigte
der alten Guschke den Taufschein und
sprach: „Es ist", sprach es, „besiegelt und
beschlossen. Was für ein schöner Taufschein. Ich werde heiraten." Die alte
175 Guschke, sie war zuerst wie vor den
Kopf getreten, aber dann lachte sie und
sprach: „Nein, nein", sprach sie, „was die
Wäsch' alles mit sich bringt. Beim Einweichen haben wir noch nichts gewußt.
180 Und beim Plätten ist es schon soweit."
Währenddessen hatte Joseph Gritzan
wiederum etwas aus seiner Tasche gezogen, hielt es dem Mädchen hin und
sagte: „Willst noch Lakritz?"

*Aus: Siegfried Lenz: So zärtlich war Suleyken. © 1955 by Hoffmann und Campe Verlag
GmbH: Hamburg (Der Text folgt in Rechtschreibung und Zeichensetzung der Vorlage.)*

Anmerkung: Siegried Lenz wurde 1926 in Masuren geboren. In seinen Masurischen Erzählungen („So zärtlich war
Suleyken") hat er die Welt der Menschen, die in Masuren lebten, dargestellt. Seit 1945 lebt der Autor in Hamburg.
1 Suleyken: ein Dorf in Masuren (im damaligen Ostpreußen, heute in Polen) – 2 Amor: Gott der Liebe –
3 tatarischer Blick: hier: böser Blick (Tataren: Volksstamm weit im Osten, galt als besonders fremdartig) –
4 Cholera: hier: ungestümer Mensch

Teil 1: Textverständnis

Kreuze jeweils die richtige Aussage an.

1.1 Überlege, zu welcher Zeit die dargestellte Handlung spielen könnte:

☐ innerhalb der letzten zehn Jahre

☐ in den Sechzigerjahren des 20. Jahrhunderts

☐ in der ersten Hälfte des 20. Jahrhunderts

☐ im 19. Jahrhundert

1.2 Was gefällt dem Holzfäller am meisten an der Wäscherin?

☐ Sie ist hübsch.

☐ Sie ist rosig und gesund.

☐ Sie kann gut mit der Wäsche umgehen.

☐ Sie ist verträumt.

1.3 Wie viel Zeit vergeht zwischen dem Moment, in dem sich Joseph Gritzan verliebt, und dem Moment, als er den Heiratsantrag macht? Kreuze die Zeitspanne an, die am besten zum dargestellten Handlungsverlauf passt.

☐ zwischen 3 und 6 Stunden

☐ zwischen 6 und 12 Stunden

☐ zwischen 12 und 24 Stunden

☐ mehr als 24 Stunden

1.4 Warum lässt der Pastor den Holzfäller für sich arbeiten?

☐ Er möchte prüfen, ob er es ernst meint.

☐ Er ist zuerst noch müde.

☐ Er braucht Hilfe.

☐ Es handelt sich um eine Art Bezahlung für den Taufschein.

1.5 Weshalb führt Joseph Gritzan für den Pastor so viele Arbeiten aus?

☐ Er will sich die Zeit vertreiben.

☐ Es handelt sich um eine übliche Dienstleistung für Pastoren.

☐ Er hält das für die Bedingung, um den Taufschein zu bekommen.

☐ Er ist aufgeregt und muss sich abreagieren.

1.6 Woran zeigt sich am deutlichsten, dass das Mädchen den Holzfäller mag?

☐ Sie rückt sofort zur Seite, als er sie dazu auffordert.

☐ Sie spielt mit ihren Füßen im Wasser.

☐ Sie schaut ihm manchmal ins Gesicht.

☐ Sie schweigt.

1.7 Woran zeigt sich am deutlichsten, dass Joseph Gritzan verliebt ist?

☐ Er findet keine Worte.

☐ Er arbeitet mit enormer Geschwindigkeit.

☐ Er schenkt ihr eine Lakritzstange.

☐ Er setzt sich neben sie.

1.8 Entscheide, welche der folgenden Aussagen richtig oder falsch ist, und kreuze entsprechend an.

Aussagen	trifft zu	trifft nicht zu
a) Der Holzfäller zeigt seine Gefühle nicht.	☐	☐
b) Der Holzfäller ist aufgeregt.	☐	☐
c) Der Holzfäller hat nicht gelernt, wie man sich richtig benimmt.	☐	☐
d) Der Holzfäller ist es nicht gewohnt, viel zu reden.	☐	☐

1.9 Entscheide, welche der folgenden Aussagen richtig oder falsch ist, und kreuze entsprechend an.

Aussagen	trifft zu	trifft nicht zu
a) Die Wäscherin freut sich, als sich der Holzfäller neben sie setzt.	☐	☐
b) Die Wäscherin möchte sich mit dem Holzfäller unterhalten.	☐	☐
c) Die Wäscherin hat Mühe beim Lesen des Taufscheins.	☐	☐
d) Die Wäscherin freut sich über den Heiratsantrag.	☐	☐

1.10 Ordne zu, welche Eigenschaften zu dem Holzfäller und welche zu dem Mädchen passen. *Hinweis:* Du kannst einige Eigenschaften auch beiden Figuren zuordnen.

Holzfäller:	
Mädchen:	

a) aufgeregt
b) schweigsam
c) ungebildet
d) ungeduldig
e) vergnügt

1.11 a) Im Text findest du mehrere Diminutive (Verkleinerungsformen). Schreibe Sie heraus.

b) Welcher Eindruck entsteht durch die Verwendung der Diminutive? Formuliere dazu einen Satz.

1.12 Erläutere den Sinn dieser beiden sprachlichen Bilder:

a) „Und zwar hatte er nicht bloß so ein mageres Pfeilchen im Rücken sitzen, sondern […] eine ausgewachsene Rundaxt." (Z. 3–7)

b) „saßen sie stumm wie Hühner nebeneinander" (Z. 104 f.)

Teil 2: Textproduktion

Wähle **eine** der folgenden Aufgaben 2.1, 2.2 oder 2.3 aus.

2.1 Gestalte auf der Grundlage dieser Fabel eine Erzählung, in deren Verlauf sich die in der Fabel aufgezeigten Verhaltensweisen im menschlichen Zusammenleben widerspiegeln. Du kannst deine eigenen Erfahrungen mit einbeziehen.

Johann Gottfried Herder: Der Löwe und die Stiere

Eine zärtliche und enge Freundschaft verband vier junge, kräftige Stiere.
Ein Löwe, der in einem nahen Wald seinen Schlupfwinkel hatte, beobachtete
5 sie aus sicherer Entfernung, und seine Begierde nach ihnen wuchs von Tag zu Tag. „Vor diesen acht spitzen Hörnern", sagte er sich aber, „müsste ich fliehen! Ja, diese vier Stiere könnten
10 mich sogar töten, wenn sie mich gemeinsam angreifen. Aber ich weiß, was ich tun muss!"
Er verbarg sich am Rande der grünen saftigen Wiese, auf der die Stiere wei-
15 deten, und wartete geduldig, bis sich einer von den anderen ein wenig entfernte. Dann schlich der Löwe hin und flüsterte dem Stier zu: „Die anderen drei sind eifersüchtig auf dich, weil du
20 größer und schöner bist als sie."
Am Anfang hörten die Stiere nicht auf den Löwen, aber bald fingen sie an, sich gegenseitig zu misstrauen. Sie gingen nicht mehr gemeinsam auf die Weide,

25 und nachts rückten sie voneinander ab. Das alles machte sie noch viel misstrauischer, und jeder dachte von den anderen: Sie warten auf eine Gelegenheit, mir ein Leid anzutun.
30 Als der Löwe schließlich die Nachricht verbreitete, die vier Stiere wollten sich gegenseitig bekämpfen, weil jeder der Stärkste sein und die anderen von der Weide verjagen wolle, da fielen sie
35 einander sofort in heller Wut an. Bald sahen die vier prächtigen jungen Stiere nicht mehr prächtig aus. Sie schlugen mit ihren Hufen aufeinander ein und zerfetzten sich mit ihren Hörnern die
40 Lenden.
Als der Löwe einen von ihnen anfiel, tötete und fortschleppte, kamen die anderen ihrem Gefährten nicht zu Hilfe. Der Löwe zerriss bald danach den zwei-
45 ten, dann tötete er den dritten, und auch der vierte Stier wurde in einigen Tagen, als der Löwe wieder Hunger hatte, dessen Opfer.

Aus: J. G. Herder: Das große Fabelbuch. Wien und Heidelberg: Carl Ueberreuter Verlag 1995

2.2 Schreibe zum Geschehen einen Kommentar. Gehe davon aus, dass dieser Kommentar am Tag nach dem Ereignis in einer Zeitung veröffentlicht werden soll (also im Jahr 1930).

Erich Kästner: Die Ballade vom Nachahmungstrieb

Es ist schon wahr: Nichts wirkt so rasch wie Gift!
Der Mensch, und sei er noch so minderjährig,
ist, was die Laster dieser Welt betrifft,
früh bei der Hand und unerhört gelehrig.

5 Im Februar, ich weiß nicht am wievielten,
geschah's, auf irgendeines Jungen Drängen,
dass Kinder, die im Hinterhofe spielten,
beschlossen, Naumanns Fritzchen aufzuhängen.

Sie kannten aus der Zeitung die Geschichten,
10 in denen Mord vorkommt und Polizei.
Und sie beschlossen, Naumann hinzurichten,
weil er, so sagten sie, ein Räuber sei.

Sie steckten seinen Kopf in eine Schlinge.
Karl war der Pastor, lamentierte[1] viel
15 und sagte ihm, wenn er zu schrein anfinge,
verdürbe er den anderen das Spiel.

Fritz Naumann äußerte, ihm sei nicht bange.
Die andern waren ernst und führten ihn.
Man warf den Strick über die Teppichstange.
20 Und dann begann man, Fritzchen hochzuziehn.

Er sträubte sich. Es war zu spät. Er schwebte.
Dann klemmten sie den Strick am Haken ein.
Fritz zuckte, weil er noch ein bisschen lebte.
Ein kleines Mädchen zwickte ihn ins Bein.

25 Er zappelte ganz stumm, und etwas später
verkehrte sich das Kinderspiel in Mord.
Als das die sieben kleinen Übeltäter
erkannten, liefen sie erschrocken fort.

Noch wusste niemand von dem armen Kinde.
30 Der Hof lag still. Der Himmel war blutrot.
Der kleine Naumann schaukelte im Winde.
Er merkte nichts davon. Denn er war tot.

Frau Witwe Zickler, die vorüberschlurfte,
lief auf die Straße und erhob Geschrei,
35 obwohl sie doch dort gar nicht schreien durfte.
Und gegen sechs erschien die Polizei.

Die Mutter fiel in Ohnmacht vor dem Knaben.
Und beide wurden rasch ins Haus gebracht.
Karl, den man festnahm, sagte kalt: „Wir haben
40 es nur wie die Erwachsenen gemacht."

Anmerkung: Der Ballade liegt ein Pressebericht aus dem Jahre 1930 zugrunde.

Aus: Erich Kästner: Gesammelte Schriften. Gedichte. Gemeinschaftsausgabe der Verlage Atrium: Zürich, Cecilie Dressler: Berlin, Kiepenheuer & Witsch: Köln 1959, S. 258 f.

1 lamentieren: klagen, jammern

Johann Wolfgang von Goethe: Faust I, Szene „Am Brunnen"

Versetze dich, ausgehend von der Szene „Am Brunnen", in Gretchens Lage und schreibe einen Tagebucheintrag, in dem deutlich wird, welchem gesellschaftlichen Druck Gretchen ausgesetzt ist und welche Wandlung sich daraufhin in ihrem Denken vollzieht.

Lösungsvorschläge

Teil 1: Textverständnis

1.1 **☒** in der ersten Hälfte des 20. Jahrhunderts

Hinweis: Dass dies die richtige Aussage ist, lässt sich insbesondere aus der Anmerkung ablesen, die unter dem Text abgedruckt ist: Der Verfasser erzählt eine Geschichte aus seiner Heimat, in der er zu Anfang des 20. Jahrhunderts aufgewachsen ist.

1.2 **☒** Sie ist rosig und gesund.

Hinweis: Der erste Eindruck, den der Holzfäller von der Wäscherin hat, ist der, dass sie „ein ausnehmend gesundes, rosiges Mädchen" (Z. 9 f.) ist. Daraufhin verliebt er sich in sie.

1.3 **☒** zwischen 3 und 6 Stunden

Hinweis: Die Handlung beginnt früh morgens und erstreckt sich etwa bis zum Mittag. Nachdem der Holzfäller das Mädchen gesehen hat, geht er „um fünf Uhr morgens" (Z. 21 f.) zum Pfarrer. Den Taufschein erhält er „nach dem Frühstück" (Z. 34) des Pfarrers, vermutlich also ca. zwei bis drei Stunden später. Als er zur Wäscherin zurückkehrt, sitzt er ca. „ein halbes Stündchen" (Z. 90 f.) neben ihr, bevor er zu sprechen beginnt und ihr den Taufschein zeigt. Alles in allem nimmt die Handlung also max. vier bis sechs Stunden ein. Das wird auch aus den Worten der alten Guschke deutlich: „Beim Einweichen haben wir noch nichts gewußt. Und beim Plätten ist es schon soweit." (Z. 178–180)

1.4 **☒** Er ist zuerst noch müde.

Hinweis: Es heißt im Text, dass der Pastor „aus mildem Traum geschreckt" worden sei (Z. 28 f.).

1.5 **☒** Er hält das für die Bedingung, um den Taufschein zu bekommen.

Hinweis: Dass er im Verrichten der Arbeiten eine Bedingung sieht, um den Taufschein zu bekommen, wird aus dieser Äußerung deutlich: „Wenn der Garten umgegraben ist, darf ich dann bitten um den Taufschein?" (Z. 39–41) Mit der Konjunktion „wenn" bringt der Holzfäller zum Ausdruck, dass er das Umgraben für eine Bedingung hält.

1.6 **☒** Sie schaut ihm manchmal ins Gesicht.

Hinweis: Wenn sie ihm „hin und wieder in sein Gesicht" (Z. 121 f.) sieht, zeigt sie damit, dass sie an ihm interessiert ist. Sie will gewissermaßen in seinem Gesicht „lesen", ob er sie mag. Damit drückt sie indirekt aus, dass sie ihn mag.

1.7 **☒** Er arbeitet mit enormer Geschwindigkeit.

Hinweis: Die Schnelligkeit, mit der er arbeitet, zeigt, dass er sehr verliebt ist. Er kann es kaum erwarten, dem Mädchen seinen Heiratsantrag zu machen. Da er glaubt, das Verrichten der Arbeiten sei eine Bedingung dafür, dass er den Taufschein erhält, beeilt er sich sehr.

			trifft zu	trifft nicht zu

1.8 Aussagen

a) Der Holzfäller zeigt seine Gefühle nicht. ☐ ☒

b) Der Holzfäller ist aufgeregt. ☒ ☐

c) Der Holzfäller hat nicht gelernt, wie man sich richtig benimmt. ☐ ☒

d) Der Holzfäller ist es nicht gewohnt, viel zu reden. ☒ ☐

Hinweis: Der Holzfäller spricht seine Gefühle zwar nicht aus, aber er zeigt sie durch seine Körpersprache. – Dass er aufgeregt ist, zeigt sich z. B. darin, dass er am ganzen Körper zittert, als er dem Mädchen den Taufschein zeigt (vgl. Z. 143).– Der Holzfäller benimmt sich zwar grob, aber er hat offenbar doch gewisse Anstandsregeln gelernt. Das ist z. B. daran zu erkennen, dass er sich beim Pfarrer bedankt, als dieser ihm den Taufschein aushändigt (vgl. Z. 62 f.). Mit diesem Verhalten erfüllt er die allgemeinen Erwartungen („wie man erwartet hat", Z. 63). – Das Reden macht dem Holzfäller viel Mühe (vgl. Z. 81–83).

1.9 Aussagen

a) Die Wäscherin freut sich, als sich der Holzfäller neben sie setzt. ☒ ☐

b) Die Wäscherin möchte sich mit dem Holzfäller unterhalten. ☐ ☒

c) Die Wäscherin hat Mühe beim Lesen des Taufscheins. ☐ ☒

d) Die Wäscherin freut sich über den Heiratsantrag. ☒ ☐

Hinweis: Die Wäscherin macht dem Holzfäller sofort Platz, als er das von ihr fordert (vgl. Z. 86 f.). Offenbar freut sie sich also darüber, dass er sich zu ihr setzt. – Die Wäscherin ist geradezu erschrocken, als der Holzfäller anfängt zu reden (vgl. Z. 101–103). Daraus lässt sich ableiten, dass sie es gar nicht erwartet, dass er sich mit ihr unterhält. – Sie vertieft sich zwar in den Taufschein, aber Mühe beim Lesen hat sie nicht (vgl. Z. 150–153). Ihre Reaktion zeigt eher, dass sie ihr Glück gar nicht fassen kann („vergaß Welt und Wäsche", Z. 151 f.).

1.10

Holzfäller:	a) aufgeregt; b) schweigsam; c) ungebildet; d) ungeduldig
Mädchen:	b) schweigsam; c) ungebildet; e) vergnügt

Hinweis: Zwei Eigenschaften (schweigsam, ungebildet) musst du sowohl dem Holzfäller als auch dem Mädchen zuordnen. Ungeduld und Aufgeregtheit sind dagegen nur bei dem Holzfäller zu erkennen. Seine Ungeduld zeigt sich vor allem an der Geschwindigkeit, mit der er die Arbeiten für den Pfarrer erledigt. Seine Aufregung erkennt man auch daran, dass er „erregt" (Z. 157) ist, als er das Mädchen beim Lesen des Taufscheins beobachtet (vgl. Z. 142 f.). Vergnügt ist nur das Mädchen: Sie singt beim Waschen (vgl. Z. 70 f.), und als sie neben dem Holzfäller auf dem Steg sitzt, heißt es, sie werde richtiggehend „übermütig" (Z. 118 f.).

1.11 a) Diminutive: „Pfeilchen", „Flüßchen" (mehrmals), „Härchen", „Weilchen", „Stündchen", „Häuschen", „Kälbchen"

Hinweis: Die häufigste Diminutivendung ist die Endung „-chen", die an ein Nomen oder einen Namen angehängt werden kann (z. B. „Pfeilchen"). Suche im Text nach Nomen, die diese Endung haben.

b) Der Erzähler zeigt mit den Diminutiven Sympathie für den Holzfäller und das Mädchen. Es scheint so, als würde er die beiden regelrecht niedlich finden, denn er erzählt die Handlung so, als ginge es um zwei Kinder.

Hinweis: Diminutive drücken, neben der Aussage, dass etwas besonders klein ist, häufig auch eine emotionale Bewertung einer Sache oder Person aus. So kann durch die Verwendung eines Diminutivs z. B. deutlich gemacht werden, dass jemand oder etwas als niedlich empfunden und mit Zuneigung betrachtet wird. Überlege, ob dies auch hier der Fall ist.

1.12 a) Siegfried Lenz stellt das Geschehen übertrieben dar. Das zeigt sich auch an den sprachlichen Bildern, die er verwendet. So heißt es ausdrücklich, dass den Holzfäller nicht etwa nur ein „mageres Pfeilchen" Amors (Z. 4) im Rücken getroffen habe, sondern eine „ausgewachsene Rundaxt" (Z. 6 f.). Mit diesem Bild wird ausgedrückt, dass Joseph Gritzan über alle Maßen verliebt ist.

b) Auch die Schweigsamkeit des Holzfällers und des Mädchens beschreibt Lenz mithilfe eines sprachlichen Bildes. Er schreibt, dass die beiden „stumm wie Hühner nebeneinander" (Z. 104 f.) sitzen. Hühner gelten im Allgemeinen nicht als ausgesprochen ruhige oder gar stumme Tiere. Der Gegensatz, der also in dem sprachlichen Bild „stumm wie Hühner" zum Ausdruck kommt, betont, wie außergewöhnlich schweigsam die beiden sind.

Hinweis: In beiden sprachlichen Bildern wandelt Lenz bekannte Redewendungen ab („der Pfeil Amors trifft jemanden", „gackern wie die Hühner"). Überlege, worin jeweils der Unterschied besteht („Pfeil" – „ausgewachsene Rundaxt", „gackern" – „stumm"). Durch diese Abweichung wird auf übertreibende und witzige Weise auf die Gefühle und das Verhalten der beiden handelnden Personen hingewiesen.

Teil 2: Textproduktion

Teilaufgabe 2.1

Hinweis: Bei dieser Aufgabe wird von dir erwartet, dass du die menschlichen Verhaltensweisen, die in der Fabel dargestellt sind, erkennst und diese in einen neuen Zusammenhang stellst, indem du einen eigenen Erzähltext schreibst. Dazu musst du die hier anhand von Tieren vorgeführten menschlichen Eigenschaften und Handlungen auf Personen übertragen, die sich entsprechend verhalten. Ersetze also nicht nur die Tiere durch Menschen, sondern überlege dir auch eine passende Handlung (Wofür könnte z. B. das „Fressen" des Löwen im menschlichen Bereich stehen?). Dafür kannst du auch auf deine eigenen Erfahrungen und Erlebnisse zurückgreifen.
*Gehe dabei folgendermaßen vor: Lies zuerst das Gedicht gründlich durch. Mache dir klar, welche **menschlichen Verhaltensweisen** durch die **Tiere** in der Fabel dargestellt werden. Notiere dir Stichpunkte dazu. Als Vorarbeit für deinen Erzähltext kannst du auch eine Tabelle anlegen, die sich am Aufbau der Fabel orientiert.*

	Löwe	Stiere
Ausgangs-situation	– gierig – berechnend – hinterlistig – gerissen → weiß um die Stärke anderer, will aber eigene Gier befriedigen → braucht einen Plan	– jung – vor Kraft strotzend – eng befreundet

41

Handlung	handelt … – schlau – wortgewandt → intrigiert, um Ziel zu erreichen	reagieren … – eitel – leichtgläubig – misstrauisch – geltungsbedürftig → lassen sich von Außenstehendem beeinflussen → kein Vertrauen mehr zu Freunden
Ergebnis (Pointe)	Ziel erreicht: schafft, dass Freundschaft zu Feindschaft wird	– angreifbar – leichte Beute → gehen aufeinander los → aus Freundschaft wird Feindschaft
Fabelmoral	Einigkeit macht stark! Gemeinsam sind wir stark!	

*Fertige nun eine **Stoffsammlung** entsprechend dem Aufbau einer Erzählung an.*

Aufbau einer Erzählung	Stoffsammlung (Beispiele)
Einleitung – kurze Einführung in die Situation (W-Fragen) – eventuell Hinweise auf Vorgeschichte	– Freundschaft zwischen Jugendlichen
Hauptteil – Handlung: Personen, die etwas tun bzw. erleben, Dialoge führen – Handlung spitzt sich zu und erreicht Schritt für Schritt ihren Höhepunkt (Spannungskurve steigt an)	– Misstrauen wird durch außenstehende Person gesät: Sticheleien, Intrigen, bewusstes Ausspielen gegeneinander → führt zu Konflikt zwischen Freunden
Schluss – der Konflikt löst sich – es kommt zu einem Ergebnis – Spannungskurve fällt ab – eventuell überraschender Schluss – Ausblick auf die Folgen des Geschehens	– handelnde Personen erkennen Ursache des Konfliktes → lösen den Konflikt oder → lösen den Konflikt nicht und beenden die Freundschaft

Beachte, dass es nicht darum geht, eine exakt entsprechende Handlung zu entwickeln, sondern darum, die in der Fabel verschlüsselten menschlichen Verhaltensweisen in einen neuen Zusammenhang zu übertragen. Demzufolge muss die Anzahl der handelnden Personen in deinem Text nicht mit der Zahl der Figuren in der Fabel übereinstimmen. Du kannst dich z. B. auf drei Personen beschränken.
*Entscheide dich, aus welcher **Perspektive** du deine Erzählung schreiben willst:*
*– Wenn du dich für einen **Ich-Erzähler** entscheidest, musst du dir überlegen, ob er an den Ereignissen selbst beteiligt ist, also aus eigenem Erleben und eigener Erfahrung berichtet, oder ob er das Geschehen nur beobachtet. In jedem Fall spielt bei einer Ich-Erzählung die persönliche Sichtweise des Ich-Erzählers eine wichtige Rolle.*
*– Deine Geschichte kannst du aber auch in der **Er-Form** verfassen. In diesem Fall kannst du dich entweder für einen allwissenden (auktorialen) Erzähler entscheiden, der über die Gedanken und Gefühle aller handelnden Personen Bescheid weiß. Oder du wählst die Perspektive eines personalen Er-Erzählers, der an der Handlung selbst beteiligt ist und die die Ereignisse so darstellt, wie er sie erlebt.*

*Um deine Erzählung **abwechslungsreich** und **anschaulich** zu gestalten, verwendest du*
– sprachliche Bilder (z. B. bildliche Vergleiche: wie Pech und Schwefel),
– treffende Verben (z. B. beobachten, abwarten, klatschen, tratschen, säuseln ...)
– veranschaulichende Adjektive (z. B. arglos, heimlich ...) und
– wörtliche Rede.

*Stelle nun einen **Erzählplan** (Gliederung) auf. Achte darauf, Brüche im Erzählablauf zu vermeiden. Denke dir auch eine passende **Überschrift** aus, z. B. „Der Neue".*

Aufsatzbeispiel

Der Neue

Niemand konnte sie entzweien, sie gehörten zusammen wie Pech und Schwefel, Freunde für immer. Und dann stellte Frau Springer ihnen Tom, einen neuen Mitschüler vor. Aus Frankenberg sei er, sagte sie, und sie hoffe, er werde bald Freunde finden in der Klasse.

Als es klingelte, sammelten sich die Schüler der Klasse wie immer zum Frühstücken und zu Gesprächen in Grüppchen. Tom saß abseits und beobachtete die Schülergruppen aufmerksam. Fast schien es, als würde er überlegen, zu welcher er sich dazugesellen sollte. Dann kam er auf Paul und seine Freunde zu und setzte sich neben sie.

Paul, Philipp und Lukas hatten sich für den heutigen Abend zu einer LAN-Party verabredet und besprachen jetzt, bei wem sie sich treffen würden. Interessiert hörte Tom zu. Nach einer Weile beugte er sich zu Paul und flüsterte ihm ins Ohr: „Sag mal, hast du das wirklich nötig, dich mit solchen Kindern abzugeben? Die spielen doch nur kindische Computerspiele wie ‚Jewel Master'." Dabei schaute er so arglos in die Runde, dass Paul kaum glauben konnte, was er eben gehört hatte. Kinder? Das waren doch Philipp und Lukas, seine besten Kumpels seit er denken konnte.

Doch Tom murmelte weiter: „Mit denen kannst du doch nicht wirklich etwas erleben. Warst du schon mal auf einer richtigen Party? Mit Mädchen, Bier und so?" Paul sah Tom erstaunt an und schüttelte den Kopf. Computer und Comics waren zurzeit ihre Lieblingsbeschäftigung nach dem Unterricht. Natürlich gab es auch andere Dinge im Leben. Aber davon wollten die beiden nichts wissen. Paul hatte auch manchmal den Eindruck, dass er viel reifer, eben anders war als Philipp und Lukas.

Misstrauisch blickte Paul zu Tom, der gerade genussvoll in seinen Apfel biss und ganz teilnahmslos aus dem Fenster blickte. Woher wusste der von seinen heimlichen Gedanken? Verunsichert drehte sich Paul zu Philipp und Lukas zurück und versuchte, dem Gespräch der beiden zu folgen. Tom säuselte hinter seinem Rücken leise weiter: „Also bis heute Abend, um acht an der alten Eiche. Ohne deine Spielkinder. Ich verlass mich auf dich!"

Bevor Paul überhaupt etwas antworten konnte, war Tom bereits auf dem Weg zu seinem Platz. Ein leichtes Grinsen lag auf seinem scheinbar unbeteiligten Gesicht, als er sich setzte und sein Mathebuch aufschlug. Zudem klingelte es zum Unterricht, und bald schon hatte er über den kniffligen Matheaufgaben Toms letzte Bemerkung vergessen.

In der nächsten Pause saßen die drei Freunde wieder zusammen und planten weiter an ihrer abendlichen LAN-Party. Diese sollte bei Paul zu Hause stattfinden, und Philipp und Lukas wollten so gegen sieben bei ihm sein.

Auf dem Heimweg fielen Paul noch einmal Toms Worte ein und er war froh darüber, dass er sich nicht von ihm hatte verunsichern lassen: Philipp und Lukas waren seine besten Freunde und heute Abend würden sie, wie immer, gemeinsam ihrem Hobby nachgehen.

Als Philipp und Lukas gegen acht Uhr immer noch nicht bei ihm waren und er weder den einen noch den anderen telefonisch erreichte und nicht wusste, wo er noch nach ihnen fragen sollte, beschloss er, einfach mal so an der alten Eiche vorbeizuschlendern. Schließlich hatte er lange genug auf die beiden Freunde gewartet und was sollte er sonst mit dem freien Abend anfangen? Einfach so, ganz zufällig, an der alten Eiche vorbeilaufen? Es konnte ja gar nichts passieren, wenn er einfach mal überprüfte, ob Tom sein Angebot ernst meinte. Er müsste ja nicht tatsächlich mit ihm mitgehen. Oder doch? Was würden seine Freunde sagen? Wie sollte

er ihnen das erklären? Er dachte noch über das Wort „Spielkinder" nach, als er in der Ferne schon die Eiche erkennen konnte. Noch war es nicht zu spät umzukehren. Tom würde morgen sicher über ihn lachen, aber Phillip und Lukas würde er noch in die Augen sehen können, ohne das Gefühl zu haben, er hätte ihre Freundschaft verraten. Immer näher kam er dem Baum. Plötzlich trat eine Gestalt aus dem Schatten der Eiche. Mit einem lauten Hallo wurde er von Tom empfangen: „Hey, ich habe doch gewusst, dass du kommst, mein Freund. Das sind Maxi, Beatrix, Piet und Simon. Leute, das ist Paul. Ach, und dein alter Freund Lukas ist übrigens auch schon da!" Paul traute seinen Augen nicht: Lukas trat hinter der Eiche hervor, sichtlich erschrocken darüber, dass Paul hier aufgetaucht war. Paul wusste gar nicht, was er sagen sollte. Er war enttäuscht. Da ertönte schon wieder Toms Stimme: „Schaut mal, wer da kommt: Philipp, mein Freund, schön, dass auch du dich zu uns gesellst. Wir haben schon auf dich gewartet."
Da standen sie nun alle drei und wussten nicht, wie sie sich verhalten, was sie sagen sollten. Sie wussten nur eines: Freunde waren sie nicht mehr!

Teilaufgabe 2.2

Hinweis: In einem Kommentar gibt der Verfasser zu bestimmten aktuellen Ereignissen eine ausführliche Bewertung ab (positiv/negativ). Dabei begründet er seine Meinung eingehend. Nimm zu Anfang kurz Bezug auf das schreckliche Geschehen. Die Leser müssen schließlich als Erstes darüber informiert werden, worauf sich der Kommentar überhaupt bezieht. Stelle dir anschließend die Frage, wie es zu so einer furchtbaren Tat kommen konnte, und suche dann nach möglichen Erklärungen dafür. Beginne mit der naheliegendsten Erklärung (Eltern haben ihre Aufsichtspflicht verletzt). Überlege anschließend, ob es auch gesellschaftliche Ursachen geben könnte (1. Kritik an der Presse: Berichterstattung über Hinrichtungen → Kinder orientieren sich daran; 2. Todesstrafe: evtl. grundsätzlich infrage zu stellen). Geschickt ist es, wenn du die möglichen Erklärungen mit Appellen verknüpfst (Eltern sollten sich mehr um ihre Kinder kümmern; Journalisten sollten verantwortungsvoll berichten, nicht die Sensationsgier der Leser befriedigen; Diskussion über Todesstrafe sollte geführt werden, Todesstrafe evtl. abschaffen). Dann zeigst du als Kommentator, dass es dir nicht nur wichtig ist, auf gesellschaftliche Missstände hinzuweisen, sondern dass du auch nach möglichen Wegen suchst, um dagegen vorzugehen. Gestalte deinen Text so, dass ihn ein Zeitungsleser gerne lesen würde. Achte also darauf, dass du interessant und abwechslungsreich schreibst. Gut ist es z. B., wenn du zwischendurch auch einmal eine Frage einfügst, etwa so: „Wie konnte es dazu kommen?" Das regt den Leser zum Nachdenken an – und es motiviert ihn dazu, weiterzulesen, weil er dann darauf hofft, vom Text eine Antwort auf diese Frage zu bekommen.

Aufsatzbeispiel

Wer ist schuld am Tod des kleinen Fritz?
Berlin, 26. Februar 1930. Der Tod des kleinen Fritz N. erschüttert ganz Deutschland. Dass Jungen einmal miteinander raufen oder sich prügeln, ist nichts Ungewöhnliches. Aber dass sie imstande sind, ein anderes Kind umzubringen, ist alarmierend. Wie konnte es dazu kommen? Der Hauptvorwurf richtet sich zunächst an die Eltern. Sie haben ihre Aufsichtspflicht vernachlässigt. Wie sonst ist es zu erklären, dass die Kinder ein so brutales „Spiel" durchführen konnten, ohne dass sie von einem Erwachsenen daran gehindert wurden? Der kleine Fritz N. hing ja sogar eine ganze Weile leblos an der Teppichstange, ehe sein Tod überhaupt bemerkt wurde. Hat seine Mutter ihn denn nicht vermisst? Anscheinend nehmen einige Eltern ihre Verantwortung als Erzieher nicht mehr ernst genug. Es wird Zeit, dass sich Väter und Mütter wieder mehr um ihre Kinder kümmern. Statt ihren persönlichen Interessen nachzugehen, sollten sie ihre Kinder lieber beim Spielen beaufsichtigen.
Allerdings wäre es voreilig, den Eltern die alleinige Schuld zuzuschieben. Immerhin scheinen die Kinder durch Veröffentlichungen in den Zeitungen beeinflusst worden zu sein. In der

44

Presse wird immer wieder über Hinrichtungen berichtet. Die Kinder kannten solche Berichte sehr genau, denn sie wussten, dass ein zum Tode Verurteilter vor seiner Hinrichtung noch Anspruch auf geistlichen Beistand hat. Es stellt sich die Frage, ob es wirklich nötig ist, dass in Zeitungen so detailliert über Hinrichtungen berichtet wird. Solche Presseberichte scheinen Kinder und Jugendliche dazu zu verleiten, sich in ihren Spielen daran zu orientieren. Am Ende können sie nicht mehr zwischen Spiel und Wirklichkeit unterscheiden, wie das auch hier der Fall war. Es ist also zu befürchten, dass die Presseberichterstattung zu einer Zunahme der Gewalt unter Minderjährigen führt. Auch die Journalisten sollten sich also ihrer Verantwortung bewusst sein. Sie dürfen sich nicht dazu verleiten lassen, die Sensationsgier ihrer Leser zu befriedigen, indem sie detailliert den Ablauf von Hinrichtungen schildern.

Vor allem eine Frage stellt sich aber nach diesem grausigen Ereignis: Ist es überhaupt zu rechtfertigen, dass ein Verbrecher für seine Tat hingerichtet wird? Kann sich der Staat anmaßen, Menschen zu töten, selbst wenn sie ein Verbrechen begangen haben? Hat er nicht vielmehr dafür zu sorgen, dass es gar nicht erst zu solchen Verbrechen kommt? Eines ist klar: Die Hinrichtung kann höchstens als allerletztes Mittel im Kampf gegen das Verbrechen angesehen werden. Eigentlich sollten wir aber anfangen, darüber zu diskutieren, ob es nicht richtig wäre, die Todesstrafe ganz abzuschaffen!

Teilaufgabe 2.3

Hinweis: Bei dieser Aufgabe wird von dir erwartet, dass du dich in die Lage der Figur Gretchen hineinversetzt und aus ihrer Sicht einen Tagebucheintrag über das Gespräch mit Lieschen schreibst. Zur Vorbereitung solltest du die Szene „Am Brunnen" in „Faust I" noch einmal gründlich lesen. Markiere dabei die entscheidenden Textstellen, in denen du etwas über Gretchens Gedanken und Gefühle erfährst.

*Zudem musst du dir darüber klar werden, welche Anforderungen du bei einem **Tagebucheintrag** erfüllen sollst: Ein Tagebucheintrag ist eine Form des persönlichen Schreibens. In einem Tagebuch werden ganz persönliche Dinge zum Ausdruck gebracht und festgehalten (z. B. Gedanken und Gefühle, heimliche Wünsche, Erinnerungen, Sorgen und Probleme, innere Konflikte und mögliche Entscheidungsfindungen). Ein Tagebuch wird normalerweise von keiner anderen Person gelesen, nur der Schreiber selbst ist auch der Leser des Buches. Der Inhalt des Tagebuchs ist also etwas sehr Privates.*

*Beachte folgende **formale Anforderungen**:*
– Schreibe in der Ich-Form, denn du schreibst aus der Perspektive von Gretchen.
– Achte darauf, dass Satzbau und Wortwahl den Gedanken und Gefühlen von Gretchen entsprechen und ihre momentane Stimmung wiedergeben. Da sie innerlich sehr aufgewühlt ist, solltest du z. B. verkürzte Sätze, Ausrufe, Gedankensprünge sowie anschauliche Verben, Adjektive und Substantive verwenden.
– Orientiere dich bei deinen Formulierungen an Gretchens Äußerungen im Drama. Sie verwendet z. B. keine Umgangssprache. Verzichte also auf umgangssprachliche Formulierungen in deinem Tagebucheintrag.
– Verwende als Zeitform das Präsens, da Gretchen über ihre gegenwärtigen Gefühle und Gedanken schreibt. Wenn sie über Vergangenes nachdenkt, verwendest du das Präteritum.
– Beginne den Tagebucheintrag mit der Angabe des Datums. Die Handlung spielt zu Lebzeiten des historischen Faust (ca. 1480–1538), also an der Wende vom Mittelalter zur Neuzeit.
– Daran kannst du eine Anrede anschließen (z. B. Mein liebes Tagebuch).
– Auch wenn ein Tagebucheintrag eine etwas freiere Form des Schreiben ist, solltest du deinen Aufsatz in Einleitung, Hauptteil und Schluss gliedern.

*Stelle dir folgende **Fragen zum Inhalt**:*
- *Welche Gedanken und Gefühle beschäftigen Gretchen während des Gesprächs mit Liescchen?*
- *Welche Gründe gibt es für Gretchen, so zu denken und zu fühlen? Wann ist ein Wandel in ihrem Denken erkennbar?*
- *Welche Konsequenzen hat Gretchen aufgrund ihrer Schwangerschaft voraussichtlich von ihren Mitmenschen zu erwarten?*
- *Welche Gedanken und Gefühle bewegen Gretchen in Bezug auf Faust und die Zukunft ihrer Liebe? (vgl. V. 3585 f.: „alles, was dazu ich trieb, Gott! war so gut! ach war so lieb!")*
- *Welche Hoffnungen und Wünsche könnte Gretchen haben?*

*Fertige nun eine **Stoffsammlung** an, indem du mögliche Fakten und Argumente notierst, mit denen du die inhaltlichen Anforderungen des Tagebucheintrages erfüllen kannst. Deine Stoffsammlung könnte z. B. so aussehen:*

Aufbau	Inhalt	Stichpunkte
Einleitung	Anlass (Gründe) für den Eintrag	– Klatsch und Tratsch am Brunnen mit Lieschen – Bärbelchen vom Geliebten verlassen, obwohl sie ein Kind erwartet – Bärbelchen wird öffentlich geächtet (Gesellschaft) → Sind das Hinweise auf Gretchens eigenes Schicksal?
Hauptteil	Gefühle und Gedanken	– hat früher auch leichtfertig und überheblich über die Fehltritte anderer Mädchen geredet – hat Mitleid mit Bärbelchen – Bärbelchen wird mit Kind nicht mehr heiraten können – Bärbelchen muss für den Unterhalt des Kindes selbst aufkommen (vermutlich durch Prostitution) – Bärbelchen wird von der Familie ausgestoßen – innere Zerrissenheit: hat selbst gesündigt, muss dafür büßen; aber: hat sich aus Liebe Faust hingegeben, empfand Liebe als gut und schön
	vermutete Konsequenzen	– erleidet das gleiche Schicksal wie Bärbelchen – bringt Schande über die Familie – wird allein dastehen, wird verspottet – Freundinnen werden über sie wie über Bärbelchen klatschen, sie verhöhnen – kann Ausmaß ihres Unglücks nicht einschätzen
Schluss	Hoffnungen und Wünsche	– möglicherweise Heirat mit Heinrich – Rettung aus ihrer Situation, wie auch immer

Mithilfe deiner Vorüberlegungen und der Stoffsammlung kannst du nun den Tagebucheintrag schreiben.

Aufsatzbeispiel

6. September 1529

Mein liebes Tagebuch,
ich fühle mich allein und verlassen. Ich muss mir meine Not von der Seele reden.
Als ich heute Mittag am Brunnen Wasser holen wollte, habe ich meine Freundin Lieschen getroffen. Wie immer haben wir über alles Mögliche geredet, bis unser Gespräch auf Bärbelchen kam. Ich hatte schon lange nichts mehr von ihr gehört. Jetzt weiß ich warum! Erst wollte ich es nicht glauben, aber Lieschens Worte ließen keinen Irrtum zu.
Bärbelchen hatte eine Liebelei mit einem jungen Mann! Sie wurde schwanger und er hat sie sitzen gelassen. Jetzt spricht keiner hier in der Stadt mehr mit ihr, man missachtet und beschimpft sie. Sie wird öffentlich geächtet.
Es tut mir so leid, was Bärbelchen passiert ist. Mit einem unehelichen Kind wird sie kein Mann jemals mehr zur Frau nehmen. Sie wird ihr Kind allein großziehen und für den Unterhalt aufkommen müssen. Und wer nimmt sie noch in Brot und Lohn mit einem Kind? Niemand wird ihr zur Seite stehen, weder ihre Familie, noch ihre Freunde. Sie ist aus der Gesellschaft ausgestoßen, muss ewig Buße tun. Eigentlich ist ihr Leben jetzt schon vorbei. Und weißt du, was das Schlimmste ist? Ich glaube, nein, ich weiß es: Mich wird das gleiche Schicksal wie Bärbelchen ereilen.
Wie konnte ich früher nur so leichtfertig und überheblich über die Mädchen reden, die sich heimlich mit einem Mann eingelassen haben? Was wusste ich damals schon über das Verliebtsein? Nichts! Aber auch gar nichts!
Schon als ich Heinrich zum ersten Mal sah, war dieses merkwürdige Kribbeln in meinem Magen. Er ist ein so gut aussehender Mann und so klug. Er hat mich umworben und mir das Gefühl gegeben, etwas ganz Besonderes zu sein. Ich konnte an nichts anderes mehr denken, nur noch an ihn. Ich liebe alles an ihm, sein Lächeln, seine Stimme und seine Berührungen. Und aus guter, reiner Liebe habe ich ihm auch seinen letzten Wunsch, eine Liebesnacht, erfüllt. Es war eine so schöne Nacht! Ich war so glücklich.
Aber nun befürchte ich, dass sie nicht ohne Folgen bleiben wird. Ich fühle ein Kind in mir wachsen. Ich weiß, dass ich gesündigt habe. Ich werde dafür büßen müssen! Ich werde mein Zuhause verlieren und man wird mich verspotten und beschimpfen. Die Freundinnen werden über mich tratschen und klatschen und mich verhöhnen wie Bärbelchen.
Wie kann bestraft werden, was mich so glücklich gemacht hat? Mit meinem Herzen kann ich das nicht verstehen. Aber mein Verstand sagt mir, es war eine Sünde. Kann mir diese Sünde vergeben werden und sich mein Schicksal zum Guten wenden? Kann ich die Hoffnung haben, dass aus mir doch eine ehrbare Frau wird, wenn Heinrich mich zur Frau nimmt? Ich liebe ihn und hoffe sehr, dass er ebensolche starken Gefühle für mich hegt. Hätte er sich sonst so sehr um meine Zuneigung bemüht? Ist es möglich, dass er mich heiraten wird? Ich wünsche mir so sehr eine gemeinsame Zukunft mit ihm und unserem Kind.
Liebes Tagebuch, mir wird ganz schwindelig bei dem Gedanken an das, was in der Zukunft auf mich zukommen wird. Ich habe immer Bärbelchens Schicksal vor Augen. Das macht mich ängstlich. Wer kann mir jetzt noch helfen? Wer wird mir beistehen? Wohin soll ich gehen in meiner Not? Liebes Tagebuch, wer rettet mich aus meiner Verzweiflung, meiner Bedrängnis?
Margarete

Vom Moppelchen zum Monster

Dicke Kinder werden ausgegrenzt und stigmatisiert. Eine Diät und mehr Sport allein helfen den Kleinen auf lange Sicht nur selten. Denn Übergewicht ist
5 oft ein soziales Problem.
Besonders seit vor zwei Jahren die damalige grüne Ernährungsministerin Renate Künast verkündete, Deutschlands Kinder seien zu dick, beherrscht
10 das Thema die öffentliche Diskussion. Nun leben unter uns nicht mehr Moppel, Pummel oder Wonneproppen, sondern kleine Monster, die laut Zeitungsberichten „immer fetter und fauler wer-
15 den" und unser Gesundheitssystem ruinieren. Dabei sind wenige Erkenntnisse über Fettleibigkeit so unumstritten wie diese: Übergewichtige leiden, ob Kinder oder Erwachsene, bis zur Depressivität
20 unter Hänseleien, Gemeinheiten und Ausgrenzung. Sie futtern ihren Kummer dann erst recht in sich hinein. Es ist, als wollte man gerade – ausgerechnet! – an den Kindern das Exempel gegen den
25 Normenbruch einer schlankheitsbesessenen Gesellschaft statuieren, in der der Körper kein Zuhause ist, sondern „Statussymbol". […]

Bei vielen Kindern schwankt das Kör-
30 pergewicht allerdings je nach Entwicklungs-, Hormon- und Seelenlage, und ob das schädlich ist, kann bislang niemand wirklich beantworten. Auch die scheinbare Binsenweisheit, dass aus
35 dicken Kindern dicke Erwachsene würden, sei nur in wenigen internationalen Studien und nur für einen harten Kern Adipöser belegt, sagt die Epidemiologin am Robert-Koch-Institut Bärbel-Maria
40 Kurth. Bei vielen anderen Tönnchen, die mit acht oder 13 Jahren zu viele Kilos auf die Waage bringen, weiß niemand, ob sie das zwei Jahre später auch noch tun. Schließlich gehen Kinder nicht nur
45 in die Breite, sondern auch in die Höhe. […]
Umstritten ist allerdings auch […] der so genannte Body Mass Index (BMI), weil er zwischen Fett und Muskelmasse
50 keinen Unterschied macht; als dick gelten auch Kinder, die nicht schwabbelig, sondern stramm sind. Außerdem ist die Definition, von welchem BMI-Wert an das Übergewicht beginnt, wann es sich
55 gar zur bedenklichen Adipositas auswächst, rein statistisch festgelegt:

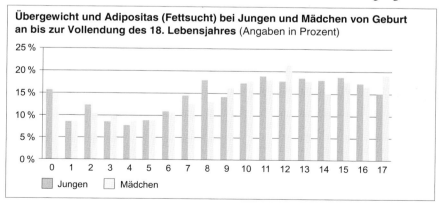

Übergewicht und Adipositas (Fettsucht) bei Jungen und Mädchen von Geburt an bis zur Vollendung des 18. Lebensjahres (Angaben in Prozent)

Im Vergleich mit diesen Werten ist nun immerhin der Trend erkennbar, und der
60 geht tatsächlich nach oben: Laut Studie ist der BMI heute bei 14,6 Prozent aller Kinder zu hoch. Die Übergewichtskurve beginnt just mit dem Zeitpunkt der Einschulung, mit sechs Jahren, zu steigen;
65 vielleicht weil nicht nur das Fernsehen, sondern auch der Unterricht ohne Bewegungsfreiheit organisiert ist und zweimal Schulsport in der Woche alles andere als ausreichend ist? Eine zweite
70 Auffälligkeit findet sich im Alter von zwölf Jahren, besonders bei Mädchen. Bärbel-Maria Kurth warnt zwar davor, „jetzt jedes übergewichtige Kind gleich zum Abspecken zu treiben, das man
75 früher durchaus akzeptiert hat. Denn besteht nicht die Gefahr, dass man neurotisiert und Essstörungen erzeugt?" Aber bedenklich findet es, was sich bei den im Wortsinn schwerwiegenden Be-
80 troffenen tut. Die Zahl der sehr dicken Kinder nämlich hat sich von drei auf sechs Prozent verdoppelt und ist bei den 14- bis 17-Jährigen sogar auf acht Prozent gestiegen: „Das ist eine deut-
85 liche Verschlimmerung."
Das macht auch Thomas Reinehr Sorgen. Der Mediziner an der Vestischen Kinder- und Jugendklinik in Datteln und Sprecher der Arbeitsgemeinschaft
90 Adipositas im Kinder- und Jugendalter rät nämlich allen Eltern, die unsicher sind, ob ihr Kind zu schwer ist, den Arzt aufzusuchen, um Risiken für Folgeerkrankungen auszuschließen. Reinehr
95 hat für adipöse Kinder ein erfolgreiches Rundum-Therapieprogramm namens „Obeldicks" mitentwickelt, das nicht schnelles Abspecken erreichen will, sondern eine schrittweise, langfristige
100 Änderung der Essgewohnheiten. Über zwölf Monate lernen die Jungen und Mädchen spielerisch, ihre Ess- und Trinkrituale besser wahrzunehmen und die Wertigkeit von Lebensmitteln einzu-
105 ordnen. Sie kochen selbst, und Bewegungskurse, die nicht auf Leistung, sondern auf Selbstbestimmung, Sinnlichkeit und Spaß setzen, bauen ihr verletztes Selbstbewusstsein wieder auf. Die El-
110 tern, manchmal auch Großeltern wer-
den einbezogen; Psychologen gehen auf mögliche seelische Ursachen ein. [...]
Dennoch ist Reinehr eher skeptisch, was die Behandlungserfolge betrifft. Denn
115 solche Therapien setzen Durchhaltevermögen und damit höchste Motivation voraus und erreichen fast nur Mittelstandsfamilien. Oft sind die Rückfallquoten relativ hoch, und auch alle Vor-
120 beugung sei weitgehend gescheitert. „Das müssen wir Ärzte uns eingestehen", sagt Reinehr, „die Zahlen gehen trotz aller Aufklärung über Ernährung und Fitness weiter nach oben." Es gibt
125 kein Patentrezept. [...]
Die Entstehung von Übergewicht sei eine hochkomplexe Angelegenheit, bekräftigt der Kieler Professor für Humanernährung und Lebensmittelkunde Man-
130 fred Müller, bei der Vererbung und biologische Regelkreise ebenso eine Rolle spielten wie psychische Faktoren. [...] Wenn sich Therapie und Prävention allein auf das „Paradigma der Energie-
135 bilanz", sprich: viel essen bei wenig Bewegung, konzentrierten, dann scheitere das an den realen Lebensbedingungen: „Was nützt es, wenn ich aus der Arztpraxis komme, und da steht gleich
140 die nächste Currywurstbude? Wenn die Gesellschaft Gewinn, Konsum und Lebensfreude belobigt, aber nicht Anstrengung und Verzicht?" [...]
Die Erkenntnis, dass Übergewicht, Fehl-
145 und Mangelernährung „gemeinschaftliche Lösungen" brauchen, hat man in verschiedenen Projekten umzusetzen versucht.
So zeichnete jüngst die Plattform Ernäh-
150 rung und Bewegung (peb) Präventionsprojekte gegen Übergewicht und schlechte Ernährung [...] aus, die auf koordinierte Vorbeugung in Netzwerken zielen. Da arbeiten etwa Schulen und
155 Naturschutzorganisationen gemeinsam daran, den öffentlichen Raum so zu gestalten, dass Kinder wieder draußen spielen oder zu Fuß in die Schule gehen. Kritisiert wird peb allerdings wegen des
160 Einflusses der Industrie. Neben Medizinern, Ernährungs- und Sportexperten, Eltern und Verbraucherschützern und auf gleicher Ebene wie die Vertreter der

50

Regierung ist darin die gesamte Branche der Kinderverführer vertreten: vom Bundesverband der deutschen Süßwarenindustrie bis zu Firmen wie Coca-Cola, Ferrero oder Intersnack.

Die Unternehmen nutzten die Mitarbeit zu „Imagepflege und Ablasshandel", kritisiert Barbara Hohl von Foodwatch. „Das ist wie bei den Zigaretten: Auch die Tabakindustrie hat gesundheitliche Aufklärung mitfinanziert, um Werbe- und Rauchverbote zu vermeiden." [...] Dabei wäre die To-do-Liste für die Unternehmen lang: Zu süße Säfte, Kekse, Snacks prägen Geschmacksvorlieben in der Kindheit. Vermeintlich gesunde „Kinderlebensmittel", deren Angebot sich in den letzten Jahren verdreifacht hat, machen oft mit irreführenden Botschaften Werbung. [...]

„Es wäre eine Herausforderung", sagt Mathilde Kersting vom Dortmunder FKE [Forschungsinstitut für Kinderernährung], „entsprechend ausgeklügelte Werbetechniken auch für Lebensmittel wie Obst, Gemüse und Getreideprodukte zu entwickeln."

VON CHRISTIANE GREFE

Aus: Die Zeit, Nr. 40/2006 vom 28. 09. 2006 (gekürzt und leicht verändert)

Teil 1: Textverständnis

1.1 Werte das Diagramm hinsichtlich der Häufigkeit von Übergewicht bei Jungen (a) und Mädchen (b) aus. Gehe auch auf mögliche Erklärungen ein und beziehe dich dabei auf den Text.

    a) Jungen

    b) Mädchen

1.2 Begründe die Wahl der Überschrift mithilfe des Textes.

1.3 Sind nachfolgende Aussagen dem Text zu entnehmen? Kreuze Zutreffendes an.

Aussagen	trifft zu	trifft nicht zu
a) Übergewichtigen Kindern helfen nur Sport und eine langfristige Diät.	☐	☐
b) Als dick gelten nicht nur Kinder, die schwabbelig, sondern auch jene, die stramm gebaut sind.	☐	☐
c) Aus dicken Kindern werden dicke Erwachsene.	☐	☐
d) Die Familie von dicken Kindern wird in die therapeutische Behandlung von Übergewicht mit eingebunden.	☐	☐

1.4 Erkläre das Wort „Epidemiologin" mithilfe eines Wörterbuchs. Erläutere, wie es hier im Textzusammenhang (Z. 38 f.) zu verstehen ist.

1.5 „Dicke Kinder werden ausgegrenzt und stigmatisiert." (Z. 1 f.) Was ist mit dem Wort „stigmatisieren" in diesem Zusammenhang gemeint? Kreuze Zutreffendes an.

☐ Dicke Kinder werden diskriminiert.

☐ Dicke Kinder werden ausgelacht.

☐ Dicke Kinder werden beschimpft.

1.6 Nenne die im Text erwähnten Ursachen für das Entstehen von Übergewicht.

1.7 Die Autorin geht auf das Therapiekonzept „Obeldicks" des Mediziners Thomas Reinehr ein.

a) Was beinhaltet das Therapiekonzept?

b) Warum ist dieses Konzept so erfolgreich?

c) Erkläre die Wahl des Programmnamens „Obeldicks".

1.8 Im Text steht: „[…] solche Therapien setzen Durchhaltevermögen und damit höchste Motivation voraus" (Z. 115–117).
Notiere mögliche Gründe, die Kinder und Jugendliche zum Durchhalten eines solchen Therapieprogramms motivieren können.

1.9 Welche Rolle spielt die Werbung bei der Entstehung von Übergewicht?
Ergänze die Aussagen des Textes durch ein eigenes Beispiel.

1.10 Das Dortmunder Forschungsinstitut für Kinderernährung empfiehlt ausgeklügelte Werbetechniken für gesunde Lebensmittel. Entwirf einen Werbeslogan für ein gesundes Lebensmittel, der Lust auf den Genuss dieses Produktes macht.

Teil 2: Textproduktion

Wähle **eine** der folgenden Aufgaben 2.1, 2.2 oder 2.3 aus.

2.1 Auch im deutschen Privatfernsehen wurde eine Live-Schönheitsoperation gezeigt. Nimm in einem Brief an den Fernsehsender Stellung zur Frage, ob solche Operationen öffentlich gezeigt werden sollten.

Psychotherapie mit Skalpell

Weltweit leiden Millionen Menschen unter der Zwangsvorstellung, körperlich entstellt zu sein. Über die richtige Therapie streiten die Ärzte noch.

„Extreme Makeover" nennt sich eine Fernsehshow des US-Senders ABC, die neuerdings verunsicherten Amerikanern das verschafft, wovon die meisten träu-
5 men: ein möglichst perfektes Äußeres. Dankbare Durchschnittsbürger legen sich da zur besten Sendezeit vor laufender Kamera unter das Messer eines Schönheitschirurgen: Nasenhügel ver-
10 schwinden, schlaffe Haut wird wieder straff, hängende Lider heben sich, Brüste schwellen an und Zähne blitzen neu auf.
Sie staunen? Nun – die Besessenheit
15 vom eigenen Körper nimmt mitunter noch ausgefallenere Formen an. So hat die französische Künstlerin Orlan seit 1990 ihr Gesicht mit Dutzenden von Operationen nach Ikonen[1] der abend-
20 ländischen Malerei modelliert. „Ich habe meinen Körper der Kunst ge-schenkt", erklärt sie dazu kryptisch[2]. Andere Menschen wollen ihre Körper gar regelrecht zurechtstutzen: etwa
25 von einem ganzen Bein oder Arm tren-nen, weil sie glauben, der Körperteil „passe nicht" zu ihnen.
Wer so wahnhaft glaubt, sein Äußeres sei makelhaft, leidet an einer Krankheit:
30 Dysmorphophobie, auf deutsch „Häss-lichkeitsangst". Der italienische Psychi-ater Enrique Morselli prägte den Begriff bereits Ende des 19. Jahrhunderts, nach-dem er das Krankheitsbild bei Dutzen-
35 den Personen festgestellt hatte. Zu kräf-

tige Hüften, zu kleine Brüste, Bier-bauch, Stiernacken, Höckernase, Dop-pelkinn, Hüftrollen oder eine zerfurchte Stirn – all das kann Menschen peini-
40 gende Dornen ins Selbstbewusstsein treiben. Ständig kontrollieren sie sich im Spiegel – oder vermeiden es gerade-zu ängstlich, ihr Antlitz zu erblicken. Diese Personen fürchten sich regelrecht
45 davor, unter Menschen zu geraten, weil sie sich ihrer eingebildeten Missgestalt dann umso schmerzhafter bewusst wer-den. Damit gehört die Dysmorphopho-bie zu den Zwangsstörungen, die Den-
50 ken und Verhalten massiv bestimmen. Ihren Anfang nimmt die Dysmorpho-phobie meist im Teenager- oder frühen Erwachsenenalter. Eine Zeit also, in der man in aller Regel nicht gerade vor
55 Selbstbewusstsein strotzt. Die Vorstel-lung, missgestaltet zu sein, beherrscht das Denken mancher Leute so stark, dass sie kein normales Leben mehr füh-ren können.
60 Freilich, der Wunsch nach einer Schön-heitsoperation ist für sich noch kein Kennzeichen einer Psychose[3]. Wer sich einmal liften oder Fett absaugen lässt, ist nach der Operation meist zufrieden.
65 Doch es gibt etliche, die sich wieder-holt unters Skalpell legen, um eingebil-dete Fehler zu korrigieren – ohne ein in ihren Augen annehmbares Ergebnis.

VON HUBERTUS BREUER

Aus: Gehirn & Geist. Magazin für Psychologie und Hirnforschung, Heft 3/2003, S. 26 f. (gekürzt)

Anmerkungen:
1 Ikone: religiöses Kultbild, hier: Vorbild
2 kryptisch: unklar, schwer zu deuten /zu verstehen
3 Psychose: psychische Krankheit

2.2 Lies die Ballade.

Forme den Inhalt der Ballade in eine kurze Erzählung um, die das Geschehen aus der Sicht eines der Söhne darstellt.

Gottfried August Bürger:
Die Schatzgräber

Ein Winzer, der am Tode lag,
Rief seine Kinder an und sprach:
„In unserm Weinberg liegt ein Schatz,
Grabt nur darnach!" – „An welchem Platz?"
5 Schrie alles laut den Vater an.
„Grabt nur!" – O weh! Da starb der Mann.

Kaum war der Alte beigeschafft,
So grub man nach aus Leibeskraft.
Mit Hacke, Karst[1] und Spaten ward
10 Der Weinberg um und um gescharrt.
Da war kein Kloß, der ruhig blieb;
Man warf die Erde gar durch ein Sieb,

Und zog die Harken kreuz und quer
Nach jedem Steinchen hin und her.
15 Allein da ward kein Schatz verspürt
Und jeder hielt sich angeführt.

Doch kaum erschien das nächste Jahr,
So nahm man mit Erstaunen wahr,
Dass jede Rebe dreifach trug.
20 Da wurden erst die Söhne klug,
Und gruben nun Jahr ein Jahr aus
Des Schatzes immer mehr heraus.

Aus: Deutsche Gedichte, Hamburger Lesehefte Verlag, Heft 69, S. 39

Anmerkung:
1 Karst: zweizinkige Erdhacke

2.3 **Bernhard Schlink: Der Vorleser**
Kurz vor ihrer Entlassung aus dem Gefängnis begeht Hanna Schmitz Selbstmord. Verfasse einen Beitrag für die Zeitung, in dem du die Leser über das Geschehene informierst und die mutmaßlichen Gründe für Hannas Freitod erörterst. Über die Hintergründe hast du dich mithilfe der Prozessakten informiert, zudem hast du mit der Leiterin des Gefängnisses über die Haft von Hanna Schmitz gesprochen.

Lösungsvorschläge

Teil 1: Textverständnis

1.1 a) Die Häufigkeit von Übergewicht bei Jungen sinkt im ersten Jahr nach der Geburt im Durchschnitt. Den tiefsten Punkt erreicht sie im 5. Lebensjahr (ca. 7 %), danach steigt sie bis zum 9. Lebensjahr stetig an. Nach einem geringen Rückgang ist die Häufigkeit von Übergewicht im 12. Lebensjahr mit ca. 18 % am höchsten. Vom 12. bis zum 16. Lebensjahr hält sie sich auf einem hohen Niveau und sinkt erst nach dem 16. Lebensjahr wieder ab. Im 18. Lebensjahr, dem letzten Jahr, das von der Grafik erfasst wird, erreicht sie in etwa wieder das Niveau des 8. Lebensjahres.

Erklärung: Das Ansteigen des Übergewichts mit dem schulfähigen Alter kann mit dem Schuleintritt zusammenhängen, da dieser häufig eine Umstellung, hin zu weniger Bewegung, mit sich bringt. Weitere Ursachen für den Spitzenwert können die in diesem Alter bei Jungen aktuellen Freizeitinteressen (steigendes Interesse an Fernsehen und Computer) sowie eine unausgewogene Ernährung sein. Das Absinken der Häufigkeit von Übergewicht bis zum 18. Lebensjahr lässt sich vermutlich auf das verstärkte Wachstum in diesem Alter zurückführen.

b) Die Häufigkeit von Übergewicht sinkt auch bei Mädchen direkt nach der Geburt und erreicht mit dem zweiten Lebensjahr ihren Tiefpunkt (ca. 8 %). Ab dem 6. Lebensjahr steigt sie bis zum 13. Lebensjahr kontinuierlich an und erreicht dort (mit ca. 22 % als höchstem Wert im Diagramm) ihren Höhepunkt. Danach fällt die Häufigkeit von Übergewicht bei Mädchen wieder und schwankt bis zum 18. Lebensjahr zwischen 15 und 18 %.

Erklärung: Wie bei den Jungen hängt das erste Ansteigen wahrscheinlich mit der Umstellung durch den Schuleintritt zusammen. Auch bei den Mädchen können die Ursachen für den Spitzenwert in der veränderten Freizeitgestaltung, einer unausgewogenen Ernährung sowie der hormonellen Umstellung mit der beginnenden Pubertät liegen.

Hinweis: Achte vor allem auf auffällige Werte (besonders hohe bzw. niedrige).
Mögliche Erklärungen für diese auffälligen Werte findest du im Text (Z. 62–69).
Darüber hinaus kannst du aber auch eigene Überlegungen anstellen.

1.2 „Moppelchen" ist eine liebevolle Bezeichnung für kleine, etwas dickere Kinder. Früher ging man davon aus, dass ein gesundes Kind durchaus „Babyspeck" haben kann. Was früher süß oder niedlich war, ist heute in unserer schlankheitsbesessenen Gesellschaft verpönt. Dies bringt die Autorin durch die Wortwahl „Monster" auf drastische Weise zum Ausdruck.

Hinweis: Die Antwort findest du im Text (Z. 11–16).

1.3 **Aussagen**

		trifft zu	trifft nicht zu
a)	Übergewichtigen Kindern helfen nur Sport und eine langfristige Diät.	☐	☒
b)	Als dick gelten nicht nur Kinder, die schwabbelig, sondern auch jene, die stramm gebaut sind.	☒	☐
c)	Aus dicken Kindern werden dicke Erwachsene.	☐	☒
d)	Die Familie von dicken Kindern wird in die therapeutische Behandlung von Übergewicht mit eingebunden.	☒	☐

Hinweis: Du findest die Antwort zu b) in Z. 50–52 und zu d) in Z. 119–111. Dass Aussage a) nicht zutrifft, kannst du den Zeilen 2–4 entnehmen. Die Information dazu, dass Aussage c) nicht richtig ist, findest du dagegen in Z. 33–38.

1.4 Eine Epidemiologin ist eine Expertin, die sich mit Seuchen oder anderen Massenerkrankungen befasst. Die Epidemiologin Bärbel-Maria Kurth beschäftigt sich mit der Massenerkrankung Fettleibigkeit.

Hinweis: Wenn du den Begriff nicht aus dem Textzusammenhang heraus erschließen kannst, solltest du ihn in einem Rechtschreib- oder Fremdwörterbuch nachschlagen.

1.5 **☒** Dicke Kinder werden diskriminiert.

Hinweis: Auch hier kannst zur Lösung ein Rechtschreib- oder Fremdwörterbuch verwenden. Achte darauf, dass die Bedeutung auch zum Text passt.

1.6 Ursachen für Übergewicht können Fehl- oder Mangelernährung, fehlende Bewegung, Vererbung, biologische Regelkreise sowie psychische Faktoren sein.

Hinweis: Die Antwort findest du in Z. 29–31, 130–132 und Z. 144 f.

1.7 a) Der Mediziner Thomas Reinehr möchte erreichen, dass die Kinder ihre Ess- und Trinkgewohnheiten bewusst wahrnehmen und langfristig ändern, dass sie die Wertigkeit von Lebensmitteln richtig einschätzen und letztendlich zu einem größeren Selbstbewusstsein gelangen. Dafür bietet er Koch- und Bewegungskurse an und bindet nicht nur die Familien, sondern auch Psychologen in die Behandlung mit ein.

b) Der Erfolg des Konzepts beruht auf der Tatsache, dass es sich um ein „Rundum-Therapieprogramm" handelt, das sowohl das Ernährungs- und Bewegungsverhalten der Kinder als auch die psychischen Ursachen berücksichtigt.

c) Der Titel „Obeldicks" ist ein Wortspiel, das sich auf den Namen „Obelix" bezieht. Obelix ist eine kugelrunde (übergewichtige) Comicfigur, die sehr lebenslustig und vor allem außergewöhnlich stark ist sowie große Freude am Essen hat. In gleicher Weise sollen die Kinder ihre Freude am Leben und Essen nicht verlieren, und ihr Selbstbewusstsein soll gestärkt werden.

Hinweis: Die Lösung zu allen drei Teilaufgaben findest du in Z. 94–112. Die Antwort zu Frage a) kannst du dem Text direkt entnehmen. Zur Beantwortung der Fragen b) und c) musst du aus den im Text enthaltenen Informationen eigene Schlüsse ziehen. Formuliere deine Aussagen möglichst mit eigenen Worten.

1.8 Zum Durchhalten könnten folgende Gründe motivieren:
– das Erreichen einer sichtbaren Gewichtsreduzierung
– das Kennenlernen neuer Freunde mit ähnlichen Problemen
– Spaß bei Bewegung und Spiel
– sportliche Erfolge
– neues Selbstbewusstsein infolge der Therapie

Hinweis: Überlege, welche Ergebnisse bei den Kindern erzielt werden können. Leite davon die Gründe zur Motivation ab.

1.9 Irreführende Werbebotschaften vermitteln den Eindruck, es gebe spezielle, gesunde „Kinderlebensmittel" (Z. 180), sodass sich Eltern für diese Produkte interessieren und sie auch kaufen, da ihnen die Gesundheit ihrer Kinder wichtig ist. Dadurch wird das Kaufverhalten von Eltern und Kindern beeinflusst, und somit können Geschmacksvorlieben schon im Kindesalter geprägt werden. Da diese Werbebotschaften sich meist auf ungesunde Produkte beziehen, tragen sie zur Entstehung von Übergewicht bei.

Hinweis: Die Antwort findest du in Z. 178–183. Überlege, wie Werbung funktioniert. Hilfreich ist das AIDA-Modell, das die Wirkung von Werbung in vier Stufen beschreibt: Attention: Die Aufmerksamkeit des Kunden wird geweckt. Interest: Er interessiert sich für das Produkt. Desire: Der Wunsch nach dem Produkt wird geweckt. Action: Der Kunde kauft das Produkt möglicherweise.

1.10 Mögliche Werbeslogans:

Lust auf mehr? Obst und Gemüse müssen her!

Lieber Milch-Bart als Cola-Bauch!

Vollkornnudeln, Vollkornbrot bringen dein Gewicht ins Lot!

Hinweis: Mit einem Werbeslogan wird ein Produkt angepriesen, der Kunde soll zum Kauf angeregt werden. Slogans bleiben deshalb gut Gedächtnis haften, weil sie Wortwiederholungen, Wortspiele (häufig mit Doppeldeutigkeit!) oder Reime enthalten.

Teil 2: Textproduktion

Teilaufgabe 2.1

Hinweis: Nach der Lektüre des Textes „Psychotherapie mit Skalpell" gibt es eigentlich nur eine Möglichkeit, dass du folgende Meinung i dem Brief an den Fernsehsender vertrittst: Du musst Schönheitsoperationen, die im Fernsehen übertragen werden, ablehnen! Überlege also, welche Argumente sich anführen lassen, um eine ablehnende Haltung zu rechtfertigen.

Du kannst dich zunächst am Text orientieren; dort werden wichtige Gesichtspunkte genannt, die sich nutzen lassen, um eine kritische Einstellung zu solchen Sendungen zu begründen: Menschen, die von der Idee besessen sind, nicht schön genug zu sein, werden als psychisch krank bezeichnet. Darauf verweist auch die Überschrift: „Psychotherapie mit Skalpell". Ihre Schönheitsfehler, so heißt es, seien „eingebildet" (Z. 66 f.). Zudem wird gesagt, dass diejenigen, die unter „Hässlichkeitsangst" (Z. 30 f.) leiden, sich oft mehrmals operieren lassen und dass die Operationen sie dennoch nie zufriedenstellen (vgl. Z. 65–68.). Wenn sie sich immer wieder unters Messer legen, wird das eigentliche Problem dieser Menschen aber nicht gelöst: Es ist ihr geringes Selbstbewusstsein, das sie quält, welches sie allein auf Mängel in ihrem Aussehen zurückführen, und nur deshalb lassen sie sich operieren. Richtiger wäre es aber, dafür zu sorgen, dass ihr Selbstbewusstsein gestärkt wird. Eine Schönheitsoperation ist sicher nicht der richtige Weg, um das zu erreichen. Notiere alle Argumente, die der Text bietet, stichwortartig auf einem Extrablatt. Ergänze dann möglichst noch weitere Argumente, die dir einfallen, um dich kritisch zu einer Sendung zu äußern, die Schönheitsoperationen zeigt (möglicher Werbeeffekt → Zahl der Schönheitsoperationen könnte steigen; Risiken, die grundsätzlich mit Operationen verbunden sind → gefährlich; Schönheitsoperationen unnötig …).

Bringe deine Stichworte anschließend in eine Reihenfolge, die es dir ermöglicht, Überleitungen zwischen den einzelnen Argumenten zu finden. (Du sollst die Argumente nicht nur nacheinander aufzählen, sondern musst zeigen, dass du einen Gedankengang entwickeln kannst, der Zusammenhänge erkennen lässt.)

Beim Schreiben nennst du als Erstes den Anlass, der dich bewegt, den Brief zu schreiben: Du sagst, dass du die Sendung im Fernsehen gesehen hast. Danach äußerst du deine grundsätzliche Meinung dazu; anschließend folgen deine Argumente. Runde deinen Brief mit einer persönlichen Aussage ab. Vergiss nicht, deinen Text so zu gestalten, dass er einem förmlichen Brief entspricht (Briefkopf mit der Adresse des Absenders und der Anschrift des Empfängers, Datum, Anrede, abschließender Gruß). Du kannst dir die erforderlichen Angaben ausdenken.

Aufsatzbeispiel

Martina Schönbaum
Heckenweg 9
32373 Lindenau

Fernsehsender YZ
Konzernstr. 9
12345 Velberstadt

3. 1. 2004

Sehr geehrte Damen und Herren,

gestern habe ich im Fernsehen ihre Sendung „Schönheitsoperationen live" gesehen. Da konnte ich am Bildschirm live mit ansehen, wie sich eine durchschnittlich aussehende junge Frau unters Messer legte, um ihrem Schönheitsideal näher zu kommen. Sie ließ sich ihre Nase verkleinern, weil sie aussehen wollte wie Barbie.
Ich finde das unmöglich. Meiner Meinung nach vermitteln Sie dem Zuschauer durch diese Sendung eine falsche Vorstellung vom Umgang mit dem eigenen Körper. Er muss denken, dass nur derjenige „perfekt" ist, der überall Idealmaße vorweisen kann. Und wer kann das schon? Bestimmt hat jeder etwas an sich auszusetzen! Meiner Ansicht nach ist es oberflächlich und falsch, den Eindruck zu erwecken, dass ein ideales Aussehen so wichtig ist.
Ich fürchte, viele Zuschauer könnten nach dieser Sendung auf die Idee kommen, ihr Körper ließe sich beliebig nach dem Baukastenprinzip formen. Und das wird vermutlich dazu führen, dass die Zahl der Schönheitsoperationen weiter ansteigt. Das ist ein gefährlicher Trend. Schließlich ist jede Operation mit Risiken verbunden. Schon bei der Narkose kann es zu Komplikationen kommen. Noch gefährlicher ist der eigentliche Eingriff. Wenn ein Arzt einen entzündeten Blinddarm entfernt, dann ist das medizinisch gesehen notwendig, um die Gesundheit des Patienten wiederherzustellen. Aber eine Schönheitsoperation ist in meinen Augen völlig überflüssig. Verständnis hätte ich nur dann dafür, wenn jemand durch einen Unfall so entstellt ist, dass er in der Öffentlichkeit immer wieder mitleidige Blicke auf sich zieht.
Menschen, die sich nur deshalb unters Messer legen, weil sie sich verschönern lassen wollen, könnten auch eine böse Überraschung erleben. Schließlich wissen sie vorher ja gar nicht, wie sie hinterher aussehen werden. Vielleicht sind sie mit dem Ergebnis gar nicht zufrieden. Außerdem sind sie doch seit vielen Jahren mit ihrem Aussehen vertraut. Wenn sie nach einer erfolgten „Körperkorrektur" in den Spiegel schauen, kann es passieren, dass sie sich in ihrer „neuen Haut" ganz fremd und unwohl fühlen. Die Operation lässt sich aber nicht mehr rückgängig machen. Womöglich werden dann weitere Eingriffe folgen, in der Hoffnung, dass man dem Ziel eines perfekten Äußeren nach und doch näherkommt.
Jemand, der bereit ist, das Risiko einer Schönheitsoperation auf sich zu nehmen, muss ein Problem mit seinem Selbstbewusstsein haben. Wahrscheinlich glaubt er, es würde von seinem Aussehen abhängen, ob er von anderen gemocht und geschätzt wird. Aber Sympathie und Anerkennung bekommt man doch nicht durch eine schöne Nase oder durch eine „maßgeschneiderte" Figur, sondern durch die Art und Weise, wie man anderen begegnet. Statt sich operieren zu lassen, sollten solche Menschen wohl eher eine Psychotherapie machen. Das könnte ihnen helfen, mit ihren Unsicherheiten fertig zu werden.
Dass das Aussehen in unserer Gesellschaft für viele eine so große Bedeutung hat, ist ohnehin bedenklich. Diese Entwicklung geht wohl vor allem auf den Einfluss der Medien zurück: Wahrscheinlich vergleichen sich viele Bürger mit den Models, die sie ständig in der Werbung und im Fernsehen sehen, und dann fühlen sie sich minderwertig, bloß weil sie denken, dass sie ein bisschen zu dick sind oder dass ihre Nase etwas zu lang ist.
Aber es gibt doch auch andere Möglichkeiten, kleine Schönheitsfehler zu korrigieren oder zu kaschieren. Vielleicht helfen schon eine neue Frisur und ein wenig Make-up, um von der angeblich hässlichen Nase abzulenken. Figurprobleme lassen sich oft durch geschickte Kleidung verbergen. Häufig genügt auch regelmäßiger Sport, um lästige Pfunde loszuwerden.

Bei den Schönheitsoperationen geht es doch im Grunde nur ums Geschäft! Geldgierige Schönheitschirurgen reiben sich jetzt bestimmt schon die Hände. Die Sendung lief schließlich zur besten Sendezeit; eine bessere Werbung hätten sie sich sicherlich nicht wünschen können. Ich finde, dass das Fernsehen den Zuschauern gegenüber eine Verantwortung hat. Statt durch eine solche Live-Show Propaganda für Schönheitsoperationen zu machen, hätte Ihr Sender darüber informieren sollen, wie riskant solche Eingriffe sind. Eines weiß ich jedenfalls: Die nächste Sendung schaue ich mir bestimmt nicht an! Und ich hoffe, dass es viele Zuschauer gibt, die es mir gleichtun.

Mit freundlichen Grüßen
Martina Schönbaum

Teilaufgabe 2.2

Hinweis: Du sollst den Inhalt der Ballade „Die Schatzgräber" so umschreiben, als würden die Ereignisse von einem der Söhne erzählt werden. Dabei musst du alle wesentlichen Informationen der Ballade in deine Erzählung einarbeiten und durch eigene Gedanken (als Gedanken des Sohnes) ergänzen kannst.

*Lies zunächst die Ballade aufmerksam durch. Mache dir klar, worum es darin geht. Notiere Stichpunkte zum **Inhalt** mithilfe von **W-Fragen**. Die Antworten kannst du als Grundlage für den Inhalt deiner Erzählung verwenden.*
– Wer spricht in der Ballade? Erzähler, beschreibt die Ereignisse rückblickend, mit Sicht von außen (lyrisches Ich)
– Was geschieht in der Ballade? Ein sterbender Winzer teilt seinen Söhnen mit, dass in ihrem Weinberg ein Schatz verborgen sei. Nach seinem Tod graben die Söhne auf der Suche nach dem Schatz den gesamten Weinberg um.
– Welche Folgen? Ein Schatz in Form von Gold oder Geld kann nicht gefunden werden, aber nach einem Jahr zeigt sich, dass das gründliche Umgraben den Söhnen zu einem „Schatz" in Form einer reichen Ernte verholfen hat.

*Gliedere deine Erzählung in Einleitung, Hauptteil und Schluss. In der **Einleitung** beantwortest du die W-Fragen und führst in die Handlung ein. Im **Hauptteil** schilderst du die Ereignisse und baust den Spannungsbogen auf. Zum **Schluss** solltest du die Spannung wieder auflösen, z. B. in Form einer Erklärung dazu, was der Vater mit dem Schatz gemeint hat.*

*Die Aufgabenstellung verlangt, dass du aus der **Perspektive eines Sohnes** schreibst. Aus deinem Text sollte hervorgehen, wie viele Söhne der Winzer hat und welcher Sohn der Erzähler ist (z. B. jüngster, mittlerer oder ältester Sohn). Du kannst den Söhnen Namen geben. Achte darauf, dass du in der Ich-Form schreibst. Versetze dich dafür in die Perspektive des Erzählers (eines Sohnes) und beachte, dass du gleichzeitig auch Beteiligter der Handlung bist.*

*Achte auf **anschauliche Formulierungen**. Stelle dir das Geschehen genau vor! Male dir z. B. für die Beschreibung der Schatzsuche aus, wie der Weinberg (Erde, Gras, Rebstöcke, andere Pflanzen, der Himmel ...) aussieht und wie etwas riecht oder schmeckt (z. B. die frisch umgegrabene Erde). Verwende*
– treffende Verben (z. B. „graben", „hacken", „sieben", „schaufeln"),
– veranschaulichende Adjektive („heftig", „verbissen", „geheimnisvoll"),
– wörtliche Rede, wenn es erforderlich ist,
– Vergleiche und passende Redewendungen (z. B. „guter Rat ist teuer", „etwas mit Argusaugen beobachten", „jemanden an der Nase herumführen").
*Beachte auch die **Zeitform** des Erzählens. In der Regel wird in der schriftlichen Erzählung das Präteritum verwendet. Solltest du wörtliche Rede verwenden, dann schreibe im Präsens.*
*Stelle nun einen **Erzählplan** (Gliederung) auf. Denke dir auch eine passende **Überschrift** aus, z. B. „Der Schatz im Weinberg".*

Aufsatzbeispiel

Der Schatz im Weinberg

Es war ein grauer, regnerischer Tag, als unser Vater uns zu sich rief. Fritz und ich liefen rasch zu ihm, denn wir wussten, das Unvermeidliche stand bevor. Unser Vater lag im Sterben. Er sah uns lange an und sprach dann: „Lieber Hans, lieber Fritz, meine Zeit auf der Erde ist abgelaufen und schon bald werde ich nicht mehr bei euch sein. Ihr werdet nun allein klarkommen müssen. Ich will euch jedoch noch ein Geheimnis anvertrauen: In unserem Weinberg liegt ein Schatz vergraben." Wir sahen uns fragend an. Ein Schatz? Hier bei uns? Warum sagte er uns das erst jetzt? Wo genau sollten wir suchen? Doch wir konnten unserem Vater all diese Fragen nicht mehr stellen. Er schloss die Augen und starb.

Kaum war er beerdigt, begannen wir mit der Schatzsuche. Wir standen am Fuße des großen Weinberges und nun war guter Rat teuer. Wo sollten wir mit dem Graben anfangen? Oben? Unten? Von rechts nach links oder von links nach rechts? Uns hatte die harte Arbeit eines Weinbauern nie wirklich interessiert, wir halfen nur ab und zu unserem Vater. Aber er blieb zeitlebens beharrlich und arbeitete auf seinem Weinberg. So viel harte Arbeit und so geringer Verdienst am Ende! Und nun hatten wir die Chance, hier einen Schatz zu finden! Wir überlegten schon, was wir mit dem plötzlichen Reichtum machen würden. Wir grübelten, was da wohl zu finden sei: Geld, Gold, Schmuck, Diamanten? Da ich der Ältere von uns beiden war, beschloss ich, die Sache in die Hand zu nehmen. Und so beauftragte ich meinen jüngeren Bruder, geeignete Werkzeuge zu beschaffen und zum Weinberg zu kommen.

Wir begannen ganz oben und stachen mit Hacken und Spaten in die Erde. Der harte Boden brach auf und je tiefer wir gruben, desto reichhaltiger duftete die Erde und desto satter wurde ihre Farbe. Wir hatten aber keinen Sinn dafür. Wir besessen gruben und hackten wir Stück für Stück und Tag für Tag bis spät in die Nacht. Kein Stück Boden blieb wie es war. Wir ließen die Erde durch unsere Finger gleiten und siebten sie anschließend sogar, damit uns kein Stück des Schatzes entginge. Weder heftiger Regen noch brennender Sonnenschein hielten uns von unserem Vorhaben ab. Verbissen wühlten wir in der Erde des Weinberges. Jedes noch so kleine Steinchen sammelten wir ein und trugen es weg, um es mit Argusaugen zu begutachten, doch wir fanden nichts. Und so kam der Tag, an dem wir den gesamten Berg tief und gründlich abgesucht hatten. Wir hatten gehackt, gegraben, gesiebt. Kein Gras, kein Kraut, kein Stein war mehr zu sehen, nur noch Vaters alte Rebstöcke. Einige Wochen waren vergangen, seit wir mit der Suche nach dem geheimnisvollen Schatz begonnen hatten und nun sagte mein jüngerer Bruder völlig entkräftet: „Hans, ich kann nicht mehr und ich habe auch keine Lust mehr. Vater wollte uns bestimmt nur an der Nase herumführen. Hier ist nie und nimmer ein Schatz versteckt. Lass uns aufhören und nach Hause gehen. Lass uns den Weinberg vergessen!"

Ich stimmte ihm zu, denn ich fühlte ganz genauso wie er. Ich war müde und enttäuscht. Und so packten wir unsere Werkzeuge zusammen und gingen heim.

Ein Jahr verging und an den Weinberg dachten wir nur sehr selten. Doch nun führte mich einer meiner Spaziergänge wieder an diesem Berg vorbei. Was war das? Ich traute meinen Augen kaum. Die Rebstöcke waren grün und kräftig, an jedem hingen viele schwere große, blaue Trauben. Die Stöcke konnten ihre reife Last kaum tragen!

Ich rannte so schnell mich meine Beine trugen nach Hause, um meinem Bruder diese Neuigkeit zu berichten, und als wir dann endlich beide fassungslos am Weinberg standen, wurde uns plötzlich bewusst, welchen Schatz unser Vater gemeint hatte. Das versprach eine Ernte zu werden, wie wir sie noch nie hatten!

Durch unser unermüdliches Graben und Wühlen hatten wir die Bodenverhältnisse verbessert, die Erde durchlüftet, das Unkraut beseitigt und so selbst für diese üppige Pracht gesorgt. Stolz erfüllte uns. Nicht Geld, Gold oder Edelsteine lagen hier im Berg versteckt, sondern fruchtbare Erde, die uns eine reiche Traubenernte bescherte, wenn wir den Weinberg gut pflegten. Dankbar dachten wir an unseren Vater – wir hatten seinen Schatz gefunden und würden auch in den nächsten Jahren für unser Suchen belohnt werden.

Teilaufgabe 2.3

Hinweis: In einem Zeitungsbeitrag sollst du die Leser über Hannas Freitod kurz vor ihrer Entlassung aus dem Gefängnis informieren und mögliche Gründe für ihren Selbstmord erörtern. Hanna Schmitz selbst hat den Grund für ihren Suizid in ihrem letzten Brief nicht erwähnt, sodass alle Betroffenen etwas hilflos sind angesichts ihres unerwarteten Todes. Du kannst also lediglich Vermutungen über ihre Beweggründen für den Selbstmord anstellen.

*Mache dir zunächst klar, welche Anforderungen du bei einem Zeitungsartikel erfüllen musst. In der Aufgabenstellung wirst du darauf hingewiesen, dass der Zeitungsartikel eine **Mischform** aus Berichten und Erörtern darstellen soll: Du sollst sowohl über den Freitod von Hanna Schmitz **berichten**, als auch mögliche Gründe für ihren Selbstmord **erörtern**. Daraus ergeben sich die folgenden Anforderungen:*

*– **Berichtende Texte** sollen informieren. Dabei musst du darauf achten, das Ereignis sachlich und knapp wiederzugeben. In der Regel gibt der Bericht Antwort auf die W-Fragen: Wer? (beteiligte Personen), Was? (Geschehen in der richtigen Reihenfolge), Wann? (Zeitpunkt des Geschehens), Wo? (Ort des Geschehens) und Warum? (Grund und Folgen des jeweiligen Geschehens). Die Zeitform eines Berichtes ist in der Regel das Präteritum.*

*– **Erörternde Texte** dienen der Urteils- oder Meinungsbildung zu bestimmten Sachverhalten oder Problemen. Orientiere dich daran, was du über die Erörterung gelernt hast: Jedes Argument sollte aus Behauptung, Begründung und Beispiel bestehen. Ordne die Argumente nach dem Prinzip der gesteigerten Wichtigkeit, das wirkt überzeugender. Achte auch auf die sprachliche Verknüpfung deiner Argumente.*

Es bietet sich an, deinen Zeitungsartikel mit einem Bericht über den Freitod Hannas zu beginnen und daran einen erörternden Teil anzuschließen. Du kannst die letzte W-Frage (Warum?) als Überleitung zu deiner Erörterung nutzen: Warum hat sich Hanna Schmitz am Tag ihrer Entlassung aus dem Gefängnis umgebracht? Dabei musst du dich argumentativ mit dem Sachverhalt (Selbstmord) auseinandersetzen, indem du mögliche Gründe aufzeigst.

*Fertige nun eine ausführliche **Stoffsammlung** an. Sie könnte z. B. so aussehen:*

| Einleitung | **Wer?** Hanna Schmitz, ehemalige KZ-Aufseherin, zu lebenslanger Haft verurteilt, amtliche Begnadigung erhalten
Was? Selbstmord, ohne Angabe des Grundes in ihrem Abschiedsbrief, völlig überraschend
Wann? Sommer 1984, am Tag ihrer Freilassung nach 18 Jahren Haft
Wo? in der Gefängniszelle
Überleitung: Hanna Schmitz' Freitod wirft die Frage auf: **Warum** hat sich Hanna Schmitz am Tag ihrer Entlassung aus dem Gefängnis das Leben genommen? | | | |

Hauptteil	Behauptung	Begründung	Beispiel	Folgerung
1. Argument	Hanna hatte Angst vor dem Leben außerhalb des Gefängnisses.	18 Jahre hinter Gefängnismauern, im Alter von 62 Jahren (geb. 1922) → Veränderungen in der Welt → gesundheitlicher Zustand	technische Veränderungen/ moderne Welt (1966–1984), Krankheit/ Kraftlosigkeit	Hanna würde nicht klarkommen, würde sich nicht mehr zurechtfinden, konnte so nicht leben. → Unfähigkeit, für sich zu sorgen

61

2. Argument	Hanna fühlte sich von Michael verlassen – trotz der guten Vorbereitung (Arbeit, Wohnung) für die Zeit nach ihrer Entlassung	Michael war ihr einziger Kontakt zur Außenwelt. Er hat kaum persönlichen Kontakt zu ihr aufgenommen, nur ein kurzer Besuch.	Hanna kannte niemanden außer Michael.	Hanna glaubte, eine Belastung zu sein (Michael hat sich entfremdet). Sie wollte nicht, dass er sich um sie kümmert. Gefühle, die ihr Geborgenheit geben, fehlten.
3. Argument	Hannas Selbstmord ist das Ergebnis der untragbar schweren Schuld an den Verbrechen im KZ und am Tod Hunderter von Frauen in einer Kirche.	Sie wollte Schuld sühnen, sie wollte Buße tun, sie wollte endlich Verantwortung für ihr Handeln übernehmen.	Sie las Bücher über KZs, von Holocaustüberlebenden und Tätern. Während des Prozesses: Zusammentreffen mit Opfern. Vor dem Prozess: Versteckspiel aufgrund ihrer Vergangenheit (Nachbarn, keine Freunde).	Einsicht in Nazi-Verbrechen entwickelte sich, sie setzte sich mit ihrer Schuld auseinander. → Sie konnte so nicht weiterleben. Sie spendete Geld an Überlebende in Amerika. → heimliche Bitte um Vergebung?
Schluss	Vermutung: Aus welchem der drei Gründe hat Hanna Selbstmord begangen?			

*Überlege dir eine passende **Überschrift**, z. B. „Selbstmord am Tag der Haftentlassung".*
Mithilfe deiner Vorüberlegungen und der Stoffsammlung kannst du nun den Artikel schreiben.

Aufsatzbeispiel

Selbstmord am Tag der Haftentlassung

Nach 18 Jahren Inhaftierung erhängte sich Hanna Schmitz gestern, am Tag ihrer Freilassung, in ihrer Gefängniszelle.

Aufgrund ihrer Tätigkeit als KZ-Aufseherin und den damit verbundenen schweren Verbrechen gegen die Menschlichkeit, wurde Schmitz 1966 zu einer lebenslangen Freiheitsstrafe verurteilt, die nun durch eine amtliche Begnadigung aufgehoben wurde.

Ihr Freitod kam völlig unerwartet für alle Beteiligten, da die Freilassung der 62-Jährigen seit Langem gut vorbereitet war. Schmitz hinterließ weder einen Abschiedsbrief mit Angaben zum Grund ihres Selbstmordes noch hatte man ihrem Verhalten Hinweise für einen Suizid entnehmen können. Ihr Tod wirft damit die Frage auf, warum Hanna Schmitz sich am Tag ihrer Entlassung aus dem Gefängnis das Leben genommen hat. Hatte sie Angst vor dem Leben außerhalb der sicheren Gefängnismauern?

1966 inhaftiert, sollte Schmitz jetzt – 1984 – nach 18 Jahren in die Freiheit entlassen werden. Was wusste sie von den Veränderungen draußen in der Welt? Würde sie in ihrem Alter noch zurechtkommen mit den technischen Neuerungen, dem erhöhten Verkehrsaufkommen, den veränderten Einkaufsbedingungen? Würde sie bestehen können in ihrem neuen Leben, hätte sie noch die Kraft für einen Neubeginn? Würde sie mit 62 Jahren für sich selbst sorgen können? Vielleicht waren es diese Befürchtungen, die Hanna Schmitz zu der tragischen Entscheidung trieben, ihrem Leben ein Ende zu setzen.

Oder fühlte Schmitz sich von Michael Berg, ihrem einzigen Kontakt zur Außenwelt während ihrer Inhaftierung, alleingelassen? Berg hatte sich um eine Arbeit und eine Wohnung für Schmitz gekümmert. Persönlichen Kontakt zu ihr hatte er jedoch, bis auf einen kurzen Besuch, immer vermieden. Wollte Hanna Schmitz möglicherweise nicht, dass sich Michael Berg um sie kümmert? Sie spürte vielleicht, dass sie für Berg nur eine Belastung darstellte, dass sie sich entfremdet hatten. Vielleicht glaubte sie auch, dass ihr Michael Berg nicht die Geborgenheit geben konnte, die sie sich von ihm erhoffte.

Wenn man sich mit Hanna Schmitz' Vergangenheit beschäftigt, liegt die Vermutung sehr nahe, dass ihr Selbstmord ein Eingeständnis ihrer Schuld ist. Als KZ-Aufseherin war sie an zahlreichen Verbrechen beteiligt und mitverantwortlich für die Verbrennung Hunderter von Frauen in einer Kirche.

Später, in ihrer Gefängniszelle, arbeitete Hanna Schmitz ihr Defizit auf, indem sie das Schreiben und Lesen erlernte. Sie las viel über Konzentrationslager, über Holocaustopfer und auch über Täter wie sich selbst. Die Bücher waren mit Bedacht ausgewählt. Dadurch war sie in der Lage, sich systematisch mit ihrer Vergangenheit auseinanderzusetzen und das Ausmaß ihrer Schuld zu begreifen. Konnte sie mit diesem Wissen weiterleben?

In einem letzten Brief bittet Hanna Schmitz Michael Berg, das Geld aus ihrer Teedose sowie auf ihrem Konto den Nachkommen der Überlebenden des Kirchenbrandes zu übergeben. Es ist ihr letzter Brief, der einem Testament gleicht, in welchem Hanna Schmitz um Vergebung ihrer Schuld bittet.

Da Hanna Schmitz ihren Selbstmord nicht erklärt hat, bleibt die Frage weiterhin offen, warum er für sie der letzte Ausweg schien. Vermutlich spielen dabei alle der folgenden Gründe eine Rolle: Sie hatte sicher Angst vor ihrem weiteren Leben, einem Leben außerhalb des Gefängnisses, in Einsamkeit und mit ihrer untilgbaren Schuld.

Türkische Minderheit in Deutschland

In den Jahren des „Wirtschaftswunders"
machte sich in der Bundesrepublik ein
steigender Bedarf an Arbeitskräften be-
merkbar. Daher schloss die Bundesre-
5 gierung von 1955 bis 1968 mit mehreren Staaten Anwerbeabkommen, darunter 1961 mit der Türkei.
Bis Mitte der 1960er-Jahre war es allgemeiner Konsens[1], dass die ausländi-
10 schen Arbeitskräfte – die „Gastarbei-
ter", wie sie bald im öffentlichen
Sprachgebrauch hießen – nur vorübergehend in Westdeutschland leben und
arbeiten sollten. Da lediglich der Bedarf
15 der Wirtschaft nach Arbeitskräften erfüllt werden sollte, gab es keine Überlegungen oder gar Planungen hinsichtlich
einer dauerhaften Ansiedlung der Zuwanderer. Eine mögliche Integration der
20 Arbeiter und eine Auseinandersetzung
mit ihrem Herkunftsland, ihren Traditionen und ihrer Religion schien nicht
notwendig zu sein, da Arbeitskräfte nur
kurzfristig benötigt wurden und im wirt-
25 schaftlichen Krisenfall wieder in ihre
Heimat zurückkehren sollten.
Im Oktober 1973 erließ die Bundesregierung wegen der Ölkrise und des darauf befürchteten wirtschaftlichen Rück-
30 gangs einen Anwerbestopp.

Familienzusammenführung

Bis zum Anwerbestopp waren vor allem
junge Männer nach Deutschland gekommen. Im Rahmen der Familienzusam-
35 menführung ab 1974 begannen die Arbeitskräfte verstärkt, ihre Angehörigen
nachzuholen. Damit stieg auch die Aufenthaltsdauer. 2004 lebten mehr als 73
Prozent der Türken länger als zehn Jah-
40 re in Deutschland, davon 20,5 Prozent
sogar länger als 30 Jahre.
Aus „Gastarbeitern" waren de facto Ein-
wanderer geworden. Viele Vertreter der
ersten Generation von Arbeitsmigranten

45 blieben im Land – ungeachtet ihres früheren Vorsatzes, in Deutschland rasch
Geld zu verdienen, um sich zu Hause
eine gesicherte Existenz aufbauen zu
können. Oftmals wollten die Kinder und
50 Enkelkinder nicht zurück in die Türkei,
und so blieben auch die Älteren bei den
Familien in Deutschland.

Arbeitslosigkeit

Mit verlängerter Aufenthaltsdauer wa-
55 ren die in Deutschland lebenden Türken
auch stärker von Arbeitslosigkeit betroffen. Entgegen dem Vorurteil, die Türken
würden den Deutschen die Arbeitsplätze
wegnehmen, sind mit 25,5 Prozent über-
60 proportional viele Türken arbeitslos
(Stand: 2005), davon sind 40 Prozent
langzeitarbeitslos. Ihre Arbeitsplätze in
der Industrie fielen der Rationalisierung
zum Opfer. Dennoch stimmten laut
65 einer Allbus-Umfrage 2004 46 Prozent
der Bevölkerung der Aussage zu: „Zuwanderer nehmen Menschen, die in
Deutschland geboren sind, Arbeitsplätze
weg."
70 Die Aufrechnung von freien Stellen gegen die von Ausländern eingenomme-
nen Arbeitsplätze ist jedoch nicht angebracht: Tatsächliche Konkurrenz gibt
es nur bei Stellen, die mit ungelernten
75 Arbeitern besetzt werden könnten. Diese
meist schlecht bezahlten und körperlich
anstrengenden Arbeiten werden von
Deutschen aber nur in seltenen Fällen
angenommen.
80 Nicht zuletzt wegen der anhaltend hohen Arbeitslosigkeit machen sich immer
mehr Türken selbstständig. Die Zahl der
türkischen Unternehmer in Deutschland
stieg von 3 000 im Jahr 1970 auf 61 300
85 im Jahr 2003. Und keineswegs bestätigt
sich dabei das Klischee vom „Döner-
Türken" oder vom Inhaber eines Obst-
und Gemüseladens; es gibt auch türki-

65

sche Anwälte, Architekten, Juweliere,
90 Rechtsanwälte und Handwerker.

Integrationsprobleme

Bis heute gelten die Türken als die am
schwersten zu integrierende Bevölke-
rungsgruppe. Einer Umfrage von 2002
95 zufolge lehnen 39 Prozent der Ostdeut-
schen und 28 Prozent der Westdeut-
schen Türken als Nachbarn ab. Eines
der größten Probleme für die türkische
Minderheit wie für die deutsche Mehr-
100 heit ist die Erziehungs- und Bildungssi-
tuation der jungen Türken. Immer noch
verfügen manche türkische Kinder nicht
über ausreichende Sprachkenntnisse, um
dem deutschen Schulunterricht folgen

105 zu können. Die Folge sind fehlende
Schulabschlüsse, die wiederum eine erfolgreiche berufliche Eingliederung er-
schweren. Daraus entstehen soziale Probleme, die eine weitergehende Integra-
110 tion verhindern. Die Aufstiegschancen
junger Türken hängen damit auch wesentlich von der Toleranz und Offenheit
des Elternhauses ab. Türkische Kinder,
deren Familien sich weitgehend vom
115 deutschen Umfeld abschotten, haben
deutlich schlechtere Bildungschancen.
Ein Umdenken in der Schulpolitik,
mehr Deutschunterricht in den Kinder-
gärten, aber auch für die Eltern, insbe-
120 sondere für die Mütter, sind dringend
erforderlich.

Angelika Königseder und Birgit Schulze: Türkische Minderheit in Deutschland, in:
Informationen zur politischen Bildung, hrsg. von der Bundeszentrale für politische
Aufklärung, Heft 271/2005 (gekürzt und leicht geändert)

Anmerkung:
1 Konsens: Einigkeit, Übereinstimmung bezüglich einer Meinung

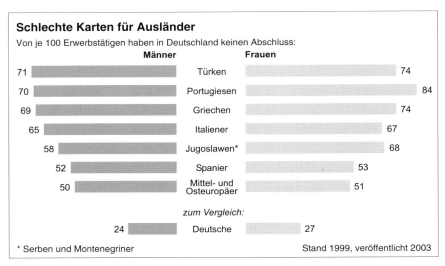

Schlechte Karten für Ausländer

Von je 100 Erwerbstätigen haben in Deutschland keinen Abschluss:

	Männer		Frauen	
71		Türken		74
70		Portugiesen		84
69		Griechen		74
65		Italiener	67	
58		Jugoslawen*	68	
52		Spanier	53	
50		Mittel- und Osteuropäer	51	
		zum Vergleich:		
24		Deutsche	27	

* Serben und Montenegriner   Stand 1999, veröffentlicht 2003

Quelle: Institut Arbeit und Technik, Daten übernommen aus Globus-Grafik 8739

Teil 1: Textverständnis

Lies den Text „Türkische Minderheit in Deutschland" mit der Grafik „Schlechte Karten für Ausländer" sorgfältig durch. Beantworte anschließend die Fragen.

1.1 Welche der folgenden Aussagen ist richtig? Beziehe dich dabei auf den Text.
Kreuze jeweils an, ob die Aussage zutreffend ist oder nicht.

		trifft zu	trifft nicht zu
a)	Die angeworbenen ausländischen Arbeitskräfte sollten dauerhaft in Deutschland leben und arbeiten.	☐	☐
b)	Zunächst kamen vor allem junge Männer aus der Türkei nach Deutschland.	☐	☐
c)	Seit 1974 kommen häufig ganze Familien aus der Türkei nach Deutschland.	☐	☐
d)	Immer mehr Türken blieben dauerhaft in Deutschland.	☐	☐
e)	Prozentual gesehen sind mehr Türken arbeitslos als Deutsche.	☐	☐
f)	Türken und Deutsche konkurrieren um gut bezahlte Arbeitsplätze.	☐	☐

1.2 Kreuze jeweils an, ob die Aussage zutreffend ist oder nicht.

Das vorliegende Schaubild zeigt, …

		trifft zu	trifft nicht zu
a)	dass unter den ausländischen Arbeitnehmern mehr Frauen als Männer keinen beruflichen Abschluss haben.	☐	☐
b)	dass unter den deutschen Arbeitnehmern mehr Frauen als Männer keinen beruflichen Abschluss haben.	☐	☐
c)	dass es unter ausländischen Arbeitnehmern mehr Frauen als Männer gibt.	☐	☐
d)	dass Ausländer ohne beruflichen Abschluss häufig arbeitslos sind.	☐	☐
e)	dass Mittel- und Osteuropäer häufiger als andere ausländische Arbeitnehmer einen beruflichen Abschluss haben.	☐	☐
f)	dass portugiesische Frauen seltener als andere ausländische Arbeitnehmer einen beruflichen Abschluss haben.	☐	☐

1.3 Die Überschrift für das Schaubild lautet: „Schlechte Karten für Ausländer".
Überlege, ob die Überschrift auch zum vorausgehenden Text passt.

a) Kreuze die Meinung an, der du eher zustimmst.

☐ Die Überschrift passt genau zum Text.

☐ Die Überschrift passt nicht genau zum Text.

b) Begründe deine Entscheidung anhand des Textes.

1.4 Welches im Text angesprochene Problem wird durch das Schaubild veranschaulicht? Vervollständige die folgende Aussage.

Ich glaube, dass das Schaubild ...

1.5 In einer Umfrage aus dem Jahr 2004 stimmten 46 Prozent der Bevölkerung der Aussage zu: *Zuwanderer nehmen Menschen, die in Deutschland geboren sind, Arbeitsplätze weg.* Erkläre, warum diese Vorstellung falsch ist. Beziehe dich dabei auf den Text.

Die Vorstellung, dass Zuwanderer den in Deutschland geborenen Menschen Arbeitsplätze wegnehmen, ist falsch, weil ...

1.6 In Z. 19–23 heißt es: „*Eine mögliche Integration der Arbeiter und eine Auseinandersetzung mit ihrem Herkunftsland, ihren Traditionen und ihrer Religion schien nicht notwendig zu sein [...].*" Was kommt durch diese Aussage zum Ausdruck? Kreuze jeweils an, ob die Aussage zutreffend ist oder nicht.

Die Deutschen ...	trifft zu	trifft nicht zu
a) wollten nicht, dass sich die ausländischen Arbeiter in die Gesellschaft einfügten.	☐	☐
b) hielten es für überflüssig, dass sich die ausländischen Arbeiter in die Gesellschaft einfügten.	☐	☐
c) hatten kein Interesse an einem Kontakt mit den ausländischen Arbeitern.	☐	☐
d) schätzten die Verweildauer ausländischer Arbeitskräfte falsch ein.	☐	☐

1.7 Im Text werden einige Erklärungen dafür gegeben, wie es dazu gekommen ist, dass es Integrationsprobleme mit Ausländern gibt. Kreuze an, welche der folgenden Aussagen dem Text sinngemäß entsprechen.

	trifft zu	trifft nicht zu
a) Die Ausländer wurden von Anfang an als Einwanderer angesehen.	☐	☐
b) Kultur und Lebensweise der ausländischen Arbeitnehmer blieben den Deutschen fremd.	☐	☐
c) Die Deutschen möchten Arbeiten übernehmen, die von ausländischen Arbeitnehmern erledigt werden.	☐	☐
d) Viele ausländische Kinder sprechen kein Deutsch.	☐	☐
e) Es gibt türkische Familien, die kaum Kontakt mit Deutschen haben.	☐	☐
f) Viele Deutsche wollen keinen Kontakt mit Türken haben.	☐	☐
g) Die Bildungspolitik hat die Kinder ausländischer Arbeitnehmer in der Vergangenheit vernachlässigt.	☐	☐

1.8 Laut Bildungsbericht haben es Migrantenkinder in deutschen Schulen besonders schwer, einen guten Schulabschluss zu erzielen. Deshalb sollen Migrantenkinder in der Schule und im Kindergarten künftig besser gefördert werden, damit sie im Schulsystem bessere Chancen haben. In Chatforen konnte man dazu unterschiedliche Kommentare lesen, z. B. solche:

Lars:

Ich finde es nicht richtig, wenn jetzt verlangt wird, dass Migrantenkinder in der Schule besser gefördert werden sollen. Am Ende muss bloß wieder der deutsche Steuerzahler dafür aufkommen. Die Türken und andere Migrantenkinder sollten sich eben ein bisschen mehr Mühe geben, dann würden sie schon in der Schule klarkommen. Von nichts kommt eben nichts!

Kemal:

Wie sollen türkische Eltern ihre Kinder denn unterstützen, wenn sie selber nicht gut Deutsch können? Das ist ja wohl zu viel verlangt. Und warum können sie nicht richtig Deutsch? Weil die Deutschen sich zu vornehm sind, um mit ihnen Kontakt zu haben. Wie sollen sie es also lernen? Es ist deshalb ganz richtig, dass für Migrantenkinder endlich was getan werden soll!

Nicole:

Tatsache ist nun mal, dass viele Kinder von Ausländern in der Schule scheitern, und dann sind sie später arbeitslos und kriegen Sozialhilfe. Das kostet den Steuerzahler am Ende viel mehr Geld. Da ist es doch besser, wenn man frühzeitig was tut, damit Migrantenkinder richtig Deutsch lernen. Wir brauchen kein Heer von Hartz-IV-Empfängern, sondern qualifizierte Arbeitskräfte!

Welchem der Kommentare stimmst du am ehesten zu? Begründe deine Entscheidung und beziehe dich dabei auf die Informationen aus dem Text und aus dem Schaubild.

Teil 2: Textproduktion

Wähle **eine** der folgenden Aufgaben 2.1, 2.2 oder 2.3 aus.

2.1 Verfasse eine Erörterung zum Thema:
Ist es sinnvoll, wenn Kinder und Jugendliche in ihrer Freizeit einer Arbeit nachgehen?
Beziehe dich dabei auf den Text „Jetzt wird wieder in die Händchen gespuckt" und die
Daten aus der Umfrage des Deutschen Wirtschaftsinstituts.

Jetzt wird wieder in die Händchen gespuckt

Daniel ist gerade 15 geworden, schuftet
aber schon wie ein Erwachsener. Mehrere Tage die Woche, stundenlang, und
das seit vier Jahren. Kinderarbeit. „Ich
5 finde, das kann man wirklich nicht als
Arbeit bezeichnen", wiegelt er ab, „es
macht mir enormen Spaß, und dann
werde ich auch noch dafür bezahlt."
Was er mit seinem Lohn macht? „Das
10 Geld ist auf der Bank."
Daniel, das ist Daniel Radcliffe, der
Harry Potter-Darsteller. Wie er arbeiten
rund 40 Prozent der deutschen Schüler
zwischen 12 und 16 Jahren – die we-
15 nigsten am glamourösen Film-Set, die
meisten in unspektakulären Jobs wie
Nachhilfelehrer oder Prospekteverteiler.
Das Interview mit Daniel Radcliffe, in
dem er von seiner Arbeit erzählt, hängt
20 an der Wand des Büros von Beatrice
Hungerland. Die Sozialwissenschaftlerin leitet das Forschungsprojekt „Kinder
und Arbeit" an der Technischen Universität Berlin. Mit ihren Kollegen hat sie
25 38 Kinder zwischen 9 und 15 Jahren zu
ihren Erfahrungen mit der Arbeitswelt
befragt und dabei festgestellt: „Die reden genauso wie Daniel Radcliffe." [...]
„Die meisten Kinder sehen in ihrer Ar-
30 beit mehr als reinen Gelderwerb", sagt
Beatrice Hungerland, „sie finden in
ihrem Job Anerkennung. Sie sehen,
dass sie selbst etwas leisten können."
Besonders Kinder, die in der Schule
35 Probleme haben, erhielten so die nötige
Selbstbestätigung. Dass umgekehrt die
Arbeit die schulischen Probleme ver-
stärke, habe sie nur in einem Fall beobachtet. [...]
40 In ihren Gesprächen hat Hungerland
festgestellt: „Kinder wollen nicht rum-
gammeln, sie wollen arbeiten." Eine

45 Befragung des Landes Thüringen unter
2 477 Schülern der siebten bis neunten
Klassen aus dem Jahr 1999 untermauert
das: 89 Prozent würden arbeiten, wenn
sie die Gelegenheit dazu bekämen.
Doch die Möglichkeiten sind begrenzt
– durch den schwachen Arbeitsmarkt,
50 aber auch durch rigide[1] Gesetze. [...]

Enge rechtliche Grenzen

Das Jugendarbeitsschutzgesetz steckt
die Grenzen bei der Kinderarbeit.
Grundsätzlich gilt: Wer noch zur Schule
55 gehen muss, darf nicht jobben. Für Kinder ab 13 Jahren öffnet der Gesetzgeber
die Arbeitswelt zumindest ein wenig.
Sie passen auf das Baby der Nachbarn
auf, geben dem Sohn von Tante Trude
60 Nachhilfe oder kaufen für Oma Meier
aus dem Erdgeschoss ein. Sie ziehen die
Linien auf dem Fußballplatz nach, verteilen Flugzettel für Parteien oder rupfen das Unkraut vom Acker des Bauern
65 Paschulke. [...] Der Job-Klassiker
schlechthin ist das Austragen von An-
zeigenblättern. 80 000 Schüler ziehen
mittwochs um die Häuser – samstags
dürfen sie nämlich nicht. Kindern ist es
70 nur erlaubt, von montags bis freitags zu
arbeiten, und das maximal zwei Stunden am Tag zwischen 8 und 18 Uhr.

Ausgenommen sind Ferienjobs. Aber die gibt's erst ab 15 Jahren und dann auch nur für vier Wochen im Jahr. […]

Rechte statt Verbote

Nach Studien aus mehreren Bundesländern verstoßen zwischen 40 und 60 Prozent der arbeitenden Kinder und Jugendlichen mit ihrem Job gegen das Gesetz. Ein Bericht der Bundesregierung zur Kinderarbeit aus dem Jahre 2000 zeigte, dass die Eltern sich meist keiner Schuld bewusst sind. Sie sehen die Arbeit ihrer Sprösslinge als sinnvolle Freizeitbeschäftigung, als Möglichkeit, das Taschengeld aufzubessern und erste Einblicke ins Berufsleben zu gewinnen. Eltern bringen daher wenig Verständnis für staatliche Reglementierungen[2] auf. Und weil die meisten Kinder arbeiten wollen, fordert Sozialwissenschaftlerin Hungerland, dass die Rechtslage umgekehrt wird: „An die Stelle von Verboten sollten Rechte treten." Nur so könnten die Kinder wirklich geschützt werden. Sie könnten Löhne einklagen oder seien bei Unfällen versichert.

Den raffgierigen Geschäftemacher, der Knirpse ausbeutet, muss man in Deutschland ohnehin mit der Lupe suchen. Denn es gibt genügend Erwachsene, die für ein paar Euro sozialversicherungsfrei als Minijobber zupacken. „Den 15-Jährigen, der morgens Kisten auf dem Großmarkt schleppt, gibt es nicht", heißt es aus dem Berliner Amt für Arbeitsschutz. Die gleichen Erfahrungen machen die Kollegen aus Köln. […]

Nachwuchsstars sind auch nur Kinder

Heute richten die Kölner Arbeitsschützer ihre Augen vor allem auf die Filmindustrie. 3 000 Kinder standen im vergangenen Jahr vor den Kameras in der Domstadt, meist als Statisten. Den Dreh mit den jungen Darstellern müssen sich die Produktionsfirmen von der Behörde genehmigen lassen. Verstöße gegen die Auflagen halten sich in engen Grenzen. […]

David Kötter ist auch eines der sogenannten Medienkinder. Der 13-jährige Gymnasiast aus Wuppertal steht seit seinem neunten Lebensjahr vor der Kamera […]. Als stressig empfindet er die Schauspielerei nicht: „Das Drehen macht Spaß. Und es ist schön, wenn man sich selbst im Fernsehen sieht." Nach kurzem Grübeln legt David nach: „Eigentlich ist das gar keine Arbeit." Die Schule leidet – wie Mutter Sabine beteuert – nicht unter der Schauspielerei. Als David im vergangenen Sommer für den Rosamunde-Pilcher-Film „Solange es Dich gibt" in England drehte, bekam er die Hausaufgaben vier Wochen lang per Fax nachgeliefert. Die ersten Brocken seiner neuen Fremdsprache Französisch brachte er sich selbst bei. Zeit für sein liebstes Hobby, Fußball, findet er auch noch, gibt aber zu: „Als ich in England war, hat mir schon der Fuß gejuckt."

In seinen Einstellungen ähnelt David sehr dem Harry-Potter-Darsteller Daniel Radcliffe. Von den Summen, die der Engländer verdient, kann David allerdings nur träumen. „Es wird für den Führerschein und einen kleinen Gebrauchtwagen reichen", wenn er in ein paar Jahren Auto fahren darf, sagt David – der Wunsch eines ganz normalen, arbeitenden Kindes in Deutschland.

Aus: Daniel Schneider: Kinderarbeit in Deutschland. Jetzt wird wieder in die Händchen gespuckt. SPIEGEL ONLINE – 30. Juli 2004. Im Internet unter: http://www.spiegel.de/unispiegel/jobundberuf/0,1518,310668,00.html (gekürzt)
Foto: Fotolia.com/Marie Hermine Parecker

Anmerkungen:
1 rigide: streng
2 Reglementierung: Aufstellen von Regeln durch Vorschriften

Umfrage des Deutschen Wirtschaftsinstituts (DIW)

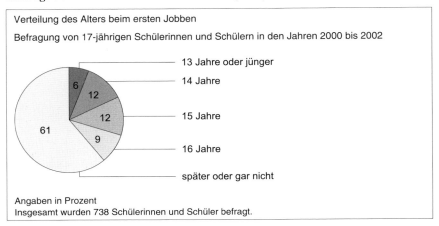

Verteilung des Alters beim ersten Jobben

Befragung von 17-jährigen Schülerinnen und Schülern in den Jahren 2000 bis 2002

- 13 Jahre oder jünger
- 14 Jahre
- 15 Jahre
- 16 Jahre
- später oder gar nicht

Angaben in Prozent
Insgesamt wurden 738 Schülerinnen und Schüler befragt.

Schulische Leistungen und Jobben von 17-jährigen Schülerinnen und Schülern	
	Schulnote im letzten Zeugnis
Deutsch	
noch nicht gejobbt	2,8
gejobbt	2,9
Mathematik	
noch nicht gejobbt	3,0
gejobbt	3,1
Erste Fremdsprache	
noch nicht gejobbt	2,9
gejobbt	2,9
	Klasse wiederholt in %
noch nicht gejobbt	25
gejobbt	20

Aus: Thorsten Schneider/Gert G. Wagner: Wochenbericht des DIW Berlin 38/03: Jobben von Jugendlichen beeinträchtigt weder Schulleistungen noch Freizeit. Ergebnisse des SOEP für die Jahre 2000 bis 2002. Tabellen stellenweise reduziert. Im Internet unter: http://www.diw.de/deutsch/produkte/publikationen/wochenberichte/docs/03-38-2.html

2.2 An einem verregneten Tag nutzt die Hauptperson die Mittagspause, um einen Brief an ihre Tante zu schreiben. Sie weiß, dieser Frau kann sie ihre Erlebnisse, Probleme und Wünsche anvertrauen. Schreibe diesen Brief.

Wolf Wondratschek: Mittagspause

Sie sitzt im Straßencafé. Sie schlägt sofort die Beine übereinander. Sie hat wenig Zeit. Sie blättert in einem Modejournal. Die Eltern wissen, dass sie
5 schön ist. Sie sehen es nicht gern. Zum Beispiel. Sie hat Freunde. Trotzdem sagt sie nicht, das ist mein bester Freund, wenn sie zu Hause einen Freund vorstellt.
10 Zum Beispiel. Die Männer lachen und schauen herüber und stellen sich ihr Gesicht ohne Sonnenbrille vor. Das Straßencafé ist überfüllt. Sie weiß genau, was sie will. Auch am Neben-
15 tisch sitzt ein Mädchen mit Beinen. Sie hasst Lippenstift. Sie bestellt einen Kaffee. Manchmal denkt sie an Filme und denkt an Liebesfilme. Alles muss schnell gehen.
20 Freitags reicht die Zeit, um einen Cognac zum Kaffee zu bestellen. Aber freitags regnet es oft. Mit einer Sonnenbrille ist es einfacher, nicht rot zu werden. Mit Zigaretten wä-
25 re es noch einfacher. Sie bedauert, dass sie keine Lungenzüge kann. Die Mittagspause ist ein Spielzeug. Wenn sie nicht angesprochen wird, stellt sie sich vor, wie es wäre, wenn ein
30 Mann sie ansprechen würde. Sie würde lachen. Sie würde eine ausweichende Antwort geben. Vielleicht würde sie sagen, dass der Stuhl neben ihr besetzt sei. Gestern wurde sie angesprochen.

35 Gestern war der Stuhl frei. Gestern war sie froh, dass in der Mittagspause alles sehr schnell geht. Beim Abendessen sprechen die Eltern davon, dass sie einmal jung waren. Va-
40 ter sagt, er meine es nur gut. Mutter sagt sogar, sie habe eigentlich Angst. Sie antwortet, die Mittagspause ist ungefährlich. Sie hat mittlerweile gelernt, sich zu ent-
45 scheiden. Sie ist ein Mädchen wie andere Mädchen. Sie beantwortet eine Frage mit einer Frage. Obwohl sie regelmäßig im Straßencafé sitzt, ist die Mittagspause anstrengender
50 als Briefeschreiben. Sie wird von allen Seiten beobachtet. Sie spürt sofort, dass sie Hände hat. Der Rock ist nicht zu übersehen. Hauptsache, sie ist pünktlich.
55 Im Straßencafé gibt es keine Betrunkenen. Sie spielt mit der Handtasche. Sie kauft jetzt keine Zeitung. Es ist schön, dass in jeder Mittagspause eine Katastrophe passieren könnte. Sie
60 könnte sich sehr verspäten. Sie könnte sich sehr verlieben. Wenn keine Bedienung kommt, geht sie hinein und bezahlt den Kaffee an der Theke. An der Schreibmaschine hat sie viel
65 Zeit, an Katastrophen zu denken. Katastrophe ist ihr Lieblingswort. Ohne das Lieblingswort wäre die Mittagspause langweilig.

Aus: Wolf Wondratschek: Früher begann der Tag mit einer Schusswunde. Carl Hanser Verlag: München 1969, S. 52 f.

2.3 Mirjam Pressler: Nathan und seine Kinder

Lies das Interview mit der Autorin Mirjam Pressler.

Ihr Jugendroman „Nathan und seine Kinder" stand auf der Auswahlliste zum Deutschen Jugendliteraturpreis und wurde 2009 mit dem internationalen Buchpreis *CORINE* (Sonderpreis der Waldemar Bonsels Stiftung) ausgezeichnet.

Stell dir vor, du selbst hättest im Auftrag einer Jugendzeitung oder eurer Schülerzeitung nach einer Lesung aus dem Jugendroman das Interview mit der Autorin geführt, und daraus soll nun ein ansprechender Zeitungsartikel entstehen.

Allerdings können nicht alle Fragen und Antworten im Artikel aufgegriffen werden. Wähle deshalb die zehn interessantesten Aspekte des Interviews aus und verwende nur diese Inhalte.

Schreibe diesen Zeitungsartikel.

Interview mit der Autorin Mirjam Pressler

Frau Pressler, unter jungen Lesern wird das Lesen von Mangas immer populärer, wie bewerten Sie das?
Ich finde das hübsch, aber ich habe es
5 wirklich nicht mit Comics. Ich könnte mir auch nicht vorstellen, eines Tages mal an einem Comic mitzuwirken – das ist nicht meins. Ich denke, man sollte im jungen Alter ebenso Klassiker le-
10 sen, auch wenn diese nicht so leicht zu lesen sind. Einfach weil es dazugehört und weil es zur Verständigung nötig ist. Sie werden sonst manche Sachen überhaupt nicht lesen und verstehen können,
15 weil sie nicht die Vorbildung haben. So verlieren sie die Möglichkeit der Kommunikation: Sie verstehen Zitate nicht mehr und können auf Dinge, auf die wir ganz normal zurückgreifen, nicht
20 mehr zurückgreifen. Da frage ich mich, wie dann die Verständigung laufen soll. […]

Was ist Ihr Hauptanliegen, wenn Sie Bücher schreiben?
25 Ich schreibe hauptsächlich für mich und habe kein Anliegen, zumindest nicht vordergründig. Ich schreibe gerne, es macht mir Spaß mit Sprachen zu arbeiten und Geschichten zu erzählen.

30 **Ihre Bücher thematisieren oft ernste Themen. Geht die Orientierung an realen Problemen in der heutigen Kinder- und Jugendliteratur verloren?**
Sicher ist das ein bisschen verloren ge-
35 gangen, aber es wird wiederkommen, so etwas verläuft in Wellen.

Was für konkrete Lösungsmöglichkeiten bieten Sie in Ihren Büchern jungen Menschen an?
40 Ich erzähle Geschichten, Geschichten von Personen. Es geht mir wirklich nicht darum, dass ich eine Form von Happy-End biete oder sage: „Das und das wäre die Lösung." Ich bin aber da-
45 für, dass man über alles redet und sich Gedanken macht.

Und wie ist die Resonanz bei den Lesern?
Immer wieder kommen Leute und sa-
50 gen: „Das war's, das Buch damals hat mir geholfen." Das geht, glaube ich, allen Autoren so. So funktionieren Bücher natürlich. Auch mir haben bestimmte Bücher geholfen oder haben
55 mich beeindruckt, das muss nicht unbedingt Weltliteratur sein. Ein bestimmtes Buch zum richtigen Zeitpunkt kann viel bewirken.

Es wird oft die negative Wirkung
60 **von Medien diskutiert, z. B. durch Gewaltfilme bei Jugendlichen. Können auch Bücher einen negativen Einfluss haben?**
Man kennt es schon von *Die Leiden*
65 *des jungen Werthers* von Goethe: Nach der Veröffentlichung des Romans gab es damals zahlreiche Selbstmorde. Ich denke, dass Gewaltverherrlichung schaden kann, vor allem, wenn sie mit Bil-
70 dern gekoppelt ist. Das hat so einen gewissen Gewöhnungseffekt, Gewalt wird etwas Normales.

Mit Ihrem neuen Buch „Nathan und seine Kinder" adaptieren Sie einen bekannten Klassiker. Welche Idee steht für Sie dahinter?

[…] Der Hauptgrund ist, dass ich sehr dafür bin, dass Geschichten immer wieder erzählt werden, dass sie nicht verloren gehen. Als meine Töchter in der Schule *Nathan der Weise* gelesen haben, kamen sie nach Hause und sagten: „So ein Gelaber" und wollten es nicht lesen. Da habe ich damals schon gedacht: „So gehen Geschichten verloren, so geht die Ringparabel verloren!" Wie sollen Leute merken, welche Geschichten es wert sind, bewahrt zu werden, wenn sie nicht erzählt werden? *Nathan der Weise* ist im Original sehr schwer zu lesen und ist vor allem keine richtige Geschichte. Das Stück besteht eigentlich nur aus Statements, es wird die ganze Zeit nur Toleranz gefordert, ohne zu erzählen, wo der Druck herkommt und was genau darunter zu verstehen ist.

Aber fiel es Ihnen nicht schwer, ein so bekanntes Stück neu zu erzählen?

Es war überhaupt nicht leicht. Die Geschichte spielt um 1200 n. Chr. in Jerusalem, das war die Zeit der Kreuzzüge. Als Lessing das geschrieben hatte, konnte er sicherlich fest damit rechnen, dass alle Leute über die Kreuzzüge Bescheid wussten. Das ist heute nicht mehr so. Ich musste also wahnsinnig viel recherchieren. Doch ich habe nicht gezögert ein solches Werk umzuschreiben, ich habe das relativ unbefangen gemacht. Natürlich werden irgendwelche Leute sagen, ich hätte mich vergriffen. Aber ich will, dass die Geschichte bleibt.

Das Hauptmotiv in „Nathan der Weise" ist die religiöse Toleranz. Wie würden Sie Toleranz definieren?

Da gibt es diesen platten Spruch „Leben und leben lassen". Toleranz bedeutet, anderen zuzugestehen, etwas anderes zu denken. Lessing forderte die Vernunft, das ist es, was wir brauchen. Das funktioniert bis heute nicht. Es war damals in Jerusalem so und ist auch heute noch so.

Warum sind Klassiker heutzutage noch wichtig? Gibt es nicht auch gute neuere Literatur?

Klassiker sollten weiterhin gelesen werden, das ist unser kulturelles Erbe. Aber auch Kinderbücher wie *Huckleberry Finns Abenteuer* oder die *Rote Zora* – die gehören für mich zu den Klassikern, die eigentlich jedes Kind mal gelesen haben sollte. Doch auf die alten Klassiker sollte man nicht ganz verzichten.

Das E-Book wird immer populärer, haben Sie schon einmal eins gelesen?

Nein, aber ich könnte es mir gut vorstellen, dass ich mir das irgendwann anschaffe, zum Beispiel für Reisen. So kann ich mehr Bücher dabeihaben. Es ärgert mich, wenn ich im Urlaub bin und merke, dass ich die drei falschen Bücher mitgenommen habe. In solch einer Situation könnte es mir gut vorstellen. Zuhause möchte ich lieber richtige Bücher lesen. […]

Sarah Kröger

Quelle: http://planet-interview.de/interview-mirjam-pressler-14042009.html, aus didaktischen Gründen gekürzt und leicht verändert (erschienen: 14. 4. 2009, gesehen am 20. 4. 2012)

Teil 1: Textverständnis

1.1 Aussagen:

		trifft zu	trifft nicht zu
a)	Die angeworbenen ausländischen Arbeitskräfte sollten dauerhaft in Deutschland leben und arbeiten.	☐	☒
b)	Zunächst kamen vor allem junge Männer aus der Türkei nach Deutschland.	☒	☐
c)	Seit 1974 kommen häufig ganze Familien aus der Türkei nach Deutschland.	☐	☒
d)	Immer mehr Türken blieben dauerhaft in Deutschland.	☒	☐
e)	Prozentual gesehen sind mehr Türken arbeitslos als Deutsche.	☒	☐
f)	Türken und Deutsche konkurrieren um gut bezahlte Arbeitsplätze.	☐	☒

Hinweis: Die richtigen Aussagen stehen fast wörtlich im Text: „waren vor allem junge Männer [...] gekommen" (Z. 32–34), „stieg auch die Aufenthaltsdauer" (Z. 37 f.)/ „blieben im Land" (Z. 45), „Türken auch stärker von Arbeitslosigkeit betroffen" (Z. 55–57). Auch zwei Falschaussagen lassen sich leicht anhand von Textstellen ermitteln: Aussage a) durch „keine Überlegungen [...] hinsichtlich einer dauerhaften Ansiedlung" (Z. 16–18), Aussage f) durch „Tatsächliche Konkurrenz gibt es nur bei Stellen, die mit ungelernten Arbeitern besetzt werden könnten." (Z. 73–75). Etwas schwieriger ist Aussage c), denn im Text ist von „Familienzusammenführung" (Z. 31, 34 f.) die Rede. Die Aussage ist trotzdem falsch, weil ja mindestens ein Familienmitglied schon in Deutschland war: derjenige, der seine Familie aus der Türkei nachgeholt hat. Dass „ganze Familien" nach Deutschland kamen, ist also falsch.

1.2 Das vorliegende Schaubild zeigt, ...

		trifft zu	trifft nicht zu
a)	dass unter den ausländischen Arbeitnehmern mehr Frauen als Männer keinen beruflichen Abschluss haben.	☒	☐
b)	dass unter den deutschen Arbeitnehmern mehr Frauen als Männer keinen beruflichen Abschluss haben.	☒	☐
c)	dass es unter ausländischen Arbeitnehmern mehr Frauen als Männer gibt.	☐	☒
d)	dass Ausländer ohne beruflichen Abschluss häufig arbeitslos sind.	☐	☒
e)	dass Mittel- und Osteuropäer häufiger als andere ausländische Arbeitnehmer einen beruflichen Abschluss haben.	☒	☐
f)	dass portugiesische Frauen seltener als andere ausländische Arbeitnehmer einen beruflichen Abschluss haben.	☒	☐

Hinweis: Um die richtigen Aussagen zu erkennen, musst du die Länge der Balken miteinander vergleichen. Die Falschaussagen ermittelst du so: Aussage c) ist irreführend, weil die Länge der Balken bei den Frauen immer länger ist als bei den Männern. Das heißt aber nicht, dass es unter den ausländischen Erwerbstätigen mehr Frauen als Männer gibt! Es heißt nur, dass ausländische Frauen, die arbeiten, häufi-

ger keinen Berufsabschluss haben als ausländische Männer, die arbeiten. Aussage d)
passt nicht zur Grafik, weil es nur um Menschen geht, die einen Arbeitsplatz haben.

1.3 Erste Möglichkeit:

a) ☒ Die Überschrift passt genau zum Text.

b) *Begründung:* Aus dem Text geht klar hervor, dass Ausländer in Deutschland sehr viel mehr unter Arbeitslosigkeit leiden als Deutsche. Das Schaubild gibt zu erkennen, warum die Arbeitslosigkeit unter den in Deutschland lebenden Ausländern höher ist als unter den Deutschen: Der Anteil derer, die eine abgeschlossene Berufsausbildung haben, ist deutlich geringer als bei den Deutschen. Aus diesem Grund sind ihre beruflichen Perspektiven schlecht. Wenn ihre Kinder nicht gut genug Deutsch sprechen und die Schule ohne Abschluss verlassen, setzt sich die Perspektivlosigkeit fort.

Zweite Möglichkeit:

a) ☒ Die Überschrift passt nicht genau zum Text.

b) *Begründung:* Im Text ist vor allem von der hohen Arbeitslosigkeit unter den Ausländern die Rede. Im Schaubild geht es aber gar nicht um arbeitslose Ausländer, sondern um Ausländer, die erwerbstätig sind. Insofern könnte man sogar sagen, dass die Überschrift weder zum Text noch zum Schaubild passt. Wenn im Schaubild diejenigen Ausländer erfasst sind, die Arbeit haben, dann könnte man sogar meinen, dass Ausländer „gute Karten" haben; schließlich haben sie Arbeit, obwohl sie keine abgeschlossene Berufsausbildung nachweisen können.

Hinweis: Möglich sind beide Entscheidungen. Du kannst also sowohl die erste Aussage als auch die zweite Aussage angekreuzt haben. Wichtig ist, dass du deine Entscheidung nachvollziehbar begründest. Bei deiner Begründung musst du einen Zusammenhang zwischen dem Schaubild und dem Text herstellen.

1.4 Ich glaube, dass das Schaubild zeigt, weshalb ausländische Arbeitnehmer schlechtere Chancen in Deutschland haben und leicht Gefahr laufen, arbeitslos zu werden. Es wird nämlich deutlich, dass Ausländer sehr viel häufiger als Deutsche keine abgeschlossene Berufsausbildung haben.

Hinweis: Hier musst du wieder zusätzliches Wissen einbeziehen: Wie du weißt, hat eine Person, die keine abgeschlossene Berufsausbildung hat, auf dem Arbeitsmarkt schlechtere Chancen als eine Person mit abgeschlossener Berufsausbildung. Das Fehlen einer Berufsausbildung ist also der Grund dafür, warum Ausländer auf dem Arbeitsmarkt schlechtere Chancen haben als Deutsche und häufiger arbeitslos sind.

1.5 Die Vorstellung, dass Zuwanderer den in Deutschland geborenen Menschen Arbeitsplätze wegnehmen, ist falsch, weil Ausländer „überproportional" (Z. 59 f.) von der hohen Arbeitslosigkeit betroffen sind. Würden sie den Deutschen tatsächlich die Arbeitsplätze wegnehmen, müsste die Arbeitslosigkeit bei ihnen geringer sein als bei den Deutschen. Das ist aber nicht der Fall. In Konkurrenz stehen die Ausländer höchstens mit solchen Deutschen, die keine Berufsausbildung haben. Die harten und schlecht bezahlten Arbeiten, die man auch ohne Ausbildung bekommen kann, nehmen aber vor allem Ausländer an. Die meisten Deutschen würden solche Arbeiten gar nicht ausführen wollen. Im Übrigen können Ausländer den Deutschen gar keine Arbeit „wegnehmen". Das würde ja bedeuten, dass die entsprechenden Deutschen so lange eine Arbeit gehabt haben, bis Ausländer gekommen sind und sie von ihrem Arbeitsplatz verdrängt haben. Das dürfte aber kaum der Realität entsprechen.

Hinweis: Du findest die passenden Anhaltspunkte für deine Begründung in Z. 54–79.

1.6 Die Deutschen …

		trifft zu	trifft nicht zu
a)	wollten nicht, dass sich die ausländischen Arbeiter in die Gesellschaft einfügten.	☐	☒
b)	hielten es für überflüssig, dass sich die ausländischen Arbeiter in die Gesellschaft einfügten.	☒	☐
c)	hatten kein Interesse an einem Kontakt mit den ausländischen Arbeitern.	☐	☒
d)	schätzten die Verweildauer ausländischer Arbeitskräfte falsch ein.	☒	☐

Hinweis: Die richtigen Antworten lassen sich anhand des Textes belegen: Aussage b) mit „allgemeiner Konsens, dass die ausländischen Arbeitskräfte […] nur vorübergehend in Westdeutschland leben und arbeiten sollten" (Z. 8–14) und Aussage d) mit „blieben im Land" (Z. 45). Die Aussagen a) und c) sind deshalb falsch, weil sie nicht aus dem Text hervorgehen; im Text heißt es nur, dass die Integration für „nicht notwendig" (Z. 22 f.) gehalten wurde. Über das Interesse wird im Text nichts gesagt.

1.7 Aussagen:

		trifft zu	trifft nicht zu
a)	Die Ausländer wurden von Anfang an als Einwanderer angesehen.	☐	☒
b)	Kultur und Lebensweise der ausländischen Arbeitnehmer blieben den Deutschen fremd.	☒	☐
c)	Die Deutschen möchten Arbeiten übernehmen, die von ausländischen Arbeitnehmern erledigt werden.	☐	☒
d)	Viele ausländische Kinder sprechen kein Deutsch.	☐	☒
e)	Es gibt türkische Familien, die kaum Kontakt mit Deutschen haben.	☒	☐
f)	Viele Deutsche wollen keinen Kontakt mit Türken haben.	☒	☐
g)	Die Bildungspolitik hat die Kinder ausländischer Arbeitnehmer in der Vergangenheit vernachlässigt.	☒	☐

Hinweis: Zu den richtigen Aussagen findest du im Text folgende Belege: Z. 19–23 (Aussage b), Z. 113–115 (Aussage e), Z. 94–97 (Aussage f), Z. 117–121 (Aussage g). Folgende Textstellen widerlegen die Falschaussagen: Z. 16–19 (Aussage a), Z. 75– 79 (Aussage c), Z. 101–103 (Aussage d; es heißt dort „manche" und nicht „viele").

1.8 Ich wähle den Kommentar von **Nicole** aus, weil sie am vernünftigsten argumentiert. Es stimmt ja, dass jemand, der nur einen schlechten Schulabschluss erreicht – oder gar keinen Schulabschluss hat – später eher arbeitslos wird, und deshalb bekommt er eine finanzielle Unterstützung vom Staat. Im schlimmsten Fall wird er ein Leben lang vom Staat abhängig sein – und wer, wenn nicht der Steuerzahler, muss dafür aufkommen? Da ist es in der Tat besser, wenn die Kinder von Ausländern frühzeitig in der Schule gefördert werden. Den Kommentar von Lars finde ich falsch. Man kann nicht von den Migrantenkindern verlangen, dass sie von sich aus gut Deutsch lernen, wenn ihre Eltern zu Hause nur Türkisch sprechen. Der Kommentar von Kemal gefällt mir auch nicht, weil er so fordernd klingt und die Eltern zu einseitig in Schutz nimmt.

Hinweis: Bei der Auswahl solltest du vor allem die Qualität der Argumente berücksichtigen. Begründe auch, warum du die anderen Kommentare ablehnst.

Teil 2: Textproduktion

Teilaufgabe 2.1

Hinweis: Du musst eine Erörterung zur Frage erstellen, ob es sinnvoll ist, wenn Kinder und Jugendliche in ihrer Freizeit einer Arbeit nachgehen. Dafür musst du sowohl Pro- als auch Kontra-Argumente anführen. Als Grundlage dienen dir ein Text sowie eine Grafik und eine Tabelle. Ihre Aussagen kannst du für deine Argumentation heranziehen.
*Zuerst solltest du den Text genau lesen und dir dabei bereits die Textstellen markieren, die sich für deine Erörterung eignen. Beachte: Im Text werden vor allem Gründe genannt, die Kinder und Jugendliche dazu bewegen, einer bezahlten Arbeit nachzugehen. Hinweise auf mögliche Kontra-Argumente werden im Text nur indirekt ausgedrückt, z. B. durch eine Verneinung, mit der gesagt wird, dass sich die Arbeit **nicht** negativ auf die Schulleistungen auswirke. Schreibe die Argumente aus dem Text stichwortartig heraus und ergänze eigene Ideen für weitere Pro- und Kontra-Argumente. Ziehe auch die Ergebnisse der Umfrage (Schaubild und Tabelle) für deine Stoffsammlung heran.*

*Deine **Stoffsammlung** könnte z. B. so aussehen:*

Pro-Argumente:

- Spaß an der Arbeit (Z. 7, 127 f.)
- Gefühl der Anerkennung (Z. 31 f.)
- Möglichkeit erster Einblicke ins Berufsleben (Z. 88 f.)
- Verdienst von eigenem Geld (Z. 8 f.)
- Stärkung des Selbstbewusstseins
- Bestätigung → Ausgleich für schulische Misserfolge (Z. 34−36)
- Entwickeln von Verantwortungs- und Pflichtbewusstsein
- Schulleistungen sind kaum beeinträchtigt (Z. 36−39; Umfrage)

Kontra-Argumente:

- Schulleistungen könnten leiden
- weniger Zeit für Freunde und Hobbys
- Gelegenheitsjobs: keine Versicherung, keine einklagbaren Rechte
- hohe Arbeitslosigkeit → Kinder- und Jugendarbeit nimmt Minijobbern Arbeit weg (Z. 48, 100−102)
- früher Ernst des Lebens: nicht kindgemäß

---

*Erstelle nun mithilfe deiner Stoffsammlung eine **Gliederung**. Dabei solltest du überlegen, ob du einige deiner Stichworte zu einem Argument zusammenfassen kannst, damit du möglichst viele Überlegungen berücksichtigen kannst. Gesichtspunkte, die dir bei genauer Betrachtung nicht wirklich wichtig erscheinen, lässt du weg. Achte auf eine geschickte Anordnung der Argumente: Nenne am Schluss die wichtigsten Argumente.*
*In der **Einleitung** kannst du auf die Ergebnisse der Umfrage eingehen, die dem Schaubild zu entnehmen sind. Am **Schluss** ergänzt du deine eigene Meinung. Begründe sie, indem du noch einmal zusammenfassend auf die entscheidenden Argumente aus dem Hauptteil verweist.*

A	**Einleitung**
	Hinführung zum Thema /zur Fragestellung:
	Jobben unter Jugendlichen nicht ungewöhnlich (Ergebnisse einer Umfrage des DIW)
B	**Hauptteil**
1	**Kontra-Argumente**
1.1	Schulleistungen könnten leiden
1.2	Einfluss auf Freizeitgestaltung: weniger Zeit für Freunde/Hobbys
1.3	Rechtliche Situation unsicher: keine einklagbaren Rechte bei Gelegenheitsjobs, keine Versicherung, im Schadensfall haftbar
2	**Pro-Argumente**
2.1	Möglichkeit, eigenes Geld zu verdienen
2.2	Spaß, Anerkennung und Selbstbestätigung
2.3	erster Einblick ins Berufsleben, Übernahme von Verantwortung
2.4	kaum Beeinträchtigung der Schulleistungen, sogar weniger Sitzenbleiber unter jobbenden Jugendlichen
C	**Schluss /Ergebnis**
	Auswirkungen von Kinder-/Jugendarbeit insgesamt eher positiv, auch für Schulleistungen

Aufsatzbeispiel

Schon immer haben Kinder und Jugendliche sich darum bemüht, ihr eigenes Geld zu verdienen, z. B. indem sie Nachhilfestunden erteilten, für die gehbehinderte Nachbarin einkaufen gingen oder als Babysitter für Freunde der Familie tätig wurden. Wie eine Umfrage des Deutschen Wirtschaftsinstituts (DIW) zeigt, ist das auch heute der Fall: Unter den 14-Jährigen gehen bereits mehr als zehn Prozent einer bezahlten Arbeit nach. Sogar unter denjenigen, die erst 13 Jahre alt sind – oder sogar noch jünger – sind es schon sechs Prozent. Dass Kinder und Jugendliche in ihrer Freizeit jobben, ist also nichts Ungewöhnliches. Es stellt sich allerdings die Frage, ob das sinnvoll ist. Sind sie nicht zu jung dafür? Und müssen sie nicht ihre Hauptenergie in die Schule stecken?

Eigentlich sind Kinder und Jugendliche von „Beruf" in erster Linie Schüler. Tagtäglich müssen sie sechs Stunden oder länger dem Unterricht folgen, und anschließend gibt es auch noch Hausaufgaben zu erledigen. Wer aber nachmittags oder abends anderen Verpflichtungen nachgeht, um Geld zu verdienen, kann sich möglicherweise nicht genügend auf seine eigentlichen Pflichten, die Schulaufgaben, konzentrieren. Besteht nicht die Gefahr, dass seine Schulleistungen darunter leiden, wenn er in der Freizeit arbeiten geht?

Ein Nachmittagsjob dürfte auch Einfluss auf die Freizeitgestaltung haben: Kinder und Jugendliche, die arbeiten, können sich seltener mit Freunden treffen, und es ist schwieriger für sie, ihren Hobbys nachzugehen. Wer nachmittags „um sie Häuser zieht", um Prospekte zu verteilen, hat dann keine Zeit mehr, Fußball zu spielen, Gitarre zu üben oder ein Buch zu lesen. Eigentlich passt es nicht zum Leben eines so jungen Menschen, wenn er seine freien Stunden damit verbringt, Geld zu verdienen. Um arbeiten zu gehen, hat er schließlich das ganze Leben noch vor sich. Er sollte die Zeit der Kindheit und Jugend lieber genießen, statt sich verfrüht dem Druck der Arbeitswelt auszusetzen.

Hinzu kommt, dass die rechtliche Situation ungesichert ist. Wenn ein Jugendlicher einen Gelegenheitsjob annimmt, dann geschieht das in der Regel durch mündliche Vereinbarung. Was ist, wenn der „Arbeitgeber" ihm nicht den versprochenen Lohn auszahlt? Und wer kommt dafür auf, wenn während der Arbeit ein Unfall geschieht? Jugendliche, die in ihrer Freizeit arbeiten gehen, sind in der Regel nicht unfallversichert. Es kann auch passieren, dass sie bei der Arbeit einen Schaden verursachen. Dann können sie dafür evtl. haftbar gemacht werden. So ist das Arbeiten für Kinder und Jugendliche auch mit gewissen Risiken verbunden.

Andererseits steht ein Jugendlicher, der in seiner Freizeit arbeiten geht, auch nicht schutzlos da. Wenn er während der Arbeit einen Unfall erleidet, ist er über seine Eltern krankenversichert, und wenn er für einen Schaden haftbar gemacht wird, kommt wahrscheinlich die Haftpflichtversicherung der Eltern dafür auf, sofern sie eine abgeschlossen haben. Im Übrigen gibt es keine Aktivität, die ganz ohne Risiko ist. Auch wer Fußball spielt, kann stürzen und sich verletzen. Und sogar auf dem Schulweg besteht die Möglichkeit, einen Unfall zu erleiden. Die möglichen Risiken, die das Jobben mit sich bringt, halten sich also in Grenzen.

Die Vorteile sind jedoch groß: Kinder und Jugendliche, die arbeiten, genießen das Gefühl, eigenes Geld zu verdienen. Sie können sich ihre Wünsche erfüllen und sind nicht mehr abhängig vom Taschengeld der Eltern. Auch wird es sie mit Stolz erfüllen, wenn sie genügend Geld haben, um Geschenke für andere zu kaufen, z. B. zu Weihnachten. Jugendliche, die nicht jobben, müssen dafür Monat für Monat Geld von ihrem meist nicht so üppigen Taschengeld zurücklegen; das bedeutet, dass sie immer wieder eigene Bedürfnisse zurückstellen müssen. Viele „Gelegenheitsarbeiter" legen ihr Geld aber auch auf einem Sparkonto an, um später davon ihren Führerschein und ihr erstes eigenes Auto zu finanzieren.

Aber den meisten Jugendlichen geht es gar nicht in erster Linie ums Geld. Das Arbeiten macht ihnen vor allem Spaß. Sie fühlen sich anerkannt und bestätigt, weil sie merken, dass sie eine nützliche Aufgabe erledigen können und gebraucht werden. Hinzu kommt, dass sie erste Einblicke ins Berufsleben gewinnen, zumindest dann, wenn sie stundenweise in einem richtigen Betrieb arbeiten, etwa, indem sie Waren in die Regale eines Supermarkts füllen. Sie lernen, Verantwortung zu übernehmen und Pflichten zu erfüllen. Für die Entwicklung der Persönlichkeit ist das sicher von Vorteil.

Der Haupteinwand, nämlich der, dass die Schulleistungen darunter leiden könnten, wenn Jugendliche arbeiten, wird durch die Untersuchungsergebnisse des DIW klar widerlegt. Es gibt kaum Unterschiede zwischen den Schulnoten von „Jobbern" und „Nicht-Jobbern". Die Durchschnittsnoten in der ersten Fremdsprache unterscheiden sich gar nicht, und die Durchschnittsnoten in den Fächern Deutsch und Mathematik sind bei den „Jobbern" nur um eine Zehntelnote schlechter als bei den „Nicht-Jobbern". Die Zahlen der Sitzenbleiber zeigen sogar, dass Schüler, die einer bezahlten Arbeit nachgehen, eher im Vorteil sind: Sie bleiben seltener sitzen. Von denjenigen, die noch nie gejobbt haben, ist jeder Vierte (25 %) schon einmal sitzengeblieben. Unter denjenigen, die jobben, ist es nur jeder Fünfte (20 %).

Alles in allem zeigt sich, dass Kinder und Jugendliche, die einer bezahlten Arbeit nachgehen, eher davon profitieren. Die möglichen Nachteile sind gering; die Vorteile überwiegen eindeutig. Dabei geht es gar nicht so sehr darum, dass sie ihr eigenes Geld verdienen, sondern eher darum, dass sie sich ernst genommen und anerkannt fühlen. Auch lernen sie frühzeitig, Verantwortung zu übernehmen. Möglicherweise ist das der Grund dafür, dass die Schulleistungen kaum darunter zu leiden scheinen: Wer gelernt hat, in einem bezahlten Job seine Pflichten zu erfüllen, kann auch in anderen Bereichen, z. B. in der Schule, die geforderten Aufgaben erledigen. Vielleicht gibt es deshalb unter den Jobbern weniger Sitzenbleiber ...

Teilaufgabe 2.2

Hinweis: Überlege zuerst, warum die junge Frau ihrer Tante einen Brief schreiben könnte. In der Aufgabenstellung heißt es: „Sie weiß, dieser Frau kann sie ihre Erlebnisse, Probleme und Wünsche anvertrauen." Ein Erlebnis, das sie ihr anvertrauen könnte, wäre das Zusammentreffen mit dem Mann, der sich im Café neben sie gesetzt und sie angesprochen hat. Ihren Eltern hat sie nichts davon gesagt. Möglicherweise wird sie aber ihrer Tante davon erzählen wollen … Entscheidend ist, dass du dir darüber klar wirst, was für Probleme die Protagonistin hat. Aus dem Text geht hervor, dass sie in ihrem Inneren gespalten ist: Auf der einen Seite möchte sie sich verlieben und wünscht sich, von einem Mann angesprochen zu werden, auf der anderen Seite zuckt sie zurück, wenn sie tatsächlich einmal angesprochen wird. Überlege, was dieser innere Zwiespalt für die junge Frau bedeutet. Stelle diesen Zwiespalt in dem Brief dar und äußere abschließend die Bitte um einen Rat. Vergiss nicht, beim Schreiben auf die Formmerkmale eines persönlichen Briefes zu achten: Angabe von Ort und Datum und die persönliche Anrede, zum Schluss eine passende Schlussformel. Da du weder den Ort des Geschehens noch ein Datum noch den Namen der jungen Frau noch den Namen der Tante kennst, kannst du sie dir ausdenken.

Aufsatzbeispiel

… (Ort, Datum ausgedacht)

Liebe Tante Lilli,
wieder einmal sitze ich in diesem Café gegenüber dem Büro und warte auf das Ende der Mittagspause. Es ist ziemlich langweilig hier, weil es regnet und man nicht draußen sitzen kann. Auf der Straße sind bei schönem Wetter immer interessante Leute unterwegs, die man beobachten kann.
Das Café ist recht voll, überall stehen tropfende Regenschirme herum, denen die Kellnerin ausweichen muss. Ich habe meine Handtasche auf den freien Stuhl an meinem Lieblingstisch gestellt, damit es so aussieht, als sei er besetzt.
Letzte Woche habe ich das nicht gemacht, und da kam ein Mann und fragte, ob er sich zu mir setzen dürfe. Du kannst dir sicher denken, wie es dann weiterging! Am liebsten hätte ich mich in ein Mauseloch verkrochen! Ich bin sofort rot geworden, hatte schreckliches Herzklopfen und habe gesagt, dass ich zurück ins Büro müsste. Ich habe dann vorne bei der Kellnerin bezahlt und bin schnell gegangen. Hinterher habe ich mich furchtbar über mich geärgert. Der Mann war wirklich nett, sehr höflich und schlecht sah er auch nicht aus.
Ich schaffe es einfach nicht, locker zu bleiben. Wenn ich nicht gerade im Büro oder zu Hause bin, fühle ich mich immer so verkrampft, weil ich nie weiß, wie ich mich verhalten soll. Ich stelle mir vor, was geschehen würde, wenn mich jemand anspricht, und denke mir alles so schön aus! Wenn es aber wirklich passiert …!?
Die Eltern glauben, ich würde hier dauernd neue Leute kennenlernen, und sie machen sich deshalb Sorgen.
Du weißt ja, wie sie sind. Eigentlich möchte ich auch, dass endlich etwas Aufregendes passiert, aber ich werde schon nervös, wenn mich jemand nur anlächelt!
Im Grunde kann ich mich nicht beklagen, weil ich einen guten Job habe, aber inzwischen habe ich doch immer häufiger das Gefühl, irgendetwas zu verpassen. Jeden Morgen gehe ich in dieses Büro, jeden Mittag gehe ich in dieses Café, jeden Abend gehe ich nach Hause und tue so, als sei ich damit zufrieden. So geht das Leben an mir vorbei.
Manchmal wünsche ich mir, jemand anderes zu sein, jemand, der selbstbewusst ist und mit dem andere gern zusammen sein wollen, jemand, für den jeder Tag ein neues Abenteuer ist! Aber gleichzeitig habe ich Angst vor allem Neuen. Was soll ich bloß tun?
Was meinst du dazu, Tante Lilli? Kannst du mir nicht einen Rat geben? Bitte melde dich doch mal bei mir! Ich würde mich so gerne in Ruhe mit dir unterhalten.

Ich umarme dich,
deine Nichte Marie

Teilaufgabe 2.3

*Hinweis: Überlege zunächst, welche Anforderungen du bei einem **Zeitungsartikel** erfüllen musst. Grundlage deines Artikels soll das Interview mit der Autorin Mirjam Pressler sein. Du sollst **zehn interessante Aspekte** des Interviews aufgreifen und die Inhalte aus den Fragen und Antworten im Artikel verwenden. Die Reihenfolge kannst du dabei selbstverständlich verändern. Am besten fasst du zusammenpassende Inhalte im selben Abschnitt zusammen.*

*Die Hauptfunktion berichtender Texte ist zu **informieren**. Achte deshalb darauf, die Inhalte **sachlich und knapp** wiederzugeben. Du kannst dich dazu an den W-Fragen orientieren: Wer? Was? Wann? Wo? Warum?*

*Die **Zeitform** des Berichts ist das **Präteritum**. Achte darauf, Aussagen überwiegend indirekt wiederzugeben und dabei den Konjunktiv richtig zu verwenden. Bei der **Perspektive** kannst du zwischen der Ich-Form und einer neutralen Berichterstattung wählen.*

*Dein Zeitungsartikel soll überwiegend ein informierender Bericht werden. Du kannst jedoch (in Maßen) auch die eigene Haltung einfließen lassen. Deine **eigene Gedanken** kannst du entweder direkt nach der Darstellung der Antworten von Mirjam Pressler äußern oder im Schlussteil des Artikels.*

***Beginne** deinen Artikel mit den Informationen darüber, wer Mirjam Pressler ist, was sie als Interviewpartner so interessant macht und wann und wo du sie kennengelernt hast.*

Fertige nun eine Stoffsammlung für den Artikel an. Sie könnte folgendermaßen aussehen:

	Inhalt
Einleitung	Wer? Ich, Autorin Mirjam Pressler
	Was? Lesung „Nathan und seine Kinder" = Abschlussprüfungslektüre und preisgekrönter Jugendroman; anschließendes Interview
	Wann? nach der Lesung
	Wo? Bibliothek
Überleitung	Gründe fürs Bücherschreiben allgemein: für sich selbst, Spaß an Sprache und am Geschichtenerzählen
Hauptteil	Roman = Adaption eines Klassikers:
	– Arbeit daran schwierig, viel Recherche: z. B. Kreuzzüge
	Gründe für Neubearbeitung:
	– Schullektüre *Nathan der Weise* von Lessing für eigene Töchter nicht interessant („So ein Gelaber")
	– *Nathan der Weise* im Original schwer lesbar: Aneinanderreihung von Statements, ohne zu erzählen; Toleranz wird gefordert, ohne Erklärung
	– wertvoll Geschichten sollen erhalten bleiben („So gehen Geschichten, so geht die Ringparabel verloren!")
	Hauptmotiv Toleranz:
	– anderen ein Andersdenken zugestehen
	– Aktualität der Forderung nach Vernunft
	Bedeutung von Klassikern heute:
	– kulturelles Erbe, auch Kinderbuchklassiker (*Rote Zora, Huckleberry Finn*)
Überleitung	Buch zum richtigen Zeitpunkt
Schluss	Neugierig machen auf Presslers Buch; Geschichte, die nicht verloren gehen darf

✐ Überlege dir auch eine passende Überschrift für deinen Artikel.
✐ Mithilfe deiner Vorüberlegungen und der Stoffsammlung kannst du nun den Text schreiben.

Aufsatzbeispiel

Geschichten bewahren

„Autorenlesung *Nathan und seine Kinder* in der Stadtbibliothek" – diese Veranstaltung wurde vor zwei Tagen am Schwarzen Brett angekündigt. Da die genannte Lektüre dieses Jahr Thema der Abschlussprüfung sein wird, wird sicher viele unserer Leser interessieren, was ich bei dieser Lesung erfahren habe.

Etwa einhundert interessierte Jugendliche und Erwachsene versammelten sich am Mittwochnachmittag in der Stadtbibliothek, um der Autorin Mirjam Pressler zu lauschen, die ihren Jugendroman „Nathan und seine Kinder" vorstellte. Dieser wurde 2009 mit dem Buchpreis „Corine" ausgezeichnet. Im Anschluss an die etwa einstündige Lesung aus dem Buch hatte ich im Rahmen eines Interviews die Gelegenheit, die Schriftstellerin noch etwas besser kennenzulernen. Was sie über ihren jüngsten Roman und übers Bücherschreiben im Allgemeinen berichtete, könnt ihr im Folgenden lesen.

Zuerst wollte ich von Mirjam Pressler wissen, was sie überhaupt dazu bringt, Bücher zu schreiben. Sie erzählte mir, dass sie in erster Linie für sich selbst schreibe und vordergründig kein besonderes Anliegen hätte. Sie möge es einfach, zu schreiben, Geschichten zu erzählen und sich mit Sprache zu beschäftigen.

Presslers Roman „Nathan und seine Kinder" ist eine Adaption des bekannten Klassikers „Nathan der Weise" von G. E. Lessing. Auf meine Frage, ob es ihr denn nicht schwer gefallen sei, ein so bekanntes Stück neu zu erzählen, erklärte sie mir, es sei tatsächlich alles andere als leicht gewesen. Ganz im Gegenteil, für sie bedeutete der alte Stoff etwa jede Menge Recherchearbeit, z. B. zum Thema Kreuzzüge.

Dennoch wollte sie das Vorhaben anpacken. Für ihre Neubearbeitung von Lessings Werk hatte die Autorin mehrere Gründe. Hauptsächlich wollte sie mit dem Jugendroman verhindern, dass wichtige Geschichten verloren gehen. Wie sie mir berichtete, kam sie durch ihre eigenen Töchter darauf, die, als sie „Nathan der Weise" in der Schule behandelten, mit den Worten „So ein Gelaber" auf den Text reagierten und keine Lust hatten, ihn zu lesen. Frau Pressler selbst gibt zu, dass „Nathan der Weise" im Original schwer zu lesen sei. Sie kritisierte, dass darin eigentlich keine Geschichte erzählt werde, sondern nur Statements abgegeben würden, die Toleranz fordern. Was genau das bedeute und warum dies so wichtig sei, erkläre der Text aber nicht. Deshalb ist die Autorin der Meinung: „So gehen Geschichten verloren, so geht die Ringparabel verloren!" Genau dies aber will Mirjam Pressler, wie schon erwähnt, verhindern, sie will, dass die Geschichte Nathans den Menschen erhalten bleibt.

Zum schon erwähnten Hauptmotiv in „Nathan der Weise", der Toleranz, erklärte mir Frau Pressler, was sie darunter versteht – nämlich zu akzeptieren, dass andere Menschen anders denken als man selbst. Sie findet es richtig, dass Lessing in diesem Punkt an die Vernunft der Menschen appelliert. Bis heute ist diese Forderung nach Meinung der Autorin aktuell – und ich stimme ihr zu: Wenn ich mich einmal umschaue, egal, ob in der Schule, zu Hause, in der Gesellschaft oder sogar in der Welt, so scheint das Thema „Toleranz" aktueller denn je.

Zum Schluss unseres Gesprächs wollte ich von Frau Pressler noch wissen, was sie von Klassikern hält und ob es sich heutzutage überhaupt noch lohnt, diese zu lesen. Klassiker gehören zu unserem kulturellen Erbe, weshalb man nicht auf sie verzichten sollte, so Mirjam Pressler. Gerade auch Kinderbuchklassiker wie „Huckleberry Finns Abenteuer" oder die „Rote Zora" sollten ihrer Meinung nach alle Kinder kennen. „Ein bestimmtes Buch zum richtigen Zeitpunkt kann viel bewirken", gab mir die Schriftstellerin am Ende noch mit auf den Weg.

Und deshalb bin ich nach den Leseproben von Frau Pressler und dem interessanten Interview mit ihr nun ziemlich gespannt, was der Roman „Nathan und seine Kinder" uns für eine Geschichte erzählen wird. Ich hoffe, euch geht es ebenso und ihr helft mit, damit diese Geschichte nicht verloren geht.

▶ Original-Prüfungsaufgaben mit Lösungsvorschlägen

I LIKE – Facebook und sein Beitrag zur digitalen Freundlichkeit
nach einem Artikel von Franziska Reichenbecher

Neulich im Zug. Auf einer sechseinhalbstündigen Fahrt von Mittel- nach
Norddeutschland durfte ich Zeugin eines
Szenarios werden, das man als sympto-
5 matisch für den Zustand unserer Gesellschaft bezeichnen könnte. Die Haupt-
akteure: zwei dreizehnjährige Freundinnen mit ihren Smartphones auf Reisen.
Ihr Ziel: ein Kurzurlaub an der Ostsee.
10 Beinahe überflüssig zu erwähnen, dass
die Mädchen durch eine hochemotionale
Nabelschnur mit ihren Geräten verbunden waren und immer wieder versuchten, Facebook aufzurufen, um die
15 *hottesten News* aus der Peergroup[1] zu
beurteilen. So weit, so unspektakulär.

Gerade in einem Alter, in dem man seine Energie mit Vorliebe in einen ausgeprägten Widerwillen investiert, fiel es
20 den Mädchen auch diesbezüglich schwer,
eine reife Freude am bevorstehenden
Ankommen zu entwickeln. Die Quint-
essenz dieser mehrstündigen Sozial-
studie bestand jedoch nicht in der resig-
25 nierten Kenntnisnahme der ausgeprägten
Beschwerdekultur jugendlicher Bahn-
fahrerinnen allein. Stattdessen wuchs so
etwas wie dankbares Erstaunen darüber,
dass der ablehnenden Grundhaltung des
30 Alles-scheiße-Findens mit der Leidenschaft für die *Like*-Funktion[2] im sozialen Netzwerk ein echter Konkurrent
entgegentritt.

Es sind eher spontane Effekte, die uns
35 den *Like*-Button[3] betätigen lassen: Ein
Foto spricht uns an, wir mögen es auf
den ersten Blick. Es sind Gefühlsregun-
gen, die uns im Moment der Rezeption
überkommen, unwillkürliche, quasi re-
40 flexhafte Ausschläge unserer Sympathie-
kurve, die uns dazu bringen, unsere Begeisterung durch einen einfachen Klick

kundzutun. Und genauso schnell, wie
sie gekommen sind, verfliegen sie auch
45 schon. Die Aufmerksamkeit, die wir
den Facebook-Dingen schenken, ist die
eines ziemlich flüchtigen Moments.

Dan Zarrella, selbsternannter Medienwissenschaftler, ist einer unter unzähli-
50 gen Goldgräbern, die sich mit den Er-
folgsfaktoren von Facebook-Inhalten
beschäftigen. Das Destillat aus den über
1,3 Millionen Beiträgen der Top-10.000-
Facebook-Seiten im Sommer 2012, die
55 er im Dienst der gutbezahlten Wissenschaft ausgewertet hat, findet sich zu-
sammengefasst in einer hippen Info-
grafik. Und mit Abstand am meisten
geliked werden laut Zarrella Fotos. Vi-
60 deos schnitten bei der Messung sogar
noch schlechter ab als Textbeiträge, am
miesesten Links.

So vorhersehbar das erhöhte *Like*-Auf-
kommen für das visuelle und gleichzei-
65 tig zeitsparende Format des Bildes auch
sein mag, es unterstreicht die Annahme,
dass *Likes* überwiegend impulsiv erteilt
werden. Unabhängig davon, ob wir die
Dinge nun mit Inbrunst *liken* oder nur
70 aus Verlegenheit – wir tun es.

Genauso nebensächlich wie die Arten
und Intensitäten unseres Gefallens sind
auch ihre Beweggründe. Folglich sollte
man sich im Zweifelsfall vorher genau
75 überlegen, wann ein *Like* wirklich eine
gute Idee ist. Der öffentliche Wechsel
im Beziehungsstatus von Vergeben zu
Single ist so ein Grenzfall, bei dem der
Likende nicht nur den frisch Getrennten
80 verunsichern, sondern auch gleich den
eigenen Partner in Rage bringen und
sich selbst zum eingetragenen Single be-
fördern kann.

Warum aber sind wir denn überhaupt so unglaublich scharf darauf, Dinge zu *liken*? Facebook meint: „Die Dinge, die dir gefallen, runden dein Profil ab und ermöglichen es deinen Freunden dich besser kennenzulernen." Die erste Annahme, die dieser Begründung vorgeschaltet ist, Offline- und Online-Ich sind prinzipiell eins zu eins repräsentierbar – was ich im echten Leben mag, das kann ich auch auf Facebook *liken* und dadurch mein virtuelles Spiegelbild kreieren. Zweite Annahme, nicht weniger banal: Mein Facebook-Profil entspricht genau dann meiner Persönlichkeit, wenn ich es gewissenhaft und vollständig mit Informationen ausfülle. Drittens: Es existiert eine bestimmte Authentizität meines Facebook-Selbst, die ich durch öffentliche Mitteilung ausdrücken kann. Die Wahrheit über meine Person kommt durch das Betätigen des *Like*-Buttons ans Licht. Viertens: Es besteht ein Interesse seitens meiner „Freunde", mich auf diesem Wege kennenzulernen.

Liken ist keine Einbahnstraße: Wer etwas postet, erwartet *Likes*. Und wer etwas *liked*, der fordert indirekt auch zu einer Gegenreaktion auf, immerhin weiß er, dass der Urheber des *gelikten* Beitrags sofort über diesen Vorgang in Kenntnis gesetzt wird. Begreifen wir Facebook-*Likes* als Ausdruck einer solchen sozialen Höflichkeit, dann setzt diese womöglich auch eine allseitige Rücksichtnahme darauf voraus, dass wir uns alle in sozialen Netzwerken tummeln, um gemocht zu werden. Weshalb uns das *Geliked*-Werden so angenehm den Rücken runterrieselt, muss man eigentlich nicht erst erklären. Wessen Foto oder Statusmitteilung *geliked* wird, der fühlt sich belohnt – aber wofür? Sehr oft nicht unbedingt für künstlerische, geistreiche oder kritische Inhalte, sondern schlicht und ergreifend für seinen Geschmack. Wer einen Beitrag auswählt und postet, der demonstriert einen bestimmten (aus eigener Sicht guten) Geschmack und hofft dabei auf dessen Anerkennung. Damit rückversichern sich sowohl *Likende* als auch *Gelikede* gegenseitig und stärken ihre (virtuelle) soziale Bindung. Was andere darüber aussagen, was wir über uns selbst aussagen, wird so zu einer Art Referenzliste nach dem Motto: UND FOLGENDE FREUNDE FINDEN MICH GUT. Auf diese Weise konstruieren sowohl die *Likes*, die wir selbst tätigen, als auch die, die wir von anderen erhalten, unser Facebook-Ich.

Vielen fehlt jedoch ein *Dislike*-Button[4]. Aber es gibt Gründe dafür, warum sich die Befürworter (bisher) nicht durchgesetzt haben. Der offensichtlichste: das Fehlen des *Dislike*-Buttons erklärt sich durch das Gewinnmodell der Gattung *Social Media* selbst. Hier geht's ums Netzwerken, Teilen, Gruscheln[5] und Stupsen – kurz: ums Beliebtsein. Ein *Dislike*-Button würde das gesamte System mit schlechtem Karma sabotieren und Facebook der Gefahr aussetzen, zum Anti-Social-Network zu mutieren und über kurz oder lang Marktanteile zu verlieren.

Die Figur des *Like*-Buttons erstreckt ihre Ausläufer in den alltäglichen Sprachgebrauch, findet sich als Kultmotiv auf Tassen und Unterwäsche wieder und hat sich in den Köpfen der Facebook-*User*[6] als Emblem digitaler Anerkennung etabliert.

Begreifen wir Facebook-*Likes* also zur Abwechslung als Elemente einer positiven Bekenntniskultur, die durch Wohlwollen, Freundlichkeit und Anstand am Laufen gehalten wird und in der sich die Menschen nicht in negativer Distanz von etwas ab-, sondern bejahend den Dingen zuwenden. Wenn wir uns sonst schon nicht mehr entscheiden können oder wollen, tut es doch ganz gut, sich einfach mal vom ständigen Nörgeln zu entlasten und anderen stattdessen eine Freude zu machen. Insofern erfüllt das *Liken* lediglich unser Bedürfnis nach einem Weg, so etwas wie Sicherheit darüber zu erlangen, dass wir die Wirklich-

keit nicht vollkommen verdreht wahrnehmen. Unsere Welt ist nichts anderes
185 als das, was uns gemeinsam gefällt.
Wenn sich also das nächste Mal Teenager lauthals über alles und jeden be-

schweren, dann denken wir daran, dass sie dank Facebook wenigstens nicht
190 vergessen können, dass es wichtig ist, zwischendurch auch mal etwas gut zu finden.

Quelle: Die Epilog. Nr. 1. Mads Pankow Verlag. Juni–August 2013, S. 38 ff.

1 Bezugsgruppe, welche sich aus Menschen ähnlichen Alters zusammensetzt und deren Mitglieder ein freundschaftliches Verhältnis verbindet

2 Das deutschsprachige Online-Netzwerk Facebook erläutert, was es genau bedeutet, „wenn mir etwas gefällt", folgendermaßen: „Wenn du unter einem Beitrag [...] ‚gefällt mir' klickst, teilst du anderen damit mit, dass du diesen Beitrag positiv bewertest [...]." Den Vorgang nennt man *liken*.

3 dt. Schaltfläche

4 Schaltfläche, mit der man sein Missfallen (Gefällt mir nicht.) ausdrücken kann

5 (innerhalb eines Netzwerks im Internet) aufs Innigste, in liebevoller Weise grüßen; Zusammensetzung aus „grüßen" und „kuscheln"

6 dt. Nutzer

Anmerkung: Obwohl die Duden-Redaktion die Schreibweise „gelikt" empfiehlt, wurde der Text orthographisch nicht verändert.

Teil 1: Pflichtteil (Textverständnis)   **(gesamt 20 BE)**

Hinweis: Orthografie und Grammatik werden mit 2 BE bewertet.

1. Beschreiben Sie die Situation, die Franziska Reichenbecher inspirierte,
    den vorliegenden Text zu schreiben.   2 BE

2. Ab Zeile 10 heißt es: „... *dass die Mädchen durch eine hochemotionale
    Nabelschnur mit ihren Geräten verbunden waren* ...“.
    Notieren Sie die Aussage, die diesem sprachlichen Bild entspricht.

    Das sprachliche Bild entspricht hier ...
    ... einer besonderen, kabellosen Verbindung von zwei Smartphones zur
        schnellen Datenübertragung im Zug, z. B. Nachrichten.
    ... einer im Zug beobachteten, leidenschaftlichen Beziehung der Mädchen
        zu ihren Smartphones.
    ... einer speziellen biotechnischen Verknüpfung von menschlichem Gehirn
        und Smartphones in Zügen.
    ... einer starken Verärgerung der Mädchen über Nutzungseinschränkungen
        von Netzwerken für Jugendliche im Zug.   1 BE

3. In Norddeutschland angekommen, stellt die Autorin einen Widerspruch
    zwischen ihrer bisherigen Sichtweise auf das Verhalten Jugendlicher und
    dem soeben Erlebten fest. Formulieren Sie diesen Widerspruch mit eigenen
    Worten.   2 BE

4. Notieren Sie mindestens vier in den Zeilen 109–144 genannte Beweggründe,
    Facebook-Inhalte zu *liken*.   2 BE

5. Dan Zarrella hat untersucht, welche Beitragsarten von den Facebook-
    Nutzern am meisten *geliked* werden. Notieren Sie diese Beitragsarten in der
    Reihenfolge ihrer Beliebtheit.   1 BE

6. „*Die Dinge, die dir gefallen, runden dein Profil ab und ermöglichen es
    deinen Freunden, dich besser kennenzulernen*“, so die Aussage von
    Facebook. (Zeilen 86–89)
    Skizzieren Sie die vier Annahmen in Stichpunkten, die dies laut Text ermög-
    lichen sollen.   2 BE

7. Die Autorin kann den Verzicht der Facebook-Verantwortlichen auf einen
    Dislike-Button nachvollziehen. Begründen Sie mit eigenen Worten, warum
    den Nutzern von Facebook kein *Dislike*-Button zur Verfügung gestellt wird.   2 BE

8. Im letzten Abschnitt des Textes positioniert sich die Autorin zusammen-
    fassend zum Facebook-*Liken*. Erläutern Sie die Sichtweise der Autorin.   3 BE

9. Beurteilen Sie die Angemessenheit der Verwendung von Anglizismen in
    Bezug auf die im Text vorgestellte Thematik.   3 BE

Teil 2: Wahlteil (Textproduktion)   **(gesamt 30 BE)**

Wählen Sie **eines** der folgenden Themen 1, 2 oder 3 aus.

Thema 1

**Ein Gespräch mit Karl von Moor –
einer Figur aus dem Drama „Die Räuber" von Friedrich Schiller**

Bildquellen: Stefan Srb (Illustration Karl Moor),
Wikipedia: Foto H.-P. Haack (Titelblatt des Erstdruckes)

Karl von Moor stellt sich am Ende des Dramas freiwillig der Justiz.

Stellen Sie sich vor, Karl von Moor wird mit einem Gefängniswagen in die weit entfernte Stadt gebracht.

Sie begleiten ihn auf diesem Weg und sprechen mit ihm über sein widersprüchliches Leben und die Folgen seines Handelns.

Schreiben Sie den Dialog, der zwischen Ihnen und Karl von Moor geführt wird. Beachten Sie, dass Sie sich als Gesprächspartner ebenfalls positionieren.

Thema 2

Ein Trend – zwei Meinungen: „World of Warcraft" fürs Klassenzimmer

von unserem WEB.DE Redaktionsmitglied Andreas Maciejewski

Shawn Young hat sich etwas ganz Besonderes einfallen lassen, um seine Schüler zu motivieren. Der Highschool-Physiklehrer aus Sherbrooke in Quebec/Kanada hat das Spiel „World of Classcraft" entwickelt, das sich an dem weltweit erfolgreichsten Online-Rollenspiel „World of Warcraft" orientiert. „Das Ziel des Spiels ist es, echte Macht aufzubauen und das Klassenzimmer in ein Abenteuer zu verwandeln", sagt Young.

Young ist selbst leidenschaftlicher *Gamer[1]*. Für „World of Classcraft" hat er ein komplexes Talent- und Charaktersystem entwickelt. Die Schüler können – wie bei Online-Rollenspielen üblich – Erfahrungspunkte (EP) sammeln, haben eine bestimmte Anzahl an Gesundheitspunkten (HP) und ihnen stehen Aktionspunkte (AP) zur Verfügung, um Aufgaben zu lösen. Um Erfahrungspunkte zu sammeln, müssen die Schüler gegen Monster (Hausaufgaben) und Endgegner (Schularbeiten) kämpfen. Bei 1 000 gesammelten Erfahrungspunkten erreichen die Schüler die nächste Stufe.

Doch die Motivation der Schüler kommt nicht alleine vom Spielen. Sie werden für gute Leistungen auch belohnt – umgekehrt werden sie bei schlechten Leistungen bestraft. Die Erfahrungspunkte verteilt der *„game master"* – diese Position nimmt Shawn Young ein. Zum Beispiel bei einer richtigen Antwort auf eine Frage bekommt ein Schüler 60 Erfahrungspunkte. Sollte einer zu spät zum Unterricht kommen, werden ihm zehn Gesundheitspunkte abgezogen – beim Vergessen der Hausaufgaben sogar 30.

Der Strafen- und Belohnungskatalog von „World of Classcraft" ist lang. Die Schüler werden zum Beispiel mit der Erlaubnis im Unterricht zu trinken oder mit früherem Unterrichtsende belohnt. Die Strafen haben es aber in sich. Sollte ein Spieler alle seine Gesundheitspunkte verloren haben, dann drohen ihm ernsthafte Konsequenzen. Das Abschreiben eines Textes ist dabei noch das geringste Übel. Laut Regelwerk kann es auch vorkommen, dass ein Schüler am Samstagmorgen nachsitzen muss. Um solch eine harte Strafe zu kassieren, muss ein Schüler aber richtig schlechte Leistungen an den Tag legen.

„Schüler, die nicht spielen wollen, müssen auch nicht mitspielen", sagt Young. Etwa jeder Zehnte habe keine Lust auf „World of Classcraft". „Unsere Erfahrung zeigt aber, dass die Schüler – auch die Mädchen – sehr motiviert am Spiel teilnehmen", sagt Young.

Quelle: web.de/magazine/beruf/bildung 12.03.2013

Das Online-Magazin Ihrer Schule widmet sich dem Thema „World of Classcraft". Darin sollen Befürworter und Gegner dieses Rollenspiels zu Wort kommen.

Schreiben Sie jeweils einen Leserbrief aus der Sicht eines Befürworters und eines Gegners. Nehmen Sie in beiden Briefen begründet Stellung. Beziehen Sie den Ausgangstext in Ihre Argumentationen ein.

---

1 dt. Computerspieler

Thema 3

Beteiligen Sie sich mit einem ausführlichen Beitrag an diesem Wettbewerb.

Lösungsvorschläge

Teil 1: Pflichtteil (Textverständnis)

1. Franziska Reichenbecher befand sich auf einer sechseinhalbstündigen Zugfahrt von Mittel- nach Norddeutschland. Dort beobachtete sie zwei dreizehnjährige Mädchen, die mit ihren Smartphones versuchten Facebook aufzurufen, um Neuigkeiten von Freunden und anderen Jugendlichen zu beurteilen.

   Hinweis: Der Operator „Beschreibe" bedeutet, du musst in vollständigen Sätzen antworten. Du findest die Lösung im Ausgangstext in den Zeilen 1–8.

2. Das sprachliche Bild entspricht hier …
   … einer im Zug beobachteten, leidenschaftlichen Beziehung der Mädchen zu ihren Smartphones.

   Hinweis: „Hochemotional" bedeutet „mit starken Gefühlen verbunden", also „leidenschaftlich". Die „Nabelschnur" steht hier sinnbildlich für eine Verbindung zu etwas, das einem sehr wichtig ist. In diesem Fall sind es die Smartphones, die den Mädchen viel bedeuten.

3. Der Widerspruch besteht darin, dass die Mädchen, die vielen Dingen abgeneigt gegenüberstehen und denen es etwa schwerfällt, sich über die baldige Ankunft zu freuen, gleichzeitig ein soziales Netzwerk und viele seiner Inhalte äußerst positiv sehen. Es geht um den Kontrast zwischen der Ablehnung von fast allem, die bei Jugendlichen häufig ist, und gleichzeitig offener Zuwendung zum „Liken", also zum „Gutfinden". Einerseits wird sehr vieles als schlecht bewertet und andererseits wird fast alles für gut und interessant befunden, wenn es im sozialen Netzwerk auftaucht.

   Hinweis: Der Widerspruch ist in den Zeilen 17–33 dargestellt. Formuliere ihn mit eigenen Worten.

4. Es gibt mehrere Bewegründe auf Facebook Inhalte zu liken:
   - „Like for like": in der Jugendkultur so genannt, ist Erwartung einer Gegenreaktion auf einen eigenen Like
   - Gefühl der Belohnung, wenn etwas von einem selbst Gepostetes gelikt wird
   - Anerkennung des Geschmacks anderer beziehungsweise Gefühl der Akzeptanz des eigenen Geschmacks durch andere
   - Rückversicherung und Stärkung der gegenseitigen virtuellen Bindung
   - Konstruktion des „Facebook-Ich" (Facebook-Identität) durch eigene Likes und von anderen erhaltene Likes

   Hinweis: Mehrere Antworten sind möglich. Wähle mindestens vier aus, um alle BE zu erhalten. „Notieren" bedeutet, du kannst in Stichpunkten schreiben oder auch in ganzen Sätzen antworten.

5. 1: Fotos, 2: Textbeiträge, 3: Videos, 4: Links

   Hinweis: Die Lösung findest du in den Zeilen 59–62. „Notieren" bedeutet, du kannst Stichpunkte aufschreiben oder im ganzen Satz antworten.

6. Annahme 1: Online-Ich repräsentiert exakt das Offline-Ich, ist virtuelles Spiegelbild
   Annahme 2: bei gewissenhafter, vollständiger Information entspricht Facebook-Profil eigener Persönlichkeit
   Annahme 3: Echtheit (Authentizität) des Facebook-Ich durch öffentliche Meinungsäußerung, Likes offenbaren Wahrheit über eigene Person
   Annahme 4: Wunsch anderer, jemanden durch sein Facebook-Profil kennenzulernen

Hinweis: Du findest die nötigen Informationen in den Zeilen 89–108. Formuliere sie in eigenen Worten. „Skizzieren" bedeutet, du kannst hier stichpunktartig antworten.

7. Den Nutzern von Facebook wird kein Dislike-Button zur Verfügung gestellt, um den positiven Aspekt der Social Media zu erhalten. Würde man diesen Button einführen, könnte das für schlechte Stimmung innerhalb des Netzwerks sorgen. Auch wäre denkbar, dass sich viele User abmelden, da niemand ihre Fotos oder Beiträge likt, sondern nur noch dislikt. Das hätte womöglich zur Folge, dass Facebook sich zum „Anti-Social-Network" entwickeln und dadurch Marktanteile verlieren würde.

Hinweis: Hier wird von dir verlangt, dass du im Text genannte Gründe ausführst, die gegen den „Dislike-Button" sprechen. Du findest die Informationen in den Zeilen 145–159. Formuliere deine Antwort schlüssig in eigenen Worten.

8. Die Autorin des Artikels beurteilt das Facebook-Liken insgesamt durchaus positiv. Die so geäußerte Zustimmung anderer kann einem zeigen, dass diese bestimmte Dinge genauso sehen wie man selbst. Auf diese Weise können die Likes einem Sicherheit verschaffen und darüber hinaus ein Gemeinschaftsgefühl erzeugen. Das findet Franziska Reichenbecher gut.
Außerdem stärkt die Bestätigung durch andere in Form von Likes das Selbstwertgefühl und gibt einem das Gefühl von Anerkennung.
Die Autorin hebt zudem hervor, dass es sich um eine positive Abwechslung im Zusammenleben handelt, bei der sich Menschen einmal nicht negativ von etwas abwenden, sondern bejahend den Dingen zuwenden. So wird der Alltag etwas vom ständigen Nörgeln befreit. Stattdessen kann man durch die Likes anderen Freude bereiten. Frau Reichenbecher hält es für wichtig, dass man Dinge gut findet und das auch äußert.

Hinweis: Die Meinung der Autorin findest du ab Zeile 167 bis zum Schluss. Beim Erläutern ist über eine bloße wörtliche Wiederholung des im Text Gesagten hinauszugehen.

9. Die Verwendung von Anglizismen in diesem Text ist angemessen. Wörter wie „Facebook", „Social Network" oder „Smartphone" sind zentral für den Textinhalt und es wäre nicht sinnvoll, diese zu übersetzen. Es sind Fachbegriffe und Eigennamen, die international verwendet werden.
Das „like" dagegen könnte man gut durch „gefällt mir" übersetzen. Doch „like" hat sich mittlerweile durchgesetzt und es wurden daraus neue, nur schwer übersetzbare Begriffe wie „Likes" oder „gelikt" gebildet. Zudem verbindet man diese Wörter automatisch mit Facebook, viel mehr als die deutsche Übersetzung „gefällt mir".
Leser, die Facebook nutzen, verstehen den Text problemlos. Für Leute, die nicht mit dem sozialen Netzwerk vertraut sind, könnte sich das Textverständnis, gerade durch die Anglizismen, allerdings etwas schwierig gestalten.

*Hinweis: „Beurteile" bedeutet, dass du selbst eine Einschätzung treffen und sie begründet darstellen musst. Beachte bei der Beantwortung, dass es um das Pro und Kontra der Verwendung von Anglizismen in diesem Text geht. Mögliche **Pro-Argumente**: Fachsprache, normal für User und Jugendliche, überwiegend allgemein bekannt, schräg gedruckt und gut erkennbar; mögliche **Kontra-Argumente**: Vorwissen notwendig, englische Fachbegriffe nicht jedem geläufig, teilweise Übersetzung möglich.*

Teil 2: Wahlteil (Textproduktion)

Thema 1 – Friedrich Schiller „Die Räuber"

Hinweis: Überlege, welche Anforderungen die in der Aufgabe geforderte Textsorte, ein Gespräch (Dialog), an dich stellt, und berücksichtige beim Schreiben die Textsortenmerkmale (Hinwendung zum Adressaten, eher mündliche Sprache etc.).

Das Gespräch findet zwischen Karl von Moor, einer Figur aus dem Drama „Die Räuber" von Friedrich Schiller, und dir statt. Nachdem sich Karl von Moor am Ende des Dramas freiwillig der Justiz gestellt hat, wird er im Gefängniswagen in die Stadt gebracht. Währenddessen sprichst du mit ihm über sein widersprüchliches Leben. Der Widerspruch wird in der Grafik, die Teil der Aufgabenstellung ist, bereits angedeutet: Er besteht darin, dass Karl von Moor auf der einen Seite ein freiheits- und menschenliebender Rebell ist und auf der anderen Seite ein skrupelloser Räuberhauptmann. Gehe in deinem Text auf Details dieser widersprüchlichen Persönlichkeit und das entsprechende Handeln Karl von Moors ein, die du aus dem Dramentext kennst. Als Gesprächspartner sollst du dich zu Karl von Moors Aussagen auch positionieren, also dazu Stellung nehmen.

Achte außerdem darauf, dass du ein „echtes" Gespräch, kein Interview mit Wechsel von Frage und Antwort schreibst. Denke auch daran, dich möglichst an Sprache und Stil der Figur, die dir aus dem Drama bekannt sind, anzunähern.

*– Beginne mit einem passenden **Einstieg** ins Gespräch.*

*– Gehe im **Hauptteil** auf die **Widersprüchlichkeiten** der Figur Karl von Moors ein, **benenne** sie und **arbeite sie** an Beispielen **heraus**. Zeige auch **Folgen** seines widersprüchlichen Handelns an Beispielen auf.*

*– Achte auf einen **eigenen Standpunkt** sowie die **Ich-Perspektive**, wenn du „mit Karl von Moor sprichst".*

*– Lass das Gespräch am **Schluss** sich am Drama orientierend enden.*

Deine Stoffsammlung könnte folgendermaßen aussehen:

W-Fragen	Mögliche Antwort
Wer ist der Begleiter?	Gendarm, Pfarrer, Mitgefangener, Berichterstatter …
Warum war Karl ein freiheits- und menschenliebender Rebell?	Karl ist jung, gebildet, charismatisch, will sich nicht in die Zwänge der Gesellschaft begeben. Karl spürt die Treue seiner Räuber wie Schweizer und Roller, die ihr Leben für ihn gegeben haben.
Wogegen hat Karl rebelliert?	Rebellion gegen • die gesellschaftlichen Zustände (absolutistische Gesellschaft): Räuber nahmen von den Reichen, gaben den Armen • gegen gesellschaftliche Regeln: Karl liebt die Freiheit, will sich durch nichts und niemanden einschränken lassen • gegen die Kirche als Institution • gegen den Vater: macht sich nichts aus Geld, studiert lieber in Leipzig, anstatt die ihm angedachten Aufgaben zu übernehmen

Was macht Karl zum skrupellosen Räuberhauptmann?	Karl hat: • Verantwortung für Klosterüberfall und Vergewaltigung der Nonnen • Verantwortung für Tod des Kindes im Feuer • Schuld an Sprengung des Pulverturms zur Rettung Rollers, aber damit Tod unbescholtener Bürger auf dem Gewissen
Welche Folgen hat sein Handeln?	Karl will: • Konsequenzen tragen • Verantwortung übernehmen • sich Justiz stellen • einem Mann mit 11 Kindern Gutes tun → Kopfgeld (*„Dem Mann kann geholfen werden!"*)

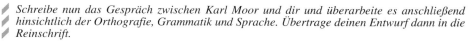

Schreibe nun das Gespräch zwischen Karl Moor und dir und überarbeite es anschließend hinsichtlich der Orthografie, Grammatik und Sprache. Übertrage deinen Entwurf dann in die Reinschrift.

Beispieltext für ein Gespräch mit Karl Moor:

In meiner Aufgabe als Berichterstatter des Leipziger Volksboten habe ich heute die Gelegenheit, den berühmt-berüchtigten Räuberhauptmann Karl von Moor auf seinem Weg in die Stadt zu begleiten, wo er seinem gerechten Urteil zugeführt werden soll. Meine Leser brennen auf Nachrichten über diesen Unmenschen. Schließlich hat er eine Menge unschuldiger Seelen auf dem Gewissen. Den Wärtern habe ich ein paar Taler zugesteckt und somit darf ich den ganzen Weg neben dem Wagen her reiten und von Moor meine Fragen stellen. Ah, da kommen sie schon und es kann losgehen.

ICH: Gott zum Gruße Herr von Moor, mein Name ist Wilhelm Birnbaum und ich bin Berichterstatter des Leipziger Volksboten. Gestatten Sie, dass ich Sie auf Ihrem Weg begleite und Ihnen ein paar Fragen zu Ihrem Leben stelle? Es kursieren ja viele Schauergeschichten über Sie und Ihre Räuberbande und meine Leser würden gern etwas mehr darüber erfahren.

MOOR: Na, sicher dürfen Sie. Aber nennen Sie mich ruhig Karl, denn Sie müssen sich auf eine lange Geschichte gefasst machen, sodass der Tag bestimmt zur Neige geht, bis ich Ihnen alles erzählt habe.

ICH: Nun ja, beginnen wir doch einfach am Anfang. Sie kommen doch aus gutem Hause, Karl. Sie haben ein angenehmes Äußeres, sind klug und man sollte meinen, Ihnen steht die ganze Welt offen. Wie konnten Sie nur so auf die schiefe Bahn geraten?

MOOR: Nun, das Leben auf dem Schloss meines Vaters empfand ich immer als einengend und verstaubt. Täglich nur Pflichten und die Sorge um den Erhalt des Gutshofes. Als erstgeborener Sohn wurden mir die Aufgaben automatisch übertragen. Ich wollte aber etwas erleben, reisen, neue Orte und Menschen kennenlernen und, ich gebe es zu, einem guten Becher Wein bin ich auch nicht abgeneigt. Und dann war da noch Amalia, ein Traum von einem Weib, engelsgleich. Ich liebe sie und ich liebe meinen Vater. Aber ich war einfach noch nicht bereit für Ehe und Familie, für Haus und Hof. Ich wollte das Leben genießen.

ICH: Das ist ja interessant. Und da sind Sie aus dem heimischen Schloss geflüchtet und haben sich die Freiheit einfach genommen?

MOOR: Genau, ich bin nach Leipzig zum Studium. Na gut, das Studium selbst war fast Nebensache. Ich hatte viele tolle Freunde und wir haben tüchtig gefeiert. Natürlich ging mir irgendwann das Geld aus, denn so ein Studentenleben ist ganz schön kostspielig. Ich entschloss mich schließlich, meinem Vater einen Brief zu schreiben, in dem ich ihn um Verständnis und Vergebung bat und natürlich um Unterstützung.

ICH: Ich nehme an, er hat Ihren jugendlichen Leichtsinn verstanden und Ihnen etwas Geld geschickt? Schließlich liebt er Sie doch abgöttisch.

MOOR: Ach wo, ganz im Gegenteil. Ich glaubte meinen Augen nicht zu trauen, als ich die Antwort von meinem Vater bekam. Er beschimpfte mich aufs Übelste und hat mich in seinem Brief sogar enterbt. Nie wieder sollte ich ihm unter die Augen treten.

ICH: Das ist ja furchtbar! Muss schlimm für Sie gewesen sein. Aber deswegen wird man doch noch nicht Räuberhauptmann und Krimineller …?

MOOR: Für mich war es der Anfang vom Unglück, denn von da ab rannte ich mit offenen Augen in mein Verderben. Ich war sehr verzweifelt über den Brief und fühlte mich schrecklich allein, von meiner Familie im Stich gelassen. Mir blieben praktisch nur meine Freunde aus der Studentenkneipe. In meinem schwächsten Moment schlug der Spiegelberg da vor, eine Räuberbande zu gründen und durch die Wälder zu ziehen. Ich stand der Sache skeptisch gegenüber – doch was sollte ich machen? Kein Geld, keine Familie, keine Zukunft! Was sollte ich machen? Wo sollte ich hin? Und als meine Kumpanen mich schließlich zu ihrem Hauptmann wählten, lief die Sache von selbst.

ICH: Jetzt wird mir einiges klarer. Sie scheinen mir doch grundsätzlich kein schlechter Mensch zu sein. Wenn ich aber von den Gräueltaten höre, die Sie und Ihre Bande verübt haben, will ich es gar nicht glauben.

MOOR: Nun ja, am Anfang fühlte ich mich auch etwas wie Robin Hood. Wir nahmen von denen, die ohnehin genug hatten und denen es nicht fehlte, und gaben den armen Leuten, die es dringend brauchten. Für uns fiel immer noch genug ab. Der Wendepunkt kam eigentlich mit Rollers Gefangennahme. Ich hörte davon, dass sie ihn an den Galgen bringen wollten. Das konnte ich doch nicht zulassen, wir mussten ihn befreien. Zu meinem großen Bedauern ging die Stadt in Flammen auf und viele unschuldige Menschen starben.

ICH: An diesem Punkt hätten Sie spätestens aufgeben müssen, Karl! Sie wussten doch genau, dass hier ein großes Unrecht geschieht.

MOOR: Ja. Sie schickten einen Pater, der meinen Leuten Vergebung versprach, wenn sie mich ausliefern. Aber so funktioniert das bei einer Räuberbande nun mal nicht. Es lag nicht mehr in meiner Macht. Mit dem Ruf „Tod oder Freiheit" stürzten sich meine Männer in den Kampf. In der Schlacht kamen viele ums Leben, auch der erst von uns gerettete Roller.

ICH: Da sehen Sie das Unglück! Auf beiden Seiten starben Menschen. Dass das Sie nicht wachgerüttelt hat! War es das alles wert? Und was war inzwischen eigentlich mit Ihrer Familie? Hatten sie denn noch einmal Kontakt, um sich vielleicht doch noch zu versöhnen? Oder haben Sie sie tatsächlich nicht mehr gesehen?

MOOR: Die Erinnerung an meine Familie kam durch eine seltsame Begebenheit in mir hoch. Nach der Schlacht war ich zunächst ermüdet und verzweifelt. Da traf ein junger Adliger mit dem Namen Kosinsky bei uns ein, mit der Absicht, sich uns anzuschließen. Ich belehrte ihn noch, dass sich nur ein Mensch, der völlig ohne Hoffnung sei, auf einen solch „schrecklichen Bund" einlassen könne. Darauf erzählte Kosinsky den Räubern und mir seine Lebensgeschichte, und ich erkannte die Ähnlichkeit zu der meinen. Als Kosinsky schließlich von seiner Geliebten namens Amalia erzählte, konnte ich nicht anders. Sofort beschloss ich, nach Hause zurückzukehren, um dort nach meiner Amalia zu sehen.

ICH: Als verbannter Sohn und Räuberhauptmann wieder heimzukehren ist aber auch ein gewagter Schritt. Ich hoffe, alles ging gut und die Freude bei Amalia und Ihrem Vater, Sie nach so langer Zeit wiederzusehen, war groß. Gab es denn eine Möglichkeit, sich mit allen auszusöhnen?

MOOR: Leider nicht. Ach, wäre ich nur nie zurückgekehrt! Was musste ich von unserem alten Diener, der mich an einer Narbe erkannte, alles hören. Mein Bruder hatte mich schamlos hintergangen, um an die Macht zu gelangen. Unseren Vater hatte er in einen Turm eingesperrt und – man stelle sich das vor – er wollte ihn verhungern lassen. Meine süße Amalia wollte er mit Gewalt nehmen. Ach Amalia! Wenigstens sie liebte mich noch immer, ich konnte es ganz stark spüren.

ICH: Aufrechter Menschenfreund, der Sie ja trotz allem wohl im tiefsten Inneren sind, hatten Sie da nicht sofort den Wunsch, Ihre Lieben zu befreien und ein besseres Leben zu beginnen? Die Vergebung Ihres Vaters und Amalias waren Ihnen doch sicher gewiss.

MOOR: Zu spät, es war bereits zu spät. Als ich meine Identität preisgab und offenbarte, dass der Räuberhauptmann ich bin, starb mein armer alter Vater vor Entsetzen. Amalia dagegen konnte mir tatsächlich verzeihen und wollte wieder mit mir zusammenleben. Aber …

ICH: Aber nun ist auch sie tot, nicht wahr? Ich verstehe aber noch immer nicht, warum. Wie konnten Sie die einzige Person, die Sie noch liebte und die Sie selbst so liebten, nur ermorden?

MOOR: Ich hatte doch meinen Eid geschworen. Ich war meinen Räubern verpflichtet, auf ewig. So sehr ich auch gewollt hätte, ich konnte nicht zu Amalia. Sie jedoch wollte nicht ohne mich weiterleben. Sie selbst bat mich, sie zu töten und sie zu erlösen. Sie hatte alles verloren: ihre Familie, ihr Zuhause und ihre Liebe. Natürlich zögerte ich. Doch nachdem einer der Räuber Amalia ans Leben wollte, wusste ich, dass ich es ihr schuldig war – und tötete sie.

ICH: Das ist ja furchtbar! Wie kann man so verzweifelt sein, dass man seine große Liebe tötet? Nun wird mir auch klar, warum Sie sich gestellt haben und somit in den sicheren Tod gehen.

MOOR: Ja, in dem Augenblick wusste ich, dass mein Leben verwirkt ist. Ich sehe keinen Sinn mehr darin. Auch ich habe alles verloren. So beschloss ich, ein letztes gutes Werk zu tun, indem ich mich an einen armen Tagelöhner ausgeliefert habe. Mit dem Kopfgeld, welches auf mich ausgesetzt war, kann er nun seine elf Kinder ernähren. So kann ich wenigstens noch eine gute Tat vollbringen und mein nutzloses, zerstörtes Leben hat am Ende einen Sinn.

ICH: Lieber Karl, ich bin erschüttert von Ihrem Schicksal. Nach dieser Geschichte kann ich Sie nicht mehr als gierigen Räuber und kaltblütigen Mörder sehen. Sie waren ein Idealist und sind gescheitert. Eine Verkettung von Intrigen und unglücklichen Ereignissen hat Ihr Leben und das Leben Ihrer Lieben zerstört. Welch Elend! Und angesichts dieses Unglücks übernehmen Sie doch die Verantwortung für Ihr Handeln, stellen sich für Ihre Missetaten und tun Buße dafür. Das verdient meinen Respekt. Leben Sie wohl, lieber Karl. Ich werde in meinem Bericht den Menschen das wahre Gesicht des Räuberhauptmanns Karl von Moor aufzeigen.

MOOR: Vielen Dank – auch für Ihr offenes Ohr. Leben Sie wohl!

Thema 2 – „World of Classcraft"

Hinweis: In der Aufgabe wird verlangt, dass du dich mit dem Thema „World of Classcraft" **erörternd (argumentativ)** *auseinandersetzt. Du sollst zwei Leserbriefe an das Online-Magazin deiner Schule schreiben, einen aus der Sicht eines Befürworters, den anderen aus der Sicht eines Gegners. Dabei sollst du auf den Ausgangstext Bezug nehmen und in beiden Leserbriefen begründet Stellung nehmen.*

*Überlege, welche **Anforderungen** bezüglich Inhalt, Aufbau, Form und Sprache du beim Schreiben dieser Briefe beachten musst.*

– *Die Gestaltung eines Briefkopfes mit der Adresse des Absenders und des Empfängers sind hierbei nicht notwendig. Achte jedoch auf eine passende **Anrede**.*

– *Schreibe in der **Ich-Form**.*

– *Formuliere in der **Einleitung** deines Briefes den Anlass des Schreibens (Gegner/Befürworter des Rollenspiels).*

– *Im **Hauptteil** führst du alle Angaben aus, die du dem Leser mitteilen willst, um ihn von der jeweiligen Position zu überzeugen: im ersten Leserbrief (**Pro**) alle Fakten, die das Rollenspiel befürworten, im zweiten Leserbrief (**Kontra**) deine Bedenken in Bezug auf das Rollenspiel.*

– *Arbeite in beiden Leserbriefen mit **Beispielen** aus dem **Ausgangstext**.*

– *Beginne für jeden neuen Gedanken einen **neuen Absatz**.*

– *Nimm jeweils **begründet Stellung**, einmal als Befürworter, einmal als Gegner des Rollenspiels. Die Stellungnahme kann den Schlussteil des Briefes bilden.*

– *Beende die Briefe mit einer höflichen **Grußformel** und der **Unterschrift** des Schreibenden.*

– *Achte bei der sprachlichen Gestaltung auf eine **sachliche und logische Argumentation**.*

Fertige nun eine Stoffsammlung an. Diese könnte folgendermaßen aussehen:

	Inhalt – Befürworter		Inhalt – Gegner
Einleitung	**Anrede:**	Sehr geehrte Redaktion	
	Schreibanlass:	Thema „World of Classcraft" im Online-Magazin, Befürworter und Gegner sollen zu Wort kommen Artikel vom 12. 03. 2013	
Überleitung	Überzeugung von Art und Weise der Motivation		Entsetzen über Leichtfertigkeit im Umgang mit Thema Unterricht und Lernen
Hauptteil	• Motivation zum Lernen vereinfacht • Erfahrungspunkte statt Lob und Noten • Regeln Schülern durch Freizeitspiele vertraut → Lebenswelt der Schüler • Anreiz zum Sammeln von Erfahrungspunkten durch Möglichkeit des Erreichen höheren Levels • Konkurrenzkampf als Ansporn • Bestrafung durch Gesundheitspunkte und vorzeitiges Ausscheiden aus dem Spiel		• Wichtigkeit von Spaß und Motivation für Lernen • Schule als Ort der Bildung • Vermittlung von Lehren für das Leben: Leben ist kein Spiel • Ablenkung • Punktegewinn • Bestrafung sinnvoll? Ordnung und Disziplin durch Punkteabzug?
Überleitung	Lernerfolge denkbar bei sorgsamen Einsatz		Verantwortungslosigkeit, Ablehnung, Verbot Schule: Ort des Lernens, bereitet auf „echtes" Leben vor
Schluss	**Grußformel:**	Mit freundlichen Grüßen	
	Unterschrift:	M. Muster	

Schreibe nun das Konzept deiner Leserbriefe und überarbeite sie anschließend hinsichtlich Orthografie, Grammatik und Sprache. Übertrage deinen Entwurf dann in die Reinschrift.

Beispieltext 1: Befürworter (Pro)

Sehr geehrte Redaktion,
zum aktuellen Thema unseres schulischen Online-Magazins habe ich kürzlich in der Rubrik „Beruf/ Bildung" eines Online-Portals einen interessanten Artikel vom 12.03.2013 mit dem Titel „Ein Trend – zwei Meinungen: ‚World of Warcraft' fürs Klassenzimmer" gelesen.
Ich muss Ihnen sagen, dass mich das Prinzip des „World of Classcraft" überzeugt hat. Ich bin der Meinung, dass man mit solch einer spielerischen Herangehensweise Schüler sehr gut für den Unterricht und zum Lernen motivieren kann. Motivierend ist es für sie zum Beispiel, wenn sie für gute Leistungen belohnt werden und Anerkennung erfahren – in diesem Fall nicht in Form von Lob oder Noten, sondern durch Erfahrungspunkte. Ein weiterer Vorteil dieser Methode ist, dass die Schule damit an die Lebenswelt der Schüler anschließt. Viele Jugendliche spielen in ihrer Freizeit häufig Videospiele bzw. Online-Rollenspiele, unter anderem „World of Warcraft", und sind so oftmals schon mit den Regeln und Funktionen vertraut.
Sehr gut finde ich auch den Anreiz für die Schüler, durch das Sammeln von Erfahrungspunkten, höhere Levels erreichen zu können. Der Unterricht wird somit zur Herausforderung, wie eine Aufgabe im Computerspiel, die bewältigt werden muss. Der Konkurrenzkampf unter den Jugendlichen kann zusätzlich anspornen und den Unterricht beleben. So wird die Mitarbeit aller Schüler im Unterricht schon fast garantiert, da jeder möglichst viele Erfahrungspunkte sammeln möchte, um schnell die nächste Stufe zu erklimmen.
Auch das System der Bestrafung finde ich sinnvoll. Ich bin der Meinung, dass es im Vergleich zu gewöhnlichen Strafen sogar zu größerer Disziplin der Schüler beitragen könnte, wenn sie etwa ihre Gesundheitspunkte abgezogen bekommen. Denn so riskieren sie, vorzeitig aus dem Spiel auszuscheiden, während die anderen Klassenkameraden weiterhin Punkte sammeln können.
Alles in allem muss ich sagen, dass ich ein großer Befürworter des „World of Classcraft" bin. Ich kann mir durchaus vorstellen, dass man dieses „Spiel", wenn es getestet wurde und man tatsächlich Lernerfolge verzeichnen kann, auch an unserer und vielleicht auch in noch weiteren Schulen einführt und umsetzt. Ich bin sicher, dass viele – sowohl Schüler als auch Lehrer – Spaß daran hätten.
Mit freundlichen Grüßen
Michel Muster

Beispieltext 2: Gegner (Kontra)

Sehr geehrte Redaktion,
zum aktuellen Thema unseres schulischen Online-Magazins habe ich kürzlich in der Rubrik „Beruf/ Bildung" eines Online-Portals einen interessanten Artikel vom 12.03.2013 mit dem Titel „Ein Trend – zwei Meinungen: ‚World of Warcraft' fürs Klassenzimmer" gelesen.
Ich bin entsetzt, mit welcher Leichtfertigkeit man an dieser Schule an das Thema Unterricht und Lernen herangeht. Sicherlich sind Spaß und Motivation von äußerster Wichtigkeit für regelmäßiges und wirksames Lernen, aber doch nicht auf diese Art und Weise!
Die Schule ist ein Ort der Bildung, wo Schülern nicht nur wichtiges Wissen und grundlegende Inhalte, sondern auch nützliche Lehren für ihr zukünftiges Leben vermittelt werden sollen. Meiner Meinung nach ist eine ganz wichtige Lehre, dass das Leben eben kein Spiel ist. Bei allem erlaubten Spaß ist es notwendig, im Leben auch manches ernst zu nehmen. Verwandelt man den schulischen Unterricht in ein Spiel, kann das dazu führen, dass die Jugendlichen die Schule zu sehr auf die leichte Schulter nehmen und womöglich erst mit der Zeugnisvergabe am Schuljahresende das böse Erwachen folgt. Erst recht kann es sich negativ auswirken, wenn die Jugendlichen das Spielerische später auch noch auf die Ausbildung und das Berufsleben übertragen.
Ich bin auf alle Fälle dafür, dass man Schüler bestmöglich für das Lernen motivieren sollte, und ich setze mich auch dafür ein. Aber ein solches Spiel halte ich in diesem Zusammenhang

nicht für ein geeignetes Mittel. Wie sollen die Schüler etwas lernen, wenn sie sich nur darauf konzentrieren, Punkte zu sammeln und im Spiel aufzusteigen? Ich denke, die Schüler werden durch das Spiel eher von den Unterrichtsinhalten abgelenkt und behalten das vermittelte Wissen letztendlich nicht. Sicherlich ist es denkbar, dass sich die Jugendlichen aufmerksamer am Unterricht beteiligen – aber eben nicht, um etwas zu lernen, sondern nur weil sie dadurch ihren Spielstatus verbessern möchten.

Auch das System der Bestrafung halte ich für wenig sinnvoll. Wie soll man einem Jugendlichen Disziplin und Ordnung beibringen, wenn er bei Fehlverhalten keine reale Strafe erfährt, sondern einfach nur Punkte in einem Spiel abgezogen bekommt? Für die Schüler dürfte das kaum etwas Ernstzunehmendes sein, denn aus Computerspielen wissen sie ja: Sind die „Leben" verbraucht, drückt man einfach auf „Neustart".

Ich halte die „World of Classcraft"-Methode aus diesen Gründen für verantwortungslos und lehne sie ab. Meiner Meinung nach sollte sie verboten werden und keine weitere Schule sollte sich dieses System abschauen. Die Schule ist ein Ort zum Lernen, der die Schüler auf das Leben – und nicht auf ein Spiel – vorbereiten soll.

Mit freundlichen Grüßen
Michèle Muster

Thema 3 – „Was es bedeutet, heute jung zu sein"

*Hinweis: Überlege zunächst, welche Anforderungen an den zu schreibenden Text gestellt werden. Du sollst dich mit einem **ausführlichen Beitrag** am Schreibwettbewerb zum Thema „Was es bedeutet, heute jung zu sein" beteiligen.*

*Die **Textsorte** bleibt dir selbst überlassen. Du kannst zum Beispiel einen Brief schreiben, einen Zeitungsartikel verfassen oder jede andere Textsorte wählen, die dir angemessen erscheint.*

*Ausgangspunkt deiner Überlegungen sollten die **Schlagwörter** sein, die in der Ausschreibung genannt werden: Träume, Wünsche, Begebenheiten, Hoffnungen, Fantasien, Alltagsprobleme, Erwartungen. Die drei Auslassungszeichen bedeuten, es ist auch Raum für deine eigenen Ideen und Vorstellungen.*

*Am besten erstellst du vor dem Schreiben eine **Ideensammlung** mit spontanen Assoziationen, zum Beispiel in Form eines Clusters oder einer Mindmap. Vergiss dabei immer den Bezug zum Aspekt „Jugend" nicht.*

***Inhaltlich** bist du bei dieser Aufgabe **relativ frei**. Möglich ist beispielsweise die Darstellung einer Situation aus der gegenwärtigen Lebenswirklichkeit. Diese reicherst du dann mit passenden Beispielen und Gedanken entsprechend der gegebenen Schlagwörter oder deiner eigenen Ideen an.*

Achte beim Schreiben auf:
– eine Überschrift (bei Briefen: Anrede)
– Ausführlichkeit
– Originalität/Kreativität und Anschaulichkeit
– einen nachvollziehbaren Aufbau deiner Ausführungen
– eine passende Perspektive des Schreibens

Schreibe zuerst dein Konzept, die Vorschrift. Überarbeite dann den Text hinsichtlich Orthografie, Grammatik und Sprache. Fertige zum Schluss eine Reinschrift deines Entwurfs an.

Beispielaufsatz:

„Was es bedeutet, heute jung zu sein"

Liebe Mia,

ich bin gerade gestresst von der Schule nach Hause gekommen. Keine fünf Minuten hat es gedauert, bis meine Mutter in meinem Zimmer stand. Begrüßt wurde ich mit: „Wie sieht es denn hier aus?! In dein Zimmer tritt man nicht herein, da fliegt man herein." Nachdem ich mir einen viertelstündigen Vortrag über Ordnung und Sauberkeit anhören konnte, erteilte sie mir noch folgende Aufgaben: Geschirrspüler ausräumen, Küche putzen, Wäsche aufhängen, Zimmer aufräumen!, Müll rausbringen, Post holen – und es ging noch weiter, doch nach der Hälfte habe ich bereits nicht mehr zugehört. Meine Reaktion war natürlich: Explosion. Meine Mutter jedoch sah mich nur an und sagte leise: „Ihr jungen Leute habt doch heutzutage den Himmel auf Erden. Warum beschwerst du dich noch?" Sie ließ mich erstaunt zurück. Und ich dachte über ihre Aussage nach.

Als meine Mutter so alt war wie ich heute, war alles völlig anders. Heute jung zu sein hat eine ganz andere Bedeutung als damals. Kann man Träume, Wünsche, Hoffnungen oder Fantasien von jungen Menschen heute mit damals vergleichen? Was bedeutet es, heute jung zu sein? Ich habe lange darüber nachgedacht und bin zu dem Entschluss gekommen, meine Gedanken zu Papier zu bringen und sie mit dir, Mia, meiner schon langjährigen Brieffreundin, zu teilen.

Sicherlich ist es ein Privileg, heutzutage in Deutschland, einem Industrieland, aufzuwachsen. Zum einen ist es ein Unterschied zum Großwerden in einem Entwicklungsland in Afrika oder Asien, zum anderen natürlich im Unterschied zu früheren Zeiten. Für Jugendliche an anderen Orten ebenso wie zu früheren Zeiten ist bzw. war schon eine warme Mahlzeit die Erfüllung eines Traumes. Unsere Wünsche heute sind zwar nicht riesengroß, aber im Vergleich dazu purer Luxus: ein neues Handy oder ein größeres Zimmer zum Beispiel, die beste Elektronik, die coolsten Klamotten usw. Und oft genug werden uns diese Wünsche erfüllt. Vielleicht müssen wir manchmal ein bisschen dazu beitragen: Zeitungen austragen, Autos waschen oder Ähnliches. In der Regel aber sind wir bestens versorgt mit dem, was wir zum Leben brauchen, und noch vielem mehr, ohne dafür von klein auf von morgens bis abends schuften zu müssen.

Wachsen wir also in der heutigen Zeit und hier in Deutschland auf, werden viele unserer Wünsche erfüllt. Wir haben keinen Grund, uns zu beklagen – uns geht es gut! Auch die Zukunft muss uns keine Angst machen: Wir haben Hoffnung auf eine Ausbildungsstelle und später auf eine gute Arbeit. Natürlich läuft nicht immer alles hundertprozentig so, wie man es sich vorstellt. Das heißt aber nicht, dass wir uns um unsere Zukunft sorgen müssten. Bei den meisten Dingen bin ich sehr sicher, dass das schon klappt – und wenn nicht, dann helfen Mutti oder Vati. Die meisten von uns haben das große Glück, dass wir sehr viel Aufmerksamkeit und Zuneigung von unseren Eltern bekommen. Ihre bedingungslose Unterstützung ist ein großes Geschenk. Wieso sollte ich mich also sorgen, wenn ich weiß, dass sie im Zweifelsfall für mich da sind und mir Halt geben?

Auch wenn wir zum Beispiel einen von unseren verrückten Träumen umsetzen wollen, können wir meist auf die Unterstützung unserer Eltern hoffen. Du fragst dich sicher, was ich mit verrückten Träumen meine. Ich glaube, dass jeder von uns einen verrückten Traum hat. Wir lieben es zu träumen – von einer Karriere als Starvisagistin oder als Computerspieletester, von Reisen auf entlegene Inseln oder in aufregende Städte, von Konzerttourneen, olympischen Rekorden … Träume hatten die Menschen früher auch. Der Unterschied zu heute aber ist, dass wir ganz andere Möglichkeiten besitzen, diese zu verwirklichen. Wir haben die Freiheit, zu sagen, was wir denken, und zu tun, was wir möchten (solange wir keinem anderem damit schaden). Damit steht uns die Welt offen!

Bei all unserem Gemeckere im Alltag, müssen wir also doch zugeben: Wenn man heute jung ist, hat man enorm viele Chancen und sehr viel Freiheit. Es liegt also an uns selbst, dafür zu sorgen, dass unsere Wünsche und Träume in Erfüllung gehen. Die Voraussetzungen für eine gute Zukunft sind uns als Jugendliche in Deutschland auf jeden Fall gegeben. Also: Machen wir etwas aus unserem Leben! Letztendlich bestimmen wir doch jeder selbst, was es bedeutet, heute jung zu sein.

Liebe Mia, das waren also meine Gedanken zu diesem Thema. Was meinst du dazu? Schreib mir bitte! Ich bin ganz gespannt auf deine Meinung, deine Träume und Wünsche.

Liebe Grüße
Deine Luise

Teil 1: Textverständnis (Pflichtteil)   **(gesamt 20 BE)**

Tschick – Der Trost einer großen Erzählung

Der Roman „Tschick" des Schriftstel-
lers Wolfgang Herrndorf wurde zum
Sensationserfolg des Bücherherbstes
2010. Im Dezember 2011 wurde er am
5 Staatsschauspiel Dresden uraufgeführt.
Die Autorin Kathrin Passig sprach
mit Wolfgang Herrndorf über das Leben als Teenager, falsche Sprache und
die richtige Erzählform.

10 *Ihr neues Buch „Tschick" wird von*
allen Altersklassen gelesen, ist aber ei-
gentlich ein „Jugendroman". Wie ka-
men Sie auf dieses Genre?

Ich habe um 2004 herum die Bücher
15 meiner Kindheit und Jugend wieder
gelesen, „Herr der Fliegen", „Huckleberry Finn", „Arthur Gordon Pym",
„Pik reist nach Amerika" und so. Um
herauszufinden, ob die wirklich so gut
20 waren, wie ich sie in Erinnerung hatte,
aber auch um zu sehen, was ich mit
zwölf eigentlich für ein Mensch war.
Und dabei habe ich festgestellt, dass alle
Lieblingsbücher drei Gemeinsamkeiten
25 hatten: schnelle Eliminierung der erwachsenen Bezugspersonen, große Rei-
se, großes Wasser. Ich habe überlegt,
wie man diese drei Dinge in einem halb-
wegs realistischen Jugendroman unter-
30 bringen könnte. Mit dem Floß die Elbe
runter schien mir lächerlich; in der Bundesrepublik des 21. Jahrhunderts als
Ausreißer auf einem Schiff anheuern:
Quark. Nur mit dem Auto fiel mir was
35 ein. Zwei Jungs klauen ein Auto. Da
fehlte zwar das Wasser, aber den Plot[1]
hatte ich in wenigen Minuten in meinem
Kopf zusammen.

Mit generationsspezifischen Ausdrücken
40 *und Angewohnheiten sind Sie dabei*
sparsam umgegangen. Trotzdem muss
man ja herausfinden, was 1995-Gebo-

rene so mit ihrer Zeit und ihrem Geld
anfangen. Sie sind Jahrgang 1965, wo-
45 *her wissen Sie das?*

Ich weiß es nicht. Aber es kam mir gar
nicht so problematisch vor, dass es sich
um Jugendliche handelt. Nicht proble-
matischer als Handwerker, Ärzte oder
50 Lokführer, wenn man die im Roman auf-
tauchen oder sprechen lässt. Ich glaube
nicht, dass Jugend ein spezielles Problem darstellt, auch wenn Scheitern da
oft spektakulärer wirkt. Wobei ich mir
55 nicht einbilde, es perfekt gemacht zu haben. Ich habe meinem Erzähler einfach
zwei Wörter gegeben, die er endlos wiederholt, und den Rest über die Syntax
geregelt. Wenn man erst anfängt, mit
60 Slang um sich zu schmeißen, wird man
doch schon im nächsten Jahr ausgelacht.

In Ihrem Blog heißt es: „Ich bin
Schriftsteller und man wird nicht glau-
ben, dass Literatur mich sonst kaltge-
65 *lassen hätte. Aber was jetzt zurückkehrt*
beim Lesen, ist das Gefühl, das ich zu-
letzt in der Kindheit und Pubertät regel-
mäßig und danach nur noch sehr spo-
radisch und nur bei wenigen Büchern
70 *hatte: dass man teilhat an einem Da-*
sein und an Menschen und am Bewusst-
sein von Menschen, an etwas, worüber
man sonst im Leben etwas zu erfahren
nicht viel Gelegenheit hat, selbst, um ehr-
75 *lich zu sein, in Gesprächen mit Freun-*
den nur selten und noch seltener in Fil-
men, und dass es einen Unterschied gibt
zwischen Kunst und Mist. Einen Unter-
schied zwischen dem existenziellen Trost
80 *einer großen Erzählung und dem Müll,*
von den ich zuletzt eindeutig zu viel ge-
lesen habe, eine Unterscheidung, die
mir nie fremd war, aber unter Gewohn-
heit und Understatement lange ver-
85 *schüttet."*

Was war der Müll, von dem Sie zu viel gelesen haben? Und wo würden Sie „Tschick" einordnen? Kunst oder Mist? Große Erzählung oder Müll?

90 Da können Sie nicht ernsthaft eine Antwort erwarten. Zum Müll: Ich kann mich zum Glück nicht an vieles erinnern. Ich lese auch nicht allzu viel Gegenwartsliteratur, aber ich bin der Kö-
95 nig des ersten Kapitels. Ich habe von fast allem, was rauskommt, mindestens das erste Kapitel gelesen. Oder eine Seite oder einen Absatz. Der Segen des Älterwerdens: Man braucht nur noch
100 einen Absatz, um zu wissen, dass einen etwas nicht interessiert. Mitunter reicht auch schon der erste Satz: „Vom Licht wussten sie alles." Zack, nächstes Buch.

Versetzen wir uns ins Jahr 2030. Ihr
105 *Buch ist seit zehn Jahren Schullektüre. Neuntklässler stöhnen, wenn sie den Namen Wolfgang Herrndorf hören. Welche Fragen zum Buch müssen in Aufsätzen beantwortet werden?*

110 Ich fürchte, man wird sich im Deutschunterricht am Symbolträchtigen aufhängen, an der Schlussszene, in der Maik unter Wasser in einem Swimmingpool die Hand seiner Mutter hält, während
115 oben die Polizei wartet. Oder an der Szene mit dem Elixier. Das bin ich jetzt auch schon häufiger gefragt worden, was das für ein Elixier ist, das der Alte mit der Flinte den beiden da aufdrängt?
120 Aber das weiß ich ja auch nicht. Das war nur, weil mich beim Schreiben jemand auf die „Heldenreise" aufmerksam machte, ein Schema, nach dem angeblich fast jeder Hollywood-Film funk-
125 tioniert. Da müssen die Protagonisten[2] unter anderem immer ein solches Elixier finden. Hab ich natürlich gleich eingebaut.

Nur damit Ihre Helden es eine Minute
130 *später aus dem Fenster schmeißen ... Ist das eine subtile[3] Kritik an irgendwelchen Erzählformen?*

Nein, bestimmt nicht. Allgemeine Ansichten zur Literatur habe ich nie gehabt
135 und nie verstanden. Mehr Engagement!

Mehr Realismus! Mehr Relevanz! Ist doch alles Quatsch. Sobald Schriftsteller irgendeine Form von Theorie ausmünzen[4], läuft es immer sofort darauf
140 hinaus, dass zum allgemeinen Ziel erklärt wird, was der Autor selbst am besten kann und schon seit Jahren praktiziert. Das sind keine Theorien, das ist das, was sich heranbildet in kleinen Ha-
145 sen, wenn es nachts dunkel wird im großen Wald.

Gustav Seibt stellt „Tschick" in seiner Besprechung für die Süddeutsche Zeitung in die Tradition der deutschen
150 *Romantik, Tieck, Eichendorff. Sie verwandeln, meint Seibt, „das vermeintlich bestens bekannte und erschlossene Mitteleuropa südlich von Berlin in ein zauberisches Irgendwo". „Tschick" als ein*
155 *Buch der deutschen Romantik, geschrieben mit amerikanischen Mitteln. War das tatsächlich so beabsichtigt?*

Ich weiß nicht, ob Seibt das so meint, aber das wäre ja generell erst mal nicht
160 falsch. Nur dass man von „beabsichtigt" bei mir nicht wirklich sprechen kann. Ich plane so was nicht und denke mir beim Schreiben meistens erst mal nicht viel außer „Es sollte nicht langweilig
165 sein", und wo das dann hinsteuert, kann einem bei einem Roadmovie ja auch angenehm egal sein ... Ich merke gerade, dass ich mich in erzromantische Positionen verrenne.

170 *Man hat ja oft einen bestimmten Leser im Kopf, für den man schreibt. Wer war das bei „Tschick"? Ein 14-jähriger Herrndorf?*

Wenn ich kompliziertere Sachen schrei-
175 be, denke ich mir einen freundlich zugewandten Leser, der intelligent genug ist, und auf der Höhe seines geistigen Horizonts versuche ich daran rumzukrebsen. Aber bei diesem Jugend-
180 roman war das nicht so. Wenn man einen Roman für 14-Jährige macht, dessen Erzähler einfach genug ist, um auch für Elfjährige verständlich zu sein, muss man auf weiter nichts Rücksicht neh-
185 men. Das Buch kapiert dann jeder.

1 *Plot:* hier im Sinne von *Idee für die Handlung*
2 *Protagonist:* zentrale Figur
3 *subtil:* hier im Sinne von *versteckt*
4 *ausmünzen:* verwerten, zu seinem eigenen Vorteil auswerten, verwenden

---

Kathrin Passig lebt als Journalistin und Schriftstellerin in Berlin und erhielt 2006 den renommierten Ingeborg-Bachmann-Preis. Zuletzt erschien von ihr „Verirren. Eine Anleitung für Anfänger und Fortgeschrittene".

Wolfgang Herrndorf (1965 – 2013), in Hamburg geboren, studierte zunächst Malerei und arbeitete als Illustrator vor allem für die Satirezeitschrift „Titanic" und den Haffmans Verlag. Sein Debütroman „In Plüschgewittern" erschien 2002, zwei Jahre später wurde Herrndorf in Klagenfurt im Rahmen des Ingeborg-Bachmann-Preises mit dem Publikumspreis ausgezeichnet. 2008 erschien „Diesseits des Van-Allen-Gürtels", für das er den Deutschen Erzählerpreis erhielt. Sein Roman „Tschick" wurde im Herbst 2010 von der Kritik gefeiert und platzierte sich auf den Bestsellerlisten.

Quelle: www.staatsschauspiel-dresden.de/spielplan/tschick/wolfgang_herrndorf_im_ gespraech_mit_kathrin_passig; Stand 15. 02. 2014

Aufgaben

Hinweis: Orthografie und Grammatik werden mit 2 BE bewertet.

1. Der Text ist eine journalistische Textsorte. Bestimmen und notieren Sie die Textsorte.

   Der Text ist vorrangig …
   … eine Reportage.
   … ein Kommentar.
   … eine Rezension.
   … ein Interview.   1 BE

2. Wolfgang Herrndorf las „um 2004 herum" Bücher wie „Herr der Fliegen" und „Huckleberry Finn" ein zweites Mal.
   Notieren Sie beide im Text genannten Gründe für das wiederholte Lesen.   2 BE

3. Wolfgang Herrndorf und die Helden seines Buches „Tschick" gehören nicht einer gemeinsamen Generation an.
   Zitieren Sie die entsprechende Textstelle.   1 BE

4. Im Text werden Aussagen Wolfgang Herrndorfs zitiert, die sich auf eine mögliche Wirkung von Literatur beziehen.
   Geben Sie eine Aussage mit eigenen Worten wieder.   2 BE

5. Wolfgang Herrndorf verfolgt seine eigene Vorgehensweise beim Auseinanderhalten von für ihn lesenswerten und uninteressanten Büchern.
   Beschreiben Sie seine Vorgehensweise.   2 BE

6. Kathrin Passig stellt zwei Behauptungen auf, welche den zukünftigen Umgang mit dem Buch „Tschick" benennen.
Formulieren Sie diese zwei Behauptungen. 2 BE

7. Der Autor Wolfgang Herrndorf verdeutlicht seine Meinung zu den Literaturtheorien, die einige seiner Kollegen vertreten.
Notieren Sie die Aussage, die dieser Meinung entspricht.

Die von einigen Autoren vertretenen Literaturtheorien …
… sind Anschauungen, die Natur und Romantik vereinen.
… dienen als angemessene Grundlagen für eine realistische und engagierte Literatur.
… dienen dazu, die Schreibweise eines Autors als Ziel für alle darzustellen.
… sind Vorstellungen, die im Dunkeln bleiben. 1 BE

8. Die Sprache von Jugendlichen in Wolfgang Herrndorfs Buch ist gut getroffen. Wodurch hat das Wolfgang Herrndorf nach eigener Aussage erreicht?
Markieren Sie einen Satz, der sein Vorgehen deutlich macht.

Markierungsfarbe: ☐ 1 BE

9. Wolfgang Herrndorfs Buch „Tschick" wird laut Text im Zusammenhang mit einer literarischen Epoche besprochen.
Notieren Sie die Epoche und fassen Sie Wolfgang Herrndorfs Reaktion zu dieser Zuordnung mit eigenen Worten zusammen. 3 BE

10. Im Text findet sich keine konkrete Inhaltsangabe zum Buch „Tschick".
Trotzdem erhält der Leser Informationen zum Inhalt.
Stellen Sie mindestens fünf dieser Informationen in einer geeigneten Übersicht zusammen. 3 BE

Teil 2: Textproduktion (Wahlteil)   (gesamt 30 BE)

Wählen Sie **eines** der folgenden Themen 1, 2 oder 3 aus.

Thema 1

Faust als Comic-Parodie

Der Berliner Comicautor Flix hat den ersten Teil des „Faust" zu einer Gegenwartsgeschichte umgearbeitet. Premiere hatte das witzgewaltige Buch auf der Leipziger Buchmesse – der Zeichner las aus seinen Bildern vor.

Mephisto trägt Prada[1]. Nun, beinah: Jeans und Hemd immerhin, den Teufelsfuß in Turnschuhen verborgen. Nur die Hörner sind noch gut zu sehen. „Ich bin die Lösung all Ihrer Probleme", stellt er sich dem verdatterten Faust vor, gescheiterter Akademiker, Single und arbeitsloser Taxifahrer. Wir schreiben das Jahr 2009, der Ort ist Berlin, in dieser aktualisierten Fassung von Goethes „Faust"-Stoff.

Margarete arbeitet im Bioladen

Premiere hat dieses Buch, das so kreischend gelb gestaltet ist wie die berühmten Reclam-Leseheftchen, aber keine echte Zeile Klassiker enthält, ausgerechnet in Leipzig, dem Ort von Auerbachs Keller, in dem Faust und Mephisto bei Goethe dereinst so markant abstürzten.

Mehrmals während der Leipziger Buchmesse liest Flix alias Felix Görmann aus seinem „Faust" vor. Der, das muss man erwähnen, kein Roman, sondern ein Comic ist.

Gott hat der Berliner Comiczeichner, Jahrgang 1976, in dieser Geschichte mit Schnauzbart und Pferdeschwanz gezeichnet („Wie mein alter Chemielehrer", erinnert sich Flix), und die berühmte Wette mit dem Teufel geht der Allmächtige nur ein, weil sein Weltenschöpfungsprogramm gerade abgestürzt ist – auf dem Notebook. Es ist eine Komödie, keine Tragödie, in der Gretchen mit einem hinreißenden Lächeln und einer Knubbelnase in einem Kreuzberger Bioladen Lebensmittel mit gefälschten Biosiegeln verkauft. […]

Für den „Faust" hat er die ganze Geschichte entlang des Goethe-Textes umgearbeitet, umgebaut, neu gezeichnet und in der Gegenwart verortet.

Autor: Stefan Pannor
Redaktion: Sabine Oelze
Flix: Faust. Der Tragödie erster Teil. Carlsen Comics, 100 Seiten, 14,90 €

Quelle: www.dw.de/faust-als-comic-parodie/a-5371084; Autor: Stefan Pannor
© Deutsche Welle, 10.03.2010
Bild: Flix, Faust. Der Tragödie erster Teil. © Carlsen Verlag GmbH, Hamburg 2010

---

1 *Prada:* exklusive Modemarke

An Ihrer Schule diskutieren Lehrer und Schüler der 10. Klassen über die zusätzliche Anschaffung der vorgestellten Faust-Comic-Parodie für den Deutschunterricht.

Setzen Sie sich mit dem Für und Wider dieser Anschaffung auseinander.
Nehmen Sie begründet Stellung dazu, ob das genannte klassische Werk in Form eines Comics angeschafft werden sollte.

Thema 2

Bestandsaufnahme in drei Teilen

Teil 1 von 3 / Was ich alles nicht hab

Ich habe keine bessere Hälfte und keine Schokoladenseite,
keine Macht, kein Tattoo, keinen Titel, keine Lieblingskneipe.
Ich habe keinen Plan B, weil ich auch keinen Plan A habe,
ich hab keine Wunschpunkte, auch nicht wenn ich „Gatsmas"[1] sage.
Ich hab kein gutes Bauchgefühl, weil ich's oft mit Hunger verwechsle,
Ich habe kein gutes Ordnungsempfinden, obgleich ich Ordnung sehr schätze.
Ich hab nie genug Mut gehabt beim Flaschendrehen, die Flasche zu drehen,
ich hab noch nie Sternschnuppen, nie Glühwürmchen und noch nie „Titanic" gesehen.
[…]

Teil 2 von 3 / Was ich hab, aber nicht will

Ich hab so bescheuert viel Angst.

Angst vor falschen Entscheidungen und davor, mich nicht zu entscheiden,
Angst, irgendwo wegzugehen und mir eigentlich zu wünschen zu bleiben,
hab Angst, Fehler zu machen, auch wenn ich weiß, dass sie wichtig sind,
hab Angst, zu spät zu merken, welche Wege doch richtig sind, […]

Teil 3 von 3 / Was ich habe

Ich hab so! viele! Dinge!
Viel mehr, als ich eigentlich er- und vertrage.
So viele Klamotten und Schmuck und Gedöns,
viel mehr, als ich eigentlich trage.
Ich hab ein Einrad und ein Skateboard, das ich eigentlich nie fahre. […]
Und vor allem habe ich allen Grund, glücklich zu sein.

(Julia Engelmann)

Quelle: Julia Engelmann[2]. Eines Tages, Baby: Poetry-Slam-Texte.
W. Goldmann Verlag, München 2014, S. 42–47.

Nehmen Sie das vorliegende Textfragment zum Anlass, einen eigenen Text als Bestandsaufnahme in drei Teilen zu schreiben.

Dieser Beitrag soll im Wochenmagazin „Die Zeit" unter der Rubrik „Willkommen in meiner Welt" erscheinen. Er soll erwachsene Leser mit der heutigen Lebenswelt der Jugendlichen konfrontieren.

---

1 Aus „Neue Punkte für das Sams" von Paul Maar (1992): Das Sams ist als Hauptfigur einer Kinderbuchreihe ein kindähnliches Wesen mit Wunschpunkten im Gesicht. Jeder Punkt kann für einen Wunsch verwendet werden. Wenn das Sams keine Punkte mehr hat, kann man ihm neue beschaffen, indem man in einer Vollmondnacht von Freitag auf Samstag auf ein Hausdach steigt und „Gatsmas" (Samstag rückwärts gelesen) ruft.
2 Julia Engelmann wurde 1992 geboren, wuchs in Bremen auf und studiert heute Psychologie. Seit einigen Jahren nimmt sie regelmäßig an Poetry Slams teil.

Thema 3

**Ein persönlicher Brief von Hanna Schmitz – eine Figur aus dem Roman „Der Vorleser"
von Bernhard Schlink**

Michael Berg erfährt, dass sich Hanna Schmitz im Gefängnis umgebracht hat.
(Teil 3, Kapitel 10)

Versetzen Sie sich in die Lage von Hanna kurz vor ihrer Entlassung. Sie macht sich Gedanken
über ihre Situation und blickt auf ihr Leben und den Prozess zurück.

Schreiben Sie aus der Perspektive von Hanna einen fiktiven, an Michael gerichteten Brief.

Lösungsvorschläge

Teil 1: Textverständnis (Pflichtteil)

1. Der Text ist vorrangig …
    … ein Interview.

    Hinweis: Der Text ist deswegen vorrangig ein Interview, weil
    – Rede und Gegenrede gegenübergestellt werden,
    – ein Fragesteller (Journalistin Kathrin Passig) eine Person (Autor Wolfgang Herrn-
    dorf) zu persönlichen Informationen oder Informationen zu Sachverhalten befragt.

2. Der Autor wollte wissen, ob die Bücher wirklich so gut sind, wie er sie als Kind bzw.
    Jugendlicher empfunden hat. Er wollte zudem herausfinden, was er als Zwölfjähriger für
    ein Mensch war.

    Hinweis: Der Operator „Notieren" bedeutet, dass du dich zwischen Satz und Einzelwort
    *entscheiden kannst. Achte darauf, dass **beide** im Text benannten Gründe angegeben wer-*
    den. Du findest die Lösung in den Zeilen 18–22.

3. „Trotzdem muss man ja herausfinden, was 1995-Geborene so mit ihrer Zeit und ihrem
    Geld anfangen. Sie sind Jahrgang 1965, woher wissen Sie das?" (Zeile 41–45)

    Hinweis: „Zitieren" bedeutet, Textstellen wortwörtlich wiederzugeben. Direkte Zitate wer-
    den durch Anführungszeichen gekennzeichnet und durch genaue Zeilenangaben belegt.

4. *Mögliche Lösungen:*
    Durch ein Buch kann man als Leser Einblicke in das Leben und die Gedanken anderer
    bekommen, etwas, wozu man sonst im Leben nicht viel Gelegenheit hat. Durch Filme
    und selbst in Gesprächen mit Freunden erfährt man diese Dinge nicht oder nur selten.
    Ein Buch kann für den Leser auch Trost bedeuten. Oder es bringt ihn zum Lachen oder
    zum Nachdenken. Ein Buch sollte nur eins nicht – langweilig sein.

    *Hinweis: Du sollst **eine** Aussage **mit eigenen Worten** wiedergeben. Mehrere Antworten*
    sind möglich, da im Interview mehr als eine Wirkung von Literatur angesprochen wird. Du
    findest Anhaltspunkte in den Zeilen 70–82. Es genügt, wenn du einen der beiden oben
    genannten Aspekte ausführst. Finde eigene Formulierungen für Herrndorfs Äußerungen.

5. Herrndorf liest fast alle Bücher, die erscheinen, aber zunächst nur das erste Kapitel, eine
    Seite oder mitunter auch nur den ersten Satz. Danach entscheidet er sich für oder gegen
    die Lektüre.

    Hinweis: Der Operator „Beschreiben" bedeutet, dass du in vollständigen Sätzen ant-
    worten musst. Du findest die Lösung in den Zeilen 95 ff.

6. *Mögliche Behauptungen:*
    – Das Buch gehört 2030 zur Pflichtlektüre an Schulen.
    – Die Schüler der 9. Klassen stöhnen darüber.
    – Die Schüler müssen dieses Buch als Grundlage für Aufsätze im Deutschunterricht
    verwenden, um ungeklärte Fragen zu beantworten.

    Hinweis: Im Ausgangstext sind drei Behauptungen enthalten, du sollst zwei notieren. Der
    Operator „Formuliere" verlangt, dass du einen vollständigen Satz schreibst. Die Lö-
    sung findest du in den Zeilen 104–109.

7. Die von einigen Autoren vertretenen Literaturtheorien …
… dienen dazu, die Schreibweise eines Autors als Ziel für alle darzustellen.
Hinweis: Die Antwort findest du in den Zeilen 137–143.

8. *Mögliche Markierungen:*
„Ich habe meinem Erzähler einfach zwei Wörter gegeben, die er endlos wiederholt, und den Rest über die Syntax geregelt." (Z. 56–59)
„Wenn man einen Roman für 14-Jährige macht, dessen Erzähler einfach genug ist, um auch für Elfjährige verständlich zu sein, muss man auf weiter nichts Rücksicht nehmen." (Z. 180–185)
*Hinweis: Mehrere Lösungen sind möglich. Du sollst **einen** Satz markieren. Achte darauf, dass du den gewählten Satz durch farbiges Anstreichen deutlich sichtbar in der Textgrundlage hervorhebst und die Markierungsfarbe im Aufgabenblatt angibst.*

9. (Deutsche) Romantik:
Herrndorf betrachtet die Zuordnung zur Romantik als zufällig richtig. Er hat nichts dagegen, obwohl er sich darüber vorher keine Gedanken gemacht hat. Für ihn ist es wichtiger, dass ein Buch spannend ist.
Hinweis: Du findest die Antwort in den Zeilen 147–150 und 158–167.

10.

Personen	Handlung
• zwei 14-jährige Jungs, einer davon heißt Maik • Maiks Mutter • Polizei • alter Mann mit Flinte	• Jungen klauen Auto • Roadmovie, Fahrt durch Mitteleuropa, südlich von Berlin → Heldenreise • Szene mit Elixier, angeboten von Altem mit der Flinte (danach: Wegwerfen des Elixiers) • Schlussszene: Maik unter Wasser mit Mutter an der Hand, Polizei wartet am Swimmingpool

*Hinweis: Du sollst mindestens **fünf** Informationen zum Inhalt des Buches „Tschick" in einer geeigneten Übersicht darstellen. Hierfür bietet sich eine Tabellenform an. Möglich wären auch ein Mindmap oder eine Art Steckbrief. Achte auf eine strukturierte Darstellungsweise und die Über- und Unterordnung der Informationen. Im Text sind mehr als fünf Angaben zu finden.*

Teil 2: Textproduktion (Wahlteil)

Thema 1 – „Faust" als Comic-Parodie

*Hinweis: An deiner Schule diskutieren Lehrer und Schüler der 10. Klassen über die zusätzliche Anschaffung der vorgestellten „Faust"-Comic-Parodie für den Deutschunterricht. Du sollst dich mit dem **Für** und **Wider** dieser Anschaffung in einer **begründeten Stellungnahme** auseinandersetzen. Folglich gilt es, einen **argumentativen Text** zu verfassen. Auch dein **Wissen über Goethes „Faust I"** solltest du idealerweise in deinen Aufsatz einfließen lassen. Mache dir im Vorfeld Gedanken, welche Anforderungen du bezüglich des Inhalts, der Form und der Sprache beim Schreiben des Textes beachten musst.*

– Überlege, an wen du deinen Text adressieren möchtest, und verwende ggf. eine passende Anrede.

– Schreibe in der Ich-Form.

*– Formuliere im ersten Textteil (**Einleitung**) deiner Stellungnahme, warum du dich an der Diskussion beteiligst.*

*– Im **Hauptteil** führst du alle Angaben aus, die du den Diskussionsteilnehmern mitteilen willst, um deine Position deutlich zu machen. Achte dabei auf die Verwendung von **Pro-** und **Kontraargumenten**. Beginne mit den Argumenten der Gegenseite und ende mit denen deines eigenen Standpunkts.*

– Arbeite mit Beispielen aus dem Ausgangstext.

*– Nimm begründet Stellung und achte auf eine **sachliche** und **logische** Argumentation.*

– Unterzeichne deine Stellungnahme namentlich.

Fertige eine Stoffsammlung an. Diese könnte folgendermaßen aussehen:

	Inhalt	
Einleitung	**Anrede:** Liebe Schüler, sehr geehrte Lehrer, …	
	Schreibanlass: Beteiligung an Diskussion zur zusätzlichen Anschaffung der „Faust"-Comic-Parodie für den Deutschunterricht	
Überleitung	aktueller/persönlicher Bezug (Behandlung des Dramas im Unterricht), Informationen des Ausgangstextes/der Rezension	
	Kontraargumente	**Proargumente**
Hauptteil	• finanzielle Belastung: Anschaffungspreis 14,90 Euro	• Abwechslung im Schulalltag: witziges Bilderbuch (Mephisto trägt Jeans, Hemd, Turnschuhe)
	• kein Beitrag zur Allgemeinbildung: keine echte Zeile Klassiker, Originaltext umgearbeitet, neu gezeichnet, falsche oder wenig nachvollziehbare Darstellung, z. B.: Faust und Mephisto stürzen in Auerbachs Keller nicht ab, Gott/Herr mit Schnauzbart und Pferdeschwanz	• zeitgemäße Darstellung des Stoffs für leichteres Verständnis: aktualisierte Fassung (Jahr 2009, Berlin, Faust als gescheiterter Akademiker, Single, arbeitsloser Taxifahrer, Eingehen auf Wette wegen abgestürzter Technik)
	• fehlender Tiefgang bzw. fragliche Absicht: Anliegen des originalen Goethetextes entfällt im Comic (Handlung, die sich mit nahezu allen Themen des menschlichen Lebens beschäftigt, Streben und Irren des Menschen am Beispiel Faust)	• Identifikation mit Figuren eher möglich: Gretchen als Verkäuferin im Kreuzberger Bioladen (Verkauf von Lebensmitteln mit gefälschten Biosiegeln)
		• Spaß statt Tragik: Komödie statt Tragödie

Fazit	Kompromiss: zusätzliche Anschaffung zum Originaltext „Faust I" wünschenswert, aber Original keinesfalls ersetzen
Schluss	**Unterschrift:** Max Mustermann

Schreibe nun das Konzept deiner Stellungnahme und überarbeite sie anschließend hinsichtlich Orthografie, Grammatik und Sprache. Übertrage deinen Entwurf dann in die Reinschrift.

Beispieltext: Stellungnahme

Liebe Schülerinnen und Schüler, sehr geehrte Deutschlehrerinnen und Deutschlehrer,

als Schüler der Klasse 10, der Goethes „Faust I" gerade im Unterricht gelesen hat, möchte ich mich an der aktuellen Diskussion zur möglichen Einführung der hier vorliegenden „Faust"-Comic-Parodie beteiligen.

Zunächst muss man feststellen, dass der Anschaffungspreis bei diesem Buch recht hoch ist. Im Vergleich zur Originalausgabe ist es sechsmal so teuer. Dies bedeutet eine finanzielle Zusatzbelastung, die vielleicht nicht jeder von uns so einfach tragen kann.

Davon abgesehen sollte man sich überlegen, ob die Beschäftigung mit dem Comic einen Gewinn für den Unterricht und damit für unsere Bildung darstellt. Denn in der „Faust"-Comic-Parodie ist keine echte Zeile Klassiker zu finden. Der Autor hat sich am Text „entlanggehangelt", die Figuren nach eigenen Vorstellungen gestaltet und Handlungsabläufe verändert. Somit hilft uns die Parodie nicht direkt für unsere Abschlussprüfung.

Außerdem ist fraglich, ob die zentralen Themen und Fragen des Lebens, die Goethe in seinem Drama behandelt, in der Comicversion zum Ausdruck kommen. Eine intensive Auseinandersetzung mit Glaube, Liebe, Wissenschaft und Moral – also das, was den „Faust"-Stoff eigentlich ausmacht – bleibt beim Lesen der Comicversion im Unterricht wohl eher aus. Es finden wahrscheinlich keine Gespräche über interessante Textstellen statt, die selbst uns Schüler einmal zum Nachdenken bringen können, wie zum Beispiel: „Es irrt der Mensch, solang' er strebt." Bereits im Prolog von Goethes „Faust", der im Himmel spielt, fällt dieser Satz im Zuge der Wette zwischen Gott und Mephisto. Der Herr ist der Überzeugung, dass der Mensch sich durchaus irren, falschen Idealen folgen kann, aber dann doch irgendwann seinen Irrtum erkennt und seine Lehren daraus zieht. Diese Textstelle ist in der Comic-Parodie vom „Faust" nicht enthalten. Hilft uns der Comic denn dann überhaupt dabei, unseren Horizont zu erweitern, zeitlose Themen und grundlegende Fragen der Menschheit zu erkennen?

Trotz dieser Argumente gegen die Anschaffung des Comics sollte man berücksichtigen, dass Goethes „Faust" für viele von uns wirklich schwer verständlich ist. Sowohl inhaltlich als auch sprachlich ist das Drama „harte Kost", woran so mancher scheitert. Wenn man allerdings die Rezension der Comic-Parodie liest, bekommt man den Eindruck, dass diese „Faust"-Version wesentlich schülerfreundlicher, lustiger und verständlicher ist. Der Comic könnte darum allen eingeschüchterten Schülern Spaß am „Faust" vermitteln und so einen Zugang zum sperrigen Drama verschaffen.

Statt des „alten Schinkens" hätten wir ein originelles Buch vor uns, dessen Inhalt durch die Comicbilder unterstützt würde. Auch die zeitgemäße Darstellung erleichtert das Verständnis: Die Figuren des Comics sind an unsere Gegenwart angepasst und verbinden so Goethes Zeit mit unserer. Die ganze Geschichte spielt im Jahr 2009. Statt des „alten" Teufels in Rot erscheint ein modebewusster Mephisto in Jeans und Hemd, der sein Erkennungszeichen, den Teufelsfuß, in Turnschuhen versteckt. Faust lernen wir als gescheiterten Akademiker kennen, der nun als Single und arbeitsloser Taxifahrer in Berlin lebt. Die Wette mit Mephisto geht Gott, dargestellt mit Schnauzbart und Pferdeschwanz, nur deswegen ein, weil sein Notebook mit dem Weltenschöpfungsprogramm gerade abgestürzt ist. Diese moderne Darstellung macht den Stoff greifbar.

Der Comic-Autor Felix Görmann macht aus der Tragödie Goethes eine Komödie. Er nimmt viele Veränderungen vor, die uns schmunzeln lassen, die uns aber auch die Geschichte von Dr. Faust und Mephisto noch einmal von einer ganz anderen Seite zeigen. Im Rahmen einer Diskussion über Gemeinsamkeiten und Unterschiede zwischen Comic und Drama könnten wichtige Punkte des Originaltextes noch einmal wiederholt und vertieft werden. Wie kommt der Comicautor zum Beispiel auf die Idee, Gretchen zur Verkäuferin in einem Bioladen zu machen? Was könnte ihn dazu bewegt haben? Die Antwort darauf kann unser Wissen über die Figur festigen.

Die zusätzliche Anschaffung des Comics wäre für uns daher eine willkommene Abwechslung im Schulalltag und eine hilfreiche Ergänzung. Jedoch bin ich der Meinung, dass man den Originaltext im Unterricht keinesfalls durch den Comic ersetzen sollte und man die Comic-Parodie erst als solche verstehen kann, wenn man Goethes „Faust" gelesen und im Unterricht besprochen hat.

Max Mustermann

Thema 2 – Bestandsaufnahme in drei Teilen

*Hinweis: Überlege zunächst, welche Anforderungen an den zu schreibenden Text gestellt werden. Es wird von dir erwartet, dass du einen **Paralleltext** verfasst, das heißt, **in Anlehnung an den Text von Julia Engelmann** einen eigenen Text gestaltest. Damit sollst du zeigen, dass du die **zentrale Aussage** des Textfragments verstanden hast und auf deinen Alltag übertragen kannst. Deine Version der „Bestandsaufnahme in drei Teilen" soll im Wochenmagazin „Die Zeit" unter der Rubrik „Willkommen in meiner Welt" erscheinen und erwachsene Leser mit der Welt der Jugendlichen konfrontieren.*

*Die **Textsorte** bleibt dir selbst überlassen. Du kannst dich am Ausgangstext orientieren und die Gedichtform wählen oder zum Beispiel auch eine Erzählung oder einen Brief schreiben. Die einzige Bedingung ist das Aufgreifen der Struktur, das heißt der **Dreiteiligkeit** des Textes nach folgendem Muster:*
– Teil 1 von 3 / Was ich alles nicht hab
– Teil 2 von 3 / Was ich hab, aber nicht will
– Teil 3 von 3 / Was ich habe

*Erstelle zuerst eine **Ideensammlung** entsprechend der drei Teile. Orientiere dich inhaltlich an deiner (jugendlichen) Lebenswirklichkeit, also an deinem alltäglichen Erleben. Du könntest dazu eine Tabelle anfertigen, etwa so:*

Teil 1 von 3 / Was ich alles nicht hab	Teil 2 von 3 / Was ich hab, aber nicht will	Teil 3 von 3 / Was ich habe
•	•	•

Achte beim Schreiben auf
– die (Zwischen-)Überschriften,
– anschauliche Details,
– Originalität (ggf. Provokation),
– eine raffinierte sprachliche Gestaltung (Wortspiele, Metaphern, Redewendungen usw.),
– einen nachvollziehbaren Aufbau deiner Ausführungen.

Schreibe nun das Konzept deiner Bestandsaufnahme und überarbeite sie anschließend hinsichtlich Orthografie, Grammatik und Sprache. Übertrage deinen Entwurf dann in die Reinschrift.

Beispieltext: Bestandsaufnahme in drei Teilen

Teil 1 von 3 / Was ich alles nicht hab

In der Tat, ich habe keinen Bart und kein Brustimplantat,
Kann kein Skat und trage kein Pelztierimitat.
Ich habe keine Kuh, kein Feld und keine Saat.
Ich hab nichts zu verlieren, weil ich auch nie etwas gewonnen hab.
Ich hab kein Fleisch im Kühlschrank und kein Bier.
Notenlesen hab ich nie kapiert, hab auch kein Klavier.
Ich habe kein Doppelbett und auch kein mobiles Internet.
Ich habe keinen Pyjama und keine Hausschuhe,
keinen Wecker und sonntags trotzdem nie meine Ruhe.
Ich habe keine Silikone im Shampoo und Haribo macht mich nicht froh.
Ich hab kein Fernsehen und hab nie RTL gesehen.
Ich habe nie Fahrkarten, Schwarzfahren muss bezahlbar bleiben,
Ich habe keine Zugverbindung, weil die Fahrer streiken.

Teil 2 von 3 / Was ich hab, aber nicht will

Ich hab Angst, verdammte Angst davor, ihn zu verlieren,
Wegzurennen und zu hyperventilieren,
Angst davor, uns zu verletzen
Und mich selbst zu überschätzen.
Habe Angst vor der großen, weiten Welt,
Doch am meisten vor dem, was mich hier hält.
Ich habe Angst vor Krankheiten und Inflation,
Vor der Bankenkrise oder einer Alien-Invasion.
Ich hab Angst vor Rassismus und vor Kriegen,
Vor Höhen, vor Tiefen und davor, mich nie wieder neu zu verlieben.
Ich habe Angst vor Veränderung.
Angst ist stumm und dumm.
Ich hab Angst, zu viel zu sagen oder für immer zu schweigen.
Ich hab Angst, verdammte Angst, am Boden liegen zu bleiben.

Teil 3 von 3 / Was ich habe

Ich habe viel zu viele Sachen,
Sachen, die nicht glücklich machen.
Kleidung, Bücher und Geschirr, tausend Sachen im Gewirr,
Fünf Paar Schuhe und eine volle Wäschetruhe,
Kleidung für Freizeit und ein altes Ballkleid,
Ölfarben und Kunstbände. Ich bemale trotzdem lieber Häuserwände.
Ich hab zwanzig Filme und schaue doch immer nur den einen.
Ich hab eine Schallplattensammlung von meiner Oma,
Aber einen Plattenspieler hab ich keinen.
Ich hab Schlafmangel und ein Hühnchen zu rupfen.
Ich hab einen Garten mit kostenlosem Heuschnupfen.
Ich hab ein Gehirn und zu viele Gedanken,
vier Geschwister zum Spielen und Zanken.
Ich bin gesund und in Sicherheit.
Ich habe allen Grund zur Zufriedenheit.

Thema 3 – Ein persönlicher Brief von Hanna Schmitz – eine Figur aus dem Roman „Der Vorleser" von Bernhard Schlink

*Hinweis: Du sollst einen **fiktiven Brief** Hannas verfassen, den sie kurz vor ihrer Haftentlassung an Michael schreibt. Die Aufgabenstellung verlangt, dass du dabei **aus Hannas Sicht** auf ihr Leben und den Prozess zurückblickst, um so die im Roman **vorangegangene Handlung** zu erläutern und **mögliche Überlegungen und Empfindungen** Hannas zu diesem Zeitpunkt zu offenbaren.*

*Überlege, welche **formalen Anforderungen** du bei einem persönlichen Brief beachten musst. Du kannst dich hieran orientieren:*
- *In den **Briefkopf** gehören Ort, Datum und Anrede. Wähle eine passende Anrede für Michael aus.*
- *Gliedere deinen Brief in sinnvolle **Abschnitte**. Der Textkörper eines Briefs besteht aus Einleitung, Hauptteil und Schluss.*
- *Den Anlass des Briefes formulierst du in der **Einleitung**.*
- *Im **Hauptteil** nennst du alle Punkte, die du dem Empfänger mitteilen willst. Hier ist es wichtig, nicht zwischen den Themen hin und her zu springen, sondern sie sinnvoll anzuordnen und eines nach dem anderen auszuführen.*
- *In den **Schlussteil** deines Briefes gehören Fragen, Bitten, Wünsche, Hoffnungen oder Appelle an den Adressaten.*
- *Abschließen solltest du mit einem angemessenen **Abschiedsgruß** und einer **Unterschrift** Hannas.*
- *Schreibe in der **Ich-Form** und sprich den Empfänger des Briefes gelegentlich direkt an.*

*Beachte bei der **sprachlichen Gestaltung**, dass du die Gedanken und Gefühle Hannas anschaulich und ausdrucksstark schilderst. Verwende z. B. entschuldigende, bedauernde Worte oder binde rhetorische Fragen ein, etwa dann, wenn sie ihr eigenes Handeln infrage stellt. Achte darauf, dass Satzbau und Wortwahl insgesamt zur Figur passen.*

__Inhaltlich__ kannst du dich an folgende Angaben halten:
- *Hanna hofft, dass Michael ihren Brief liest.*
- *Sie beschreibt ihre momentane Situation und ihre Ängste kurz vor der Haftentlassung.*
- *Sie blickt kritisch auf ihr Handeln und den Prozess zurück.*
- *Sie erläutert, wie sich ihr Leben und ihre Einstellung geändert haben.*

Fertige nun eine Stoffsammlung an. Diese könnte wie folgt aussehen:

	Inhalt
Briefkopf	**Ort:** Haftanstalt/Gefängnis/Haftzelle **Datum:** Sommer 1984 **Anrede:** Hallo Michael, .../Lieber Michael, .../Jungchen, ...
Einleitung	Anlass: • Beschreiben der derzeitigen Situation: bevorstehende Haftentlassung • Andeutung: geplanter Freitod
Überleitung	Erläuterung ihres Handelns
Hauptteil	Rückblick auf: • schöne gemeinsame Zeit (Kennenlernen Michaels, Vorlesestunden) • Leben als Analphabetin (Angst vor Bloßstellung ihres Defizits, ständiger Wohnort- und Arbeitsplatzwechsel)

Hauptteil (Fortsetzung)	• Zeit als Aufseherin (Verstrickungen im KZ-Dienst, Verhalten bei Selektionen und beim Kirchenbrand) • Prozess und Haft (Schuldfrage, Ausgeliefertsein, Aufarbeitung und Auseinandersetzung mit Taten, Anerkennung der Schuld, Reue, Übernahme von Verantwortung)
Überleitung	• Reue • letzte Bitte: Übergabe von Brief und Ersparnissen an überlebende Zeugin
Schluss	• Wünsche, Hoffnungen für Michael • Abschiedsgruß und Unterschrift

 Schreibe nun das Konzept deines Briefes und überarbeite es anschließend hinsichtlich Orthografie, Grammatik und Sprache. Übertrage deinen Entwurf dann in die Reinschrift.

Beispieltext: Brief

Haftanstalt XY, Juni 1984

Lieber Michael,

in ein paar Tagen werde ich aus der Haft entlassen. Nach so vielen Jahren soll ich wieder in die Freiheit geschickt werden, in ein Leben, das ich so nicht mehr möchte. Ich gehöre hierher. Und so schreibe ich dir heute diesen Brief, möglicherweise den letzten, damit du mich vielleicht ein bisschen verstehst.

Jungchen, ich habe Angst. Angst vor dem Leben außerhalb dieser Gefängnismauern, die mich 18 Jahre umgeben haben. Ich soll einen Neuanfang starten, alleine wohnen, mich selbst versorgen. Aber ich bin alt und mein Gesundheitszustand ist schlecht. Sicher, du hast alles gut für mein neues Leben draußen vorbereitet, aber du hast dein eigenes Leben, zu dem ich nicht mehr gehöre, Michael. Ich will für dich keine Belastung sein.

Erinnerst du dich noch an „unseren" Anfang? Wie wir uns kennengelernt haben, als es dir so schlecht ging? Ich denke oft an diese Zeit zurück, an unser Ritual, das Vorlesen, unsere gemeinsamen Stunden, die Ausflüge. Es war meine schönste Zeit, auch wenn ich es dir nie gesagt habe.

Ich war damals so darauf bedacht, dass niemand entdeckt, dass ich nicht lesen und schreiben konnte. Aber du hast schnell gemerkt, was mein Problem war, Michael. Und ich habe mich ganz furchtbar geschämt dafür. Jetzt schäme ich mich noch mehr als damals, allerdings aus einem anderen Grund.

Du weißt, warum ich hier bin, was ich getan habe. Ich hatte mich freiwillig bei der SS zum Wachdienst gemeldet. Ich hoffte, Lesen und Schreiben würden bei dieser Arbeit keine Rolle spielen. Was mich genau erwarten würde, wusste ich damals nicht. Es gelang mir gut, meine Schwäche zu verbergen, denn, was es zu entscheiden gab, wurde mündlich entschieden. Ich musste nur immer alles unter Kontrolle behalten, zum Beispiel die Selektionen der Frauen und Mädchen, die ich in den Tod geschickt habe, um Platz für Neuankömmlinge zu schaffen. Und auch in jener Bombennacht habe ich alles unter Kontrolle behalten: den Transport der Frauen, die bei dem Brand in der Kirche ums Leben kamen. Ich hätte die Tür aufschließen können, aber ich tat es nicht. Ich tat es einfach nicht.

Michael, wir sahen uns wieder, als mich meine Vergangenheit eingeholt hatte und mir zusammen mit den anderen Aufseherinnen der Prozess gemacht wurde. Was da auf mich zukam, habe ich überhaupt nicht erfasst und verstanden. Ich konnte mich gar nicht auf den Prozess vorbereiten, etwa die Anklageschrift lesen, denn ich war ja Analphabetin. Selbst als es um das Schreiben des Berichtes zur Bombennacht ging, war der Schutz meines Geheimnisses mir wichtiger als die Wahrheit. Ansonsten hätte ich ja zugeben müssen, dass ich nicht lesen und schreiben konnte. Wieder flüchtete ich, ich flüchtete vor der Bloßstellung. Wie eitel ich war! Und dumm.

Ich weiß jedoch: Meine lebenslange Haftstrafe habe ich zu Recht erhalten. Während meiner Haftzeit nutzte ich die Chance, mich mit meiner Schuld auseinanderzusetzen und meine Vergangenheit aufzuarbeiten. Das habe ich auch dir zu verdanken, denn mithilfe deiner Kassetten, auf denen du mir vorgelesen hast, habe ich mir das Lesen und Schreiben beigebracht. So konnte ich schließlich viele Bücher über die Verbrechen der NS-Zeit lesen, über die Konzentrationslager, über das unermessliche Leid und die Grausamkeit dieser Zeit. Es hat mich tief erschüttert. Meine Mitschuld an diesem Leid, das Ausmaß meiner Schuld habe ich erkannt, Michael. Und ich musste lernen, meine Schuld zu ertragen. Eine Schuld, die mich tagtäglich quält und auch nachts verfolgt. Es tut mir alles unendlich leid. Ich habe Menschen das Schlimmste angetan. Dafür kann es keine Entschuldigung geben. Ich glaube nicht, dass ich meine Schuld abgegolten habe. Ich gehöre hierher.

Lieber Michael, ich habe eine letzte Bitte an dich. Übergib meine Ersparnisse und den Brief aus meiner Teedose bitte an die überlebende Zeugin aus dem Prozess. Danke. Für alles.

Ich wünsche dir, dass du glücklich wirst, Michael.

Alles Gute
Hanna

Teil 1: Textverständnis (Pflichtteil)   (gesamt 20 BE)

Collins Suzanne: Die Tribute von Panem. Tödliche Spiele

Brot und Spiele – das sind die Haupt-
interessen des Kapitols, der Haupt-
stadt des fiktiven Staates Panem. Für
beides sorgen die 12 Distrikte, die das
5 Kapitol grausam unterdrückt. Doch
schlimmer als die Ausbeutung ihrer
Ressourcen ist für die Menschen in
den Distrikten die Pflicht, jedes Jahr
zwei Jugendliche als „Tribute" zur
10 Verfügung zu stellen, die sich in den
„Hungerspielen" bis auf den Tod bekämpfen müssen.

In einer nicht näher spezifizierten Zukunft regiert in Nordamerika das über-
15 mächtige Kapitol über den Staat Panem.
Dieser besteht aus 12 Distrikten, die das
Kapitol mit Rohstoffen versorgen, deren
Bewohner selbst aber zu großen Teilen
in Armut leben. Die Handlung spielt
20 74 Jahre nach einem niedergeschlagenen
Aufstand der Distrikte gegen das Kapitol. Der damals noch existierende Distrikt 13 wurde dabei vollständig zerstört,
die anderen Distrikte werden seither von
25 teilweise grausamen „Friedenswäch-
tern" unter Kontrolle gehalten.

Zentrales Handlungselement des Romans sind die so genannten „Hungerspiele", eine grausame Fernsehshow, die
30 das Kapitol zur Demonstration seiner
Macht jährlich durchführt und in sämtliche Distrikte überträgt. Hierfür verlangt
es von jedem Distrikt eine Jugendliche
und einen Jugendlichen im Alter von 12
35 bis 18 Jahren als „Tribut", die in einer
mit tödlichen Fallen ausgestatteten Arena bis zum Tod miteinander kämpfen
müssen. Der letzte Überlebende geht
als Sieger aus den Spielen hervor.

40 Als das Los für den weiblichen Tribut
aus Distrikt 12 auf die zwölfjährige Prim
Everdeen fällt, meldet sich ihre ältere
Schwester Katniss freiwillig für eine
Teilnahme an den Hungerspielen. Ge-
45 meinsam mit dem männlichen Tribut
aus ihrem Distrikt, Peeta Mellark, reist
sie zum Kapitol, um sich dort auf die
Spiele vorzubereiten.

Fasziniert und abgestoßen zugleich er-
50 lebt sie die Dekadenz des Kapitols, die
auf der Ausbeutung der Distrikte beruht.
Die Vorbereitungen auf die Hungerspiele
beinhalten neben Kampftraining hauptsächlich die medienwirksame Positionie-
55 rung in Fernsehauftritten und Interviews
mit dem Ziel, die Sympathien des Publikums auf einzelne Teilnehmer zu ziehen, denen die Zuschauer in Form von
Sponsorengeschenken in der Arena hel-
60 fen können.

Während der Spiele erweist sich Katniss, die durch illegale Jagd und
Schwarzhandel seit Jahren das Überleben ihrer Familie gesichert hatte, als
65 äußerst gut vorbereitet für ein Überleben in der Arena. Nach und nach sterben immer mehr ihrer Gegner, und sie
beginnt Chancen auf einen Sieg zu
sehen. Nach der Ankündigung einer
70 Regeländerung, nach der zwei Tribute
die Spiele gewinnen können, sofern sie
aus demselben Distrikt stammen, sucht
Katniss Peeta und beginnt, eine Liebesbeziehung zu ihm vorzutäuschen, um
75 Sponsoren zu gewinnen.

Als Katniss und Peeta am Ende der Spiele tatsächlich die beiden letzten Überlebenden sind, wird die Aufhebung der vorherigen Regeländerung verkündet. Weder Katniss noch Peeta sind bereit, den anderen zu töten und setzen zum gemeinsamen Selbstmord an. In letzter Sekunde werden sie vom Spielleiter aufgehalten und ihr gemeinsamer Sieg wird ausgerufen.

Der Roman zeichnet das Bild einer düsteren Zukunft. Das Konzept „Brot und Spiele" wird in grausame Extreme getrieben. Die Inszenierung der Spiele als Fernsehshow ist ebenso erschreckend wie problemlos vorstellbar. Gerade das ist es, was mitunter den Reiz des Romans ausmacht: Die ausführliche Beschreibung der Eröffnungszeremonie, die Vorbereitung der Tribute durch Stylisten und die Selbstinszenierung der Teilnehmer gehören zu den interessantesten Aspekten, die die Geschichte zu bieten hat. In den Dialogen zwischen Katniss und Peeta während der Vorbereitungszeit werden zudem grundlegende philosophische Fragen aufgeworfen: Wie verhält man sich im Angesicht des fast sicheren Todes? Ist man bereit zu töten, um selbst zu überleben? Wie bewahrt man in einer ausweglosen Situation seine Würde?

Nachdem die Tribute allerdings die Arena betreten haben, treten diese außergewöhnlichen Elemente stark in den Hintergrund. Die Handlung wird schnell auf abenteuerliche Aspekte und blutige Kampfdarstellungen reduziert, die zwar sicherlich eine schockierende Wirkung haben, zur Tiefe der Geschichte aber nur sehr selten beitragen. Dies liegt daran, dass die Hauptfiguren Katniss und Peeta zwar sehr sorgsam ausgearbeitet sind, die Persönlichkeiten der anderen Teilnehmer der Hungerspiele aber nicht greifbar und die Darstellungsweisen teilweise auch klischeehaft sind.

Der Roman ist spannend und kurzweilig geschrieben. Die geringe Komplexität der Sprache müsste zwar erfahrenen Lesern auffallen, dürfte aber dem Lesevergnügen von Jugendlichen nicht abträglich sein.

Mit Katniss und Peeta verfügt der Roman über ausführlich charakterisierte Identifikationsfiguren sowohl für Mädchen als auch für Jungen. Problematisch ist allerdings, dass durch die Ich-Erzählperspektive der Katniss eine starke Fokussierung auf die Protagonistin stattfindet. Das ermöglicht eine Identifikation und erschwert eine wünschenswerte Distanzierung.

Der Staat Panem ist zwar als Gesellschaftsmodell ansprechend, aber nicht ausreichend durchdacht. Gerade im Vergleich zu J. K. Rowlings detailliert gezeichneter Harry-Potter-Welt fällt auf, dass Suzanne Collins offensichtlich nur die groben Züge ihrer Welt ausgearbeitet hat. Panem bleibt wenig greif- und vorstellbar. Was für die Figuren gilt, gilt auch für ihr Umfeld: Distrikt 12 wird ausführlich beschrieben, doch über die anderen Distrikte und selbst über das Kapitol erfährt der Leser vergleichsweise wenig. Angesichts der leidenschaftlichen Auseinandersetzung mit Harry-Potter-Fans mit der Zaubererwelt, die sich auf diversen Fanseiten nachverfolgen lässt, kann davon ausgegangen werden, dass die Oberflächlichkeit der Welt von Panem auch Lesern der ursprünglichen Adressatengruppe auffällt.

Es sind grundsätzliche Zweifel angebracht, ob dieser Roman als Jugendbuch tatsächlich geeignet ist. Die philosophischen und gesellschaftskritischen Implikationen können nur allzu leicht überlesen und von den abenteuerlichen Aspekten der Geschichte in den Hintergrund gedrängt werden. Bei einer solchen Lektüre verliert der Roman daher sein kritisches Potenzial und beschränkt sich

170 hauptsächlich auf die Zurschaustellung von Gewalt. Die Angemessenheit einer solchen Darstellung in einem Roman für Jugendliche ist durchaus zweifelhaft. Wie viele aktuell populäre Werke gehört 175 „Die Tribute von Panem" weniger zur Jugend- als vielmehr zur All-Age-Literatur[1]. Erfahrene Leser sind sicherlich in der Lage, vom doppelsinnigen Potential des Textes zu profitieren und eine zu- 180 sätzliche Bedeutungsebene zu erfassen.

Problematisch wird das Buch jedoch bei einer eindimensionalen Lektüre, die sich auf die vordergründige Handlung beschränkt, und zwar vor allem aufgrund 185 der unreflektierten Darstellung von Gewalt. Seine Eignung als Lektüre ist daher äußerst fragwürdig.

---

1 *All-Age-Literatur:* Texte, die sich an Kinder, Jugendliche und Erwachsene richten.

Collins, Suzanne: Die Tribute von Panem. Tödliche Spiele. Oetinger, Hamburg 2009, S. 416.

Quelle: Dr. phil. Iris Mende: Collins Suzanne: Die Tribute von Panem. Tödliche Spiele. http://www.kinderundjugendmedien.de/index.php/literaturkritiken/516-collins-suzanne-die-tribute-von-panem-1-toedliche-spiele, Stand 16. 03. 2015

Aufgaben

Hinweis: Orthografie und Grammatik werden mit 2 BE bewertet.

1. Notieren Sie die Textsorte des vorliegenden Textes.

   a) Inhaltsangabe

   b) Rezension

   c) Reportage

   d) Bericht   1 BE

2. Stellen Sie in eigenen Worten die Beziehung zwischen den Bewohnern von Panem und dem „Kapitol" dar.   1 BE

3. Notieren Sie die Aussage, die der Formulierung „In einer nicht näher spezifizierten Zukunft ..." entspricht. (Zeile 13 f.)

   a) Zu einem Zeitpunkt in näherer Zukunft.

   b) In einer nicht genauer bestimmten Zukunft.

   c) Zu einem vorstellbaren gegenwärtigen Zeitpunkt.

   d) In einer zeitlich genau bestimmbaren Zukunft.   1 BE

4. Formulieren Sie auf der Grundlage des Textes vier Regeln in Satzform, die für die Durchführung der *Hungerspiele* gelten.   2 BE

5. Schreiben Sie die Satzanfänge ab und vervollständigen Sie die nachfolgenden Aussagen zum Text.

   a) Die vollständigen Namen der Protagonisten des Romans sind …

   b) Der geplante Selbstmord wird nicht ausgeführt, da …   2 BE

6. Entwickeln Sie zur Hauptheldin eine Übersicht mit mindestens vier Informationen aus dem Text.   3 BE

7. Im Text wird Bezug auf J. K. Rawlings „Harry Potter" genommen. Formulieren Sie mit eigenen Worten den Unterschied, den „Die Tribute von Panem. Tödliche Spiele" und „Harry Potter" nach Auffassung des Textes aufweisen.   1 BE

8. Die Autorin Iris Mende benennt Stärken und Schwächen des Romans „Die Tribute von Panem. Tödliche Spiele". Stellen Sie diese in einer Tabelle dar.   4 BE

9. Die Autorin Iris Mende äußert sich dazu, ob der Roman als Lektüre für Jugendliche empfohlen werden kann. Positionieren Sie sich zur Meinung der Autorin.   3 BE

Teil 2: Textproduktion (Wahlteil) (gesamt 30 BE)

Wählen Sie **eines** der folgenden Themen 1, 2 oder 3 aus.

Thema 1

J. W. von Goethe: Faust, Szene „Kerker"

Bild: © Mark Töbermann / www.art-of-toeby.com

Stellen Sie sich vor, der Kerkermeister beobachtet das Geschehen der Szene „Kerker" und verfolgt alle Gespräche über den gesamten Zeitraum.

Um sich später daran erinnern zu können, notiert er sich ausführlich, was geschehen ist, was er erlebt hat und wie er das Gesehene und Gehörte beurteilt. Schreiben Sie diesen Text.

Thema 2

Eine Parallelgeschichte schreiben

Die Sterntaler

Es war einmal ein kleines Mädchen, dem war Vater und Mutter gestorben, und es war so arm, dass es kein Kämmerchen mehr hatte, darin zu wohnen, und kein Bettchen mehr hatte, darin zu schlafen, und endlich gar nichts mehr als die Kleider auf dem Leib und ein Stückchen Brot in der Hand, das ihm ein mitleidiges Herz geschenkt hatte. Es war aber gut und fromm. Und weil es so von aller Welt verlassen war, ging es im Vertrauen auf den lieben Gott hinaus ins Feld.

Da begegnete ihm ein armer Mann, der sprach: „Ach, gib mir etwas zu essen, ich bin so hungrig." Es reichte ihm das ganze Stückchen Brot und sagte: „Gott segne dir's" und ging weiter. Da kam ein Kind, das jammerte und sprach: „Es friert mich so an meinem Kopfe, schenk mir etwas, womit ich ihn bedecken kann." Da tat es seine Mütze ab und gab sie ihm. Und als es noch eine Weile gegangen war, kam wieder ein Kind und hatte kein Leibchen an und fror: da gab es ihm seins; und noch weiter, da bat eins um ein Röcklein, das gab es auch von sich hin. Endlich gelangte es in einen Wald, und es war schon dunkel geworden, da kam noch eins und bat um ein Hemdlein, und das fromme Mädchen dachte: „Es ist dunkle Nacht, da sieht dich niemand, du kannst wohl dein Hemd weggeben", und zog das Hemd ab und gab es auch noch hin.

Und wie es so stand und gar nichts mehr hatte, fielen auf einmal die Sterne vom Himmel, und waren lauter blanke Taler; und ob es gleich sein Hemdlein weggegeben, so hatte es ein neues an, und das war vom allerfeinsten Linnen. Da sammelte es sich die Taler hinein und war reich für sein Lebtag.

Quelle: Grimms Märchen. 6. Auflage. Anton & Co. Verlag. Leipzig 1935, S. 183–185.

Nehmen Sie das vorliegende Märchen zum Anlass, über den Umgang mit Ihren Mitmenschen, über das Geben und Nehmen, Helfen und Hilfe annehmen, nachzudenken.

Schreiben Sie eine Parallelgeschichte.

Die Geschichte soll in der heutigen Zeit spielen und auf übernatürliche Handlungselemente verzichten.

Thema 3

Möglichkeiten und Risiken intelligenter Technik

„Bald wird es Maschinen geben, die intelligenter sind als wir. Sie beginnen bereits, unsere Welt zu begreifen. Sie erkennen Bilder. Sie interpretieren komplexe Daten. Sie sind sogar in der Lage, selbstständig zu lernen, auch aus eigenen Fehlern. Und ihre Fortschritte sind spektakulär. Müssen wir uns fürchten?"

„Schon heute behaupten Forscher, sie könnten anhand von 150 Facebook-Likes ein Persönlichkeitsprofil eines Menschen erstellen, [...] Kombiniert mit Ortsdaten aus Handys und Überwachungskameras, mit digitalen Spuren von Einkäufen und sozialen Verbindungen entsteht ein hochaufgelöstes Abbild ganzer Gesellschaften."

„Die Unternehmensberatung A. T. Kearney erwartet, dass allein in Deutschland neun Millionen Jobs verschwinden, wenn intelligente Maschinen sich ausbreiten."

„Roboter sollen nach Ansicht mancher Wissenschaftler künftig wichtige Rollen in der Gesellschaft übernehmen: als Kollegen, Pfleger, sogar als Ersatz für Freunde. Dafür trainieren sie ihnen Intelligenz an."

Christian Schwägerl[1], Künstliche Intelligenz. In: Geo. Im Focus der Forschung.
Ausgabe 03/2015, S. 109

Bild: © Mark Töbermann / www.art-of-toeby.com

1 Deutscher Wissenschafts-, Politik- und Umweltjournalist.

Nehmen Sie diese Zitate zum Anlass, sich erörternd mit dem Thema „Möglichkeiten und Risiken intelligenter Technik" auseinanderzusetzen.

Positionieren Sie sich in diesem Zusammenhang auch zu der Frage: Müssen wir uns fürchten?

Lösungsvorschläge

Teil 1: Textverständnis (Pflichtteil)

1. Der Text ist eine Rezension.

   Hinweis: Der Operator „Notieren" bedeutet, dass du dich zwischen Satz und Einzelwort entscheiden kannst. Eine Begründung wird nicht verlangt. Der Text ist deswegen eine Rezension, weil hier der Leser über den Inhalt des Buches „Die Tribute von Panem" informiert wird und eine persönliche Bewertung durch die Rezensentin erfolgt.

2. Das Kapitol unterdrückt die Bewohner von Panem brutal und beutet sie aus. Sie leiden sehr darunter.

   Hinweis: Die Darstellung der Beziehung zwischen den Bewohnern und dem Kapitol findest du im ersten und zweiten Textabschnitt (Zeilen 1–26).

3. In einer nicht genauer bestimmten Zukunft.

   Hinweis: Der Operator „Notieren" bedeutet hier, dass du die gesamte vorgegebene Formulierung übernehmen musst. Es ist kein Ankreuzen oder Markieren möglich.

4. *Mögliche Lösungen:*
   - Jeder Distrikt muss zwei Jugendliche im Alter von 12–18 Jahren zu den Hungerspielen schicken.
   - Pro Distrikt muss ein männlicher und ein weiblicher Spieler geschickt werden.
   - Die Jugendlichen müssen bis zum Tod kämpfen.
   - Der letzte Überlebende ist der Sieger der Spiele.
   - Für einen gezogenen Teilnehmer kann sich ein anderer freiwillig melden.
   - Sponsoren dürfen die Spieler unterstützen.

   *Hinweis: Im Text sind viele verschiedene Regeln enthalten, du sollst aber nur **vier** notieren. Achte darauf, dass sich die Regeln auf die Durchführung der Hungerspiele beziehen. Regeln können auch im Imperativ stehen, z. B.: Gewinne die Sympathie des Publikums. Kämpfe bis zum Tod. Die oben genannten Regeln lassen sich aus den Zeilen 32–35, 37 ff., 42 ff., 58 ff. ablesen.*

5. a) Die vollständigen Namen der Protagonisten des Romans sind Katniss Everdeen und Peeta Mellark.

   b) Der geplante Selbstmord wird nicht ausgeführt, da die Protagonisten in letzter Sekunde vom Spielleiter aufgehalten werden und ihr gemeinsamer Sieg ausgerufen wird.

   Hinweis: Achte auf das vollständige Abschreiben der Satzanfänge und das Vervollständigen der Sätze. Bei b sind auch andere Formulierungen denkbar, die die Entscheidung des Spielleiters enthalten, die Protagonisten zu den gemeinsamen Siegern zu erklären.

6. *Mögliche Lösung:*

   Hauptheldin

Name:	Katniss Everdeen
Familie:	Schwester, 12 Jahre
Wohnort:	Distrikt 12
Beschäftigung:	Absicherung der Familie durch Jagd und Schwarzhandel
Rolle:	Ich-Erzählerin

   *Hinweis: Du sollst **mindestens vier** Informationen zur Hauptheldin Katniss Everdeen in einer Übersicht darstellen. Hierfür bietet sich eine Art tabellarischer Lebenslauf oder Steckbrief an. Weitere Möglichkeiten wären auch eine Mindmap oder ein Cluster.*

Achte auf eine strukturierte Darstellung der Über- und Unterordnung der Informationen.
Im Text findest du übrigens mehr als fünf Angaben zur Hauptheldin.
Die oben aufgeführten Informationen stehen in den Zeilen 41 ff., 62 ff., 133 ff.

7. Der Unterschied zwischen dem Buch „Die Tribute von Panem" und „Harry Potter" besteht darin, dass die Welt von Panem im Vergleich zur Welt von Harry Potter nur sehr oberflächlich dargestellt wird. Die Handlungswelt von „Harry Potter" wird detaillierter beschrieben.

Hinweis: Der Unterschied wird in den Zeilen 139–159 erläutert. Formuliere ihn mit eigenen Worten und in ganzen Sätzen.

8.

Stärken	Schwächen
• Identifikation mit Protagonisten für Jungs und Mädchen möglich • All-Age-Literatur, kurzweilig • Spannung durch Sprache • Inszenierung der Hungerspiele gut vorstellbar • Aufwerfen grundlegender philosophischer Fragen	• Reduzierung der Handlung auf Gewalt und Abenteuer • Nebenfiguren klischeehaft ausgearbeitet • Fokussierung auf Protagonistin / Hauptheldin • Gesellschaftsmodell wenig durchdacht

Hinweis: Es sind mehrere Stärken bzw. Schwächen des Buches „Die Tribute von Panem"
im Text benannt. Finde mindestens jeweils zwei. Achte auf den Tabellenkopf, d. h. auf
die erste Tabellenzeile, in der du die Begriffe „Stärken" und „Schwächen" notierst.
Die oben aufgeführten Stärken findest du in den Zeilen 89 ff., 100 ff., 123 ff., 129 ff. und
176 ff., die Schwächen in den Zeilen 111 ff., 119–122, 134 ff., 139 ff.

9. Die Autorin Iris Mende zweifelt an der Eignung des Buches als Lektüre für Jugendliche. Als Grund dafür nennt sie die unreflektierte Darstellung von Gewalt (vgl. Z. 169 ff.). Weiterhin führt sie an, dass nur erfahrene Leser in der Lage wären, das doppelsinnige Potenzial des Textes zu erschließen (vgl. Z. 177–180).
Ich stimme Iris Mende zu. Die blutigen Kampfdarstellungen eignen sich nicht als Lektüre für 12-jährige Leser, auch wenn sie sicherlich sehr abenteuerlich klingen. Ich glaube nicht, dass Jugendliche in diesem Alter tief darüber nachdenken, was sie lesen. So bleiben die Kampfszenen als solche im Gedächtnis haften und nicht der Gedanke darüber, dass diese Art von Vergnügung für die Oberen eigentlich menschenunwürdig ist.

Hinweis: Der Operator „Positionieren" bedeutet, dass du eine eigene Meinung entwickeln sollst. Benenne dazu zuerst den Autorenstandpunkt. Schließe dann deine begründete Meinung an.

Teil 2: Textproduktion (Wahlteil)

Thema 1 – J. W. von Goethe: Faust, Szene „Kerker"

Hinweis: Überlege zunächst, welche Anforderungen an den zu schreibenden Text gestellt werden. Du sollst dich in die Perspektive des Kerkermeisters hineinversetzen, der das Geschehen der Szene „Kerker" beobachtet und die Gespräche über den gesamten Zeitraum verfolgt. Um das Beobachtete und Gehörte nicht zu vergessen, schreibt er es sich im Nachhinein auf. Diesen Text sollst du verfassen. Die Aufgabe konkretisiert, was darin thematisiert werden soll:
– das Geschehen im Kerker,
– das Erleben des Kerkermeisters,
– seine Beurteilung des Gesehenen und Gehörten.

Die Textsorte bleibt dir überlassen. Du kannst zum Beispiel einen Tagebucheintrag oder auch einen Erlebnisbericht schreiben. Es entsteht auf jeden Fall ein Mischtext mit erzählenden, beschreibenden und beurteilenden Komponenten. Beachte folgende Punkte:

– Überlege dir zunächst eine geeignete Textform.
– Schreibe in der Ich-Form aus der Perspektive des Kerkermeisters.
*– Beginne deinen Text (**Einleitung**) mit einem sinnvollen Einstieg aus der Beobachterposition.*
*– Im **Hauptteil** führst du am besten chronologisch an, was der Kerkermeister von Anfang bis Ende gesehen hat.*
– Orientiere dich dabei am Dramentext der Szene „Kerker". Lies noch einmal gründlich nach.
– Achte bei der Wiedergabe von Gedanken und Gefühlen des Kerkermeisters auf den entsprechenden Satzbau, z. B. verkürzte Sätze, Ausrufe, Gedankensprünge, und die Wortwahl, z. B. anschauliche Verben, Adjektive und Substantive.
– Verwende das Präteritum, wenn der Kerkermeister über Vergangenes reflektiert, das Präsens, um über die gegenwärtigen Gefühle und Gedanken zu schreiben.

Wenn du einen Tagebucheintrag schreibst, dann
– beginne diesen mit der Angabe des Datums (Mittelalter, ca. 1480–1538),
– schließe daran deine Anrede an (Gott zum Gruß, Tagebuch, …),
– gliedere deinen Eintrag trotz der freien Schreibform in Einleitung, Hauptteil und Schluss.

Fertige nun eine Stoffsammlung an, indem du den Inhalt der Kerkerszene (möglichst chronologisch) notierst und durch die Gefühle, Gedanken und Beurteilungen ergänzt.
Deine Stoffsammlung könnte z. B. so aussehen:

	Stichpunkte zum Geschehen (auf der Grundlage des Dramentextes)	Stichpunkte zum Verhalten des Kerkermeisters, zu seinem Erleben und zur Beurteilung
Einleitung: Anlass für den Eintrag	Geschehen bei der Nachtwache	merkwürdiges, teils unheimliches Erlebnis
Hauptteil: Beobachtete Szene	• Mann mit Schlüsseln schleicht in Kerker	• nach Rundgang: Krug Bier • Verwunderung des Kerkermeisters, Verfolgen des Eindringlings
	• Mann schließt Zelle junger Frau auf • Frau hat Angst, kennt den Mann nicht • Mann will Frau befreien; Bitte, leise zu sein • Frau glaubt, Henker käme • Frau will Kind tränken, das man ihr genommen hätte	• Verwirrung des Kerkermeisters: ein Kind anwesend? • Vermutung: Frau durcheinander
	• Mann ruft „Gretchen" • Frau reagiert auf den Namen, erkennt den Mann, freudig erregt • Gretchen fleht um einen Kuss • Freund bittet dringlich, ihm zu folgen, Zeit zum Küssen sei dann noch	• Eingeständnis, dass Kerkermeister hätte eingreifen müssen

	• Gretchen fragt, ob Freund wüsste, wen er befreie (sie habe Mutter umgebracht, Kind ertränkt) • Gretchen sieht Blut an Freundes Hand, Degen • Mann bittet Frau, Vergangenes ruhen zu lassen • Freund soll sich um Grabstellen kümmern: Mutter, Bruder, sie selbst, Kind an ihrer Brust • Gretchen will Mann nicht ins Freie folgen	• Vermutung: Frau verwirrt • kein Mut, näher heranzugehen wegen Bewaffnung des Mannes • Einschätzung als Familientragödie • Überlegung, warum Gretchen nicht mitging; Einschätzung, dass Mann Befreiung wichtig; Vermutung: Mitschuld an Schicksal des Mädchens
	• Angst Gretchens vor Verfolgung, vor Leben auf der Flucht, vor der Schande • Gretchen fantasiert; Bitte an Freund, das noch zappelnde Kind zu retten • Gretchen sieht Mutter auf Stein mit dem Kopf wackeln, plötzlich einschlafen • Freund will Gretchen hinaustragen • Gretchen wehrt sich, schreit • Gretchen erkennt Anbruch des letzten Tages, eigentlicher Hochzeitstag • Gretchen sieht eigene Hinrichtung durch das Schwert • Auftauchen eines zweiten Mannes: „Auf! oder ihr seid verloren."	• Vermutung: Wahnsinn der Frau • Beurteilung: schreckliche Worte • Einschätzung: Teufel in Person; Stocken des Atems; rauschendes Blut in den Ohren
	• Gretchen hat fruchtbare Angst: „Was will der an dem heiligen Ort? Er will mich!" – Wahnsinn? • Gretchen übergibt sich dem Gericht Gottes, bittet um Errettung • Gretchen: „Heinrich! Mir graut's vor dir." • teuflische Person ruft: „Sie ist gerichtet!" • Stimme von oben: „Ist gerettet!" • Männer verschwinden	• Kerkermeisters Ohnmacht
Schluss: Fragen / Wünsche / Hoffnungen		• Erwachen des Kerkermeisters • Überlegung: Was war passiert? • Beurteilung: Gretchen hat Frieden • Wunsch: keine Besucher dieser Art mehr

Schreibe nun das Konzept deines Tagebucheintrages und überarbeite ihn anschließend hinsichtlich Orthografie, Grammatik und Sprache. Übertrage deinen Entwurf dann in die Reinschrift.

Beispieltext:

23. 06. 1506

Gott zum Gruß, Tagebuch,

in der letzten Nacht ist mir während meines Wachdienstes im Kerker etwas unglaublich Merkwürdiges, gar Unheimliches passiert.

Nach meinem Rundgang hatte ich mich mit einem Krug Bier zur Ruhe gesetzt, als ich plötzlich das Klirren eines Schlüsselbundes vernahm. Gleich darauf kam ein gespenstischer Schatten um die Ecke, der sich jedoch als Schatten eines mittelgroßen Mannes entpuppte, der leise durch die Gänge des Kerkers schlich. „Was geht hier vor?", dachte ich, stellte mein Bier ab und schlich dem Mann, das Schwert parat, hinterher.

Bei der Tür einer jungen Frau, die am nächsten Tag hingerichtet werden sollte, hielt er zögerlich an: Er schloss die Tür leise auf und trat ein.

Ich hörte, wie die junge Frau rief, dass man sie wohl nun holen würde. Offensichtlich war ihr der nächtliche Besucher unbekannt, obwohl dieser sie bat: „Still! Still! Ich komme, dich zu befreien." Ich hörte auch, wie er die Ketten nahm, um sie aufzuschließen, vernahm dann wieder die Stimme der Frau.

Sie glaubte, der Henker wäre schon früher gekommen und bat noch um etwas Zeit. Sie wäre doch noch so jung. Außerdem müsse sie erst noch ihr Kind tränken, welches sie die ganze Nacht im Arm gehabt hätte.

„Welches Kind?", dachte ich. Soweit mir bekannt war, saß sie allein in ihrer Zelle.

Sie hätten ihr das Kind weggenommen, sagten, sie hätte es umgebracht. Augenscheinlich war die junge Frau etwas durcheinander!

„Ein Liebender liegt dir zu Füßen, …", sagte jetzt der Mann. „Gretchen! Gretchen!", rief er.

Kannten sich die beiden doch? Waren sogar ein Liebespaar? Gretchen hieß das Mädchen also, welches auch sofort auf den Namen reagierte und nach dem „Freund" suchte.

Den Worten nach ist sie ihm glücklich in die Arme gefallen, in der Hoffnung, dass er sie erretten würde. Sie sprach von ihrer ersten Begegnung, wollte ihn küssen und herzen. Er reagierte wohl nicht so, wie sie wollte, auf ihre Annäherungsversuche, sprach immer, dass sie weg müssten. Schnell. Bat sie, ihm zu folgen. Eigentlich hätte ich schon längst dem Treiben ein Ende setzen müssen, aber ich war von dem seltsamen Geschehen wie gelähmt.

Plötzlich hatte ich wieder das Gefühl, dass mit dem Mädchen etwas nicht in Ordnung wäre, denn sie fragte den Freund, ob er es denn wäre. Und, ob er wüsste, wen er da befreien würde.

Sie sprach davon, ihre Mutter umgebracht und ihr Kind ertränkt zu haben, wollte seine Hand halten. Stieß diese zurück, weil Blut dran kleben würde. Forderte ihn auf, den Degen einzustecken. Was war dort in der Zelle nur los? Dichter heranzugehen, das traute ich mich nicht.

Der Fremde schien bewaffnet zu sein. Und so harrte ich auf meinem Lauschposten aus und hörte den Mann hart sagen: „Lass das Vergangne sein, du bringst mich um."

Obwohl die junge Frau leise redete, vernahm ich ihre Bitte an den Mann, sich um die Beerdigung und Grabstellen für sich und ihre Familie zu kümmern. Die Mutter, der Bruder, ihr Kind – alle waren tot. Was für eine Familientragödie!

Morgen würde auch Gretchen hingerichtet und tot sein. Warum ging sie denn nicht einfach mit dem Mann mit? Die Tür war nun schon mal offen! Warum nutze sie ihre Chance auf Freiheit nicht? Dem Mann war ihre Befreiung doch offensichtlich wichtig! Oder wollte er nur sein Gewissen beruhigen? Ganz unschuldig an dem Schicksal des Mädchens schien er ja auch nicht zu sein.

Also spitzte ich weiter meine Ohren. Heinrich nannte sie nun den Mann. Und Angst hätte sie vor der Verfolgung, einem Leben auf der Flucht. Vor der Schande.

Schmerzvoll hörte ich sie den Mann anflehen, das Kind zu retten, welches noch im Teich zappele. Plötzlich sprach sie von ihrer Mutter, die kopfwackelnd auf einem Stein sitzen, dann einschlafen und nicht mehr aufwachen würde. Es schien, als wäre sie wahnsinnig geworden, nicht mehr Herrin ihrer Sinne.

Der Mann Heinrich dachte wohl auch so und wollte sie hinaustragen.

Als er sie anfasste, schrie das Mädchen zum Steinerweichen. Gretchen sah im Geiste schon ihre eigene Hinrichtung, die Menschenmassen, das Schwert ihren Nacken treffend!

Und als wären ihre Worte nicht schon schlimm genug, tauchte wie aus dem Nichts ein zweiter Mann im Kerker auf. Mir stockte bei seinem Anblick förmlich der Atem: der Teufel in Person! Das Blut rauschte mir in den Ohren, sodass ich nur vage vernahm, was jetzt im Kerker passierte. Ein Wort gab das andere. Die teuflische Person rief: „Auf! Oder ihr seid verloren."

Gretchen schrie: „Der! der! Schick ihn fort! Was will der an dem heiligen Ort? Er will mich!" und übergab sich mit den Worten: „Heinrich! Mir graut's vor dir." dem Gericht Gottes.

Der Teufel reagierte mit: „Sie ist gerichtet!". Da donnerte plötzlich eine Stimme von oben: „Ist gerettet!".

Bevor mir meine Sinne schwanden, bekam ich gerade noch mit, dass die Männer den Kerker fluchtartig verließen. Dann wurde es dunkel um mich.

Als ich wieder zu mir kam, herrschte im Kerker Totenstille. Wäre nicht die Zellentür der jungen Frau offen gewesen, die auf dem Stroh friedlich ihrer Strafe entgegenschlief, hätte ich an einen Alptraum oder zu viel Bier geglaubt.

Ich denke, die junge Frau hat ihren Frieden mit sich und ihrem Schicksal gemacht.

Solch unruhige Nächte mit zwielichtigen, heimlichen Besuchern erhoffe ich für mich in nächster Zeit lieber nicht mehr, Tagebuch.

Thema 2 – Eine Parallelgeschichte schreiben

*Hinweis: Die Schreibaufgabe besteht darin, eine **Parallelgeschichte** zum vorliegenden „Sterntaler"-Märchen zu verfassen. Die Aufgabenstellung umfasst über diesen Auftrag hinaus noch zwei weitere Hinweise: Zum einen verlangt sie, dass du dir ausgehend vom Märchen über den „**Umgang**" mit anderen **Menschen** und über „**Geben und Nehmen, Hilfe und Hilfe annehmen**" Gedanken machst. In der Geschichte, die du schreibst, sollten sich diese Aspekte niederschlagen. Zum anderen konkretisiert die Aufgabenstellung zwei Anforderungen an die Parallelgeschichte:*

– Handlungszeit: Gegenwart,
– Handlungselemente: Verzicht auf Übernatürliches.

*Erschließe dir zunächst den **Inhalt des Märchens**. Untersuche, welche inhaltlichen Besonderheiten dieser Ausgangstext hat (z. B. zum Aufbau, zur Moral etc.).*
*Überlege dann, wie du die Geschichte auf **heutige Verhältnisse** übertragen kannst. Stelle dir dafür zum Beispiel die folgenden Fragen:*
*– Welche **Figuren** treten auf?*
*– In welchen **Situationen** befinden sie sich (Situationen, in denen sie Hilfe benötigen)?*
*– Auf welche Art und Weise könnte die Hauptfigur der Geschichte anderen Menschen **helfen**?*
*– Wie könnte die **Geschichte ausgehen**, wie wird die Hauptfigur für ihre guten Taten „entlohnt"? Vergiss dabei nicht, dass **keine übernatürlichen Handlungselemente** vorkommen dürfen.*

*Lege dann auf dieser Grundlage einen **Schreibplan** an.*
*Vor dem Schreiben ist noch eine Entscheidung zu treffen, aus welcher **Perspektive** (Ich-Perspektive oder Er-Form) und in welcher **Zeitform** du die Geschichte verfassen willst. Im nachfolgenden Vorschlag wird in der Er-Form und im Präsens erzählt, wobei für den Beginn der Geschichte, der von Ereignissen vor den eigentlichen Geschehnissen berichtet, das Präteritum verwendet wird.*
Beim Verfassen der Parallelgeschichte ist es ratsam, auch das gute Gefühl zu beschreiben, wenn man einer anderen Person geholfen hat, aber auch wenn man Hilfe bekommt.

Beispieltext: Eine unerwartete Wendung

Als Nils noch ein kleiner Junge war, hatten seine Eltern einen schweren Autounfall und verstarben. Dann waren nur noch Nils und seine kleine Schwester Charlotte da und hatten niemanden mehr auf dieser Welt außer ihre Oma Lisa. Sie nahm die beiden Waisen bei sich auf und schenkte ihnen – auch wenn sie dafür auf die schönen Rentenjahre verzichten musste, auf die sie sich all die Zeit gefreut hatte – ein liebevolles Zuhause. Für die beiden Kinder war es dennoch keine leichte Zeit, da sie ihre Eltern doch sehr vermissten. Nils erinnert sich aber heute noch gerne zurück an die schönen Momente, die sie gemeinsam im Garten der Großmutter verbrachten, als sie auf Bäume kletterten oder sich den Bauch mit Kirschen und Erdbeeren vollschlugen.

Inzwischen ist Nils erwachsen geworden, er hat eine Ausbildung zum Installateur abgeschlossen und wohnt in einer kleinen Wohnung am Rande der Stadt. Nils' Schwester Charlotte hat den frühen Tod der Eltern leider nicht so gut verkraftet und hat es nach einem abgebrochenen Schulabschluss schwer, eine Wohnung zu finden. Der Vermieter hat ihr angedroht, sie aus der Wohnung zu werfen, wenn sie die Miete wieder nicht bezahlen kann. Die Oma hat Nils in dem Glauben erzogen, dass man anderen Menschen immer helfen soll, wenn man es kann, da alles Gute irgendwann auch wieder zurückkommt. Darum gibt er Charlotte das Geld für die Miete. „Die neue Gitarre, die ich mir zulegen wollte, kann ich auch ein anderes Mal kaufen", denkt er sich.

Eines Tages fährt Nils aufs Land, um seine Oma zu besuchen. Schon an der Tür wundert er sich, wie lange es dauert, bis seine Großmutter ihm öffnet, und als sie ihm die Kohlrouladen aufträgt, fällt ihm auf, wie ihre Hände zittern. Nils fragt seine Oma, wie sie allein zurechtkommt, doch die alte Dame winkt nur wehmütig ab. Die Beine wollen nicht mehr so wie früher, die Augen sind schwach und das Kochen und Putzen fällt ihr immer schwerer. Als Nils an diesem Tag nach Hause fährt, denkt er darüber nach, was die Oma alles für ihn getan hat, als er noch ein kleiner Junge war. Am nächsten Tag ruft er seinen Vermieter an und kündigt seine Wohnung. Wenig später zieht er zu seiner Oma in ihr altes Haus. Die Dankbarkeit in ihren Augen, als er ihr sagt, dass er ihr von nun an helfen möchte, auch wenn die Autofahrt zur Arbeit nun doppelt so lang für ihn ist, genügen ihm als Dank.

In Nils' Firma gibt es einen jungen Mann, der heißt Peter. Peter ist ein guter und fleißiger Lehrling, der immer mit voller Kraft dabei ist – aber wenn es an die Büroarbeit geht, schaut er voller Verzweiflung auf die vor ihm liegenden Unterlagen, denn Peter kann nicht gut lesen. Er hatte Probleme in der Schule und hat nie richtig lesen gelernt. Nils hat Mitleid mit Peter, denn er weiß, wie wichtig der Ausbildungsplatz für ihn ist. Darum hilft er ihm heimlich mit den Unterlagen. Plötzlich wird Nils jedoch zu seinem Chef ins Büro bestellt. Dieser hat mitbekommen, dass Nils bei den Unterlagen geholfen hat. Er solle sofort zugeben, wenn er Peter zu schützen versuche – sonst würde er seinen Job verlieren. Nils denkt an Peter, der ihm neulich das Foto seines kleinen Sohns gezeigt hat, und sagt nichts.

Als Nils an diesem Tag zu Hause sitzt, ist er zwar traurig, dass er seinen Job verloren hat und nicht mehr in seiner eigenen Wohnung wohnt, aber in seinem Inneren hört er die Stimmen seiner Eltern, die ihn loben, weil er so ein gütiger und hilfsbereiter Mensch ist.

Ein paar Monate später weckt ihn seine Oma durch ein aufgeregtes Klopfen an der Tür und ruft: „Nils. Komm schnell runter. Hier ist ein junger Mann, der dich sprechen möchte." Verwundert zieht sich Nils ein T-Shirt über den Kopf und geht hinaus in den Flur. Dort steht Peter aus seinem alten Unternehmen und grinst ihn freudestrahlend an. Nils bittet ihn herein und gemeinsam setzen sich beide an den großen Holztisch in der Küche. Dann beginnt Peter zu erzählen: „Deine selbstlose Tat hat mich motiviert, endlich richtig lesen und schreiben zu lernen. Ich habe meinen Abschluss gemacht. Dann hatte ich eine tolle Idee für eine neue Maschine und habe bereits einen Investor dafür gefunden. Ich möchte ein eigenes Unternehmen gründen und möchte dich bitten, gemeinsam mit mir in dieser neuen Firma zu arbeiten."

Erfreut stimmt Nils zu, denn er hat bisher noch keinen neuen Job gefunden und weiß, was für ein guter Techniker Peter ist. Da tritt Nils Oma in die Küche und sagt: „Ich habe von eurer Idee gehört und weil ich an dich glaube und du mir so eine große Hilfe warst, möchte ich euch etwas von meinem ersparten Geld dazugeben." Nils und Peter freuen sich beide und als Nils den Freund gerade zur Tür bringt, kommt ihnen in der Einfahrt seine Schwester Charlotte entgegen. Fröhlich erzählen sie ihr von der Idee. Nachdem Charlotte einmal tief Luft geholt hat, sagt sie: „Wenn ihr nichts dagegen habt, möchte ich gern als Sekretärin in eurer neuen Firma für euch arbeiten. Ich möchte monatlich einen Teil des Geldes, das du mir geliehen hast, zurückzahlen, bis ich all meine Schulden beglichen habe." Nach einem kurzen Blickwechsel stimmen Nils und Peter dem zu.

Einige Jahre später ist die Firma von Nils und Peter sehr erfolgreich und so ist Nils für die Opfer, die er für andere gebracht hat, mehrfach entschädigt worden. Die Oma hat jetzt eine eigene Pflegekraft, die ihr im Haus hilft, und Charlotte verdient genug Geld, um für sich selbst zu sorgen. Nils Eltern haben Recht behalten: Wer anderen Gutes tut, dem widerfährt auch selbst Gutes.

Thema 3 – Möglichkeiten und Risiken intelligenter Technik

*Hinweis: Die Aufgabe besteht darin, auf der Grundlage von **vier Zitaten** aus einem „Geo"-Artikel einen **erörternden Text** zu verfassen, in dem du dich mit den „Möglichkeiten und Risiken **intelligenter Technik**" auseinandersetzst. Der zweite Teil der Aufgabe („Positionieren Sie sich …") verlangt dabei eine **Stellungnahme** zu der Frage, ob angesichts der zunehmenden Technisierung durch intelligente Maschinen **Anlass zur Angst** besteht.*

Es ist ratsam, zunächst genauer die Zitate anzusehen, um für den Aufsatz Anregungen und Argumente zu gewinnen. Eine entsprechende Übersicht könnte folgendermaßen aussehen:

	Pro – Möglichkeiten	Kontra – Risiken
Zitat 1: „Bald wird es Maschinen geben, die intelligenter sind als wir. Sie beginnen bereits, unsere Welt …"	• Unterstützung der Menschen bei komplexen Aufgaben • große Zuverlässigkeit der Maschinen • weniger Fehler durch menschliches Versagen	• Abhängigkeit, Kontrollverlust der Menschen • Maschinen intelligenter als Menschen, übernehmen die Macht
Zitat 2: „Schon heute behaupten Forscher, sie könnten anhand von 150 Facebook-Likes ein Persönlichkeitsprofil eines Menschen erstellen …"	• einfache Kontaktmöglichkeiten über räumliche Entfernungen • Austausch von Gleichgesinnten (Kommunikation) • Zeitersparnis beim Einkauf über Internet, größere Auswahl, bequemer Versand	• Internetkaufhäuser kennen die persönlichen Vorlieben ihrer Kunden • Personalisierte Werbung (als Form der Freiheitseinschränkung) • Verletzung der Privatsphäre (durch die automatisierte Erstellung von Persönlichkeitsprofilen) • Gefahr der Nutzung durch Kriminelle
Zitat 3: „Die Unternehmensberatung A. T. Kearney erwartet, dass allein in Deutschland neun Millionen Jobs verschwinden …"	• Maschinen übernehmen unattraktive und körperlich schwere Arbeiten • Arbeitskräftemangel kann behoben werden • pausenlose Arbeit durch Maschinen • mehr Freizeit für Menschen • ggf. billigere Produkte	• Stellenabbau durch Einsatz von Maschinen • Verdrängung der Menschen in den Firmen, werden nicht gebraucht, Arbeitslosigkeit, sinkendes Selbstwertgefühl, Langeweile, Armut
Zitat 4: „Roboter sollen nach Ansicht mancher Wissenschaftler künftig wichtige Rollen in der Gesellschaft übernehmen …"	• Unterstützung bei körperlich schwerer Arbeit • Begleitung bei Einsamkeit	• keine Emotionalität und Empathie möglich

*Auf der Grundlage einer solchen Übersicht erstellst du dann einen **Schreibplan**. Dabei kannst du auch Aspekte berücksichtigen, die über die Punkte hinausgehen, die du aus den Zitaten gewonnen hast.*

*Es bietet sich an, in der **Einleitung** darauf hinzuweisen, welchen Stellenwert die moderne*

Technik gegenwärtig in der Gesellschaft besitzt, und auch schon den Artikel von Christian Schwägerl in der Zeitschrift „Geo" als Ausgangspunkt zu nennen.
*Im **Hauptteil** lässt du dann die verlangte **Erörterung** der Frage folgen, ob intelligente Maschinen eher Chancen oder Gefahren mit sich bringen. Berücksichtige dabei sowohl Pro- als auch Kontra-Argumente. Unterlege die Argumente mit Beispielen. Zum **Schluss** formulierst du ein **begründetes Ergebnis**. Spätestens hier solltest du zu der Frage Stellung nehmen, ob **Grund zur Angst** besteht. Vermeide im Schlussteil Wiederholungen aus dem Hauptteil.*

Beispieltext: Möglichkeiten und Risiken intelligenter Technik

In dem Artikel des Deutschen Wissenschafts-, Politik- und Umweltjournalisten Christian Schwägerl aus der Zeitschrift „Geo. Im Focus der Forschung", Ausgabe 03/2015, auf der Seite 109, wird ein Thema angesprochen, welches in unserer Gesellschaft sehr umstritten ist. Es handelt sich hierbei um die Problematik der „Möglichkeiten und Risiken intelligenter Technik".

Dieses Thema spielt in unserer Gesellschaft eine sehr große Rolle, da heutzutage ohne Technik nichts mehr funktionieren würde. Aber was bedeutet „intelligente Technik"? Mit diesem Begriff meint man unter anderem Roboter und Maschinen, die ohne Steuerung durch den Menschen selbstständig Arbeiten erledigen und Aufgaben lösen, die sonst eigentlich nur Menschen übernehmen können.

Nun stellt sich die Frage, ob es möglich ist, dass Maschinen unsere Welt erorbern – müssen wir uns also fürchten oder sind intelligente Maschinen ein Segen für die Menschheit?

Wenn man sich vorstellt, dass Autos in naher Zukunft selbstständig fahren können, würde man sicher erst einmal ungläubig den Kopf schütteln. Würde das nicht pausenlos zu Staus oder Unfällen führen? Was wäre, wenn die Technik versagt und man ohne Eingriffsmöglichkeiten in ein Stauende rast oder Autos miteinander kollidieren? Man stellt sich vor, dass man einen wichtigen Termin nicht erreicht, da das elektronisch gesteuerte Auto durch eine plötzliche Störung einfach stehen bleibt, und man diesen Situationen hilflos ausgeliefert ist. Spektakulär waren nicht zuletzt die Versuche der Firma Tesla in den USA, die ein selbstfahrendes Auto testeten. Dabei kam es zu einem tödlichen Unfall mit einem LKW, mit dem das Testfahrzeug kollidierte.

Doch es kann auch sehr praktisch sein, wenn Autos einmal in der Lage sind, selbstständig zu fahren, und immer den richtigen, der Verkehrssituation angepassten Weg wählen. Auch benötigt man dann keinen Führerschein, denn Verkehrsregeln werden ja automatisiert vom Auto übernommen und beachtet. Das Auto kennt keine Müdigkeit und selbst lange Strecken können problemlos bewältigt werden. Personen jeden Alters und Gesundheitszustandes könnten somit die Autos nutzen. Durch computergesteuerte Berechnungen werden Abstände zwischen Fahrzeugen genau ermittelt und eingehalten. Es gibt wahrscheinlich kaum mehr Unfälle und Staus. Ein Computer zeigt auch keine menschlichen Schwächen wie Emotionen oder Unaufmerksamkeit. Bei der zunehmenden Zahl von Automobilbesitzern und den immer voller werdenden Straßen vermitteln diese Beispiele eine recht gute Vorstellung davon, wie Technik sinnvoll genutzt werden kann.

Ein vollkommen anderer Bereich der Techniknutzung ist unsere zunehmende Vernetzung. In nahezu jedem Haushalt gibt es Computer mit Internetanschlüssen und die meisten Menschen besitzen auch Smartphones oder Tablets, die online sind.

Viele Jugendliche nutzen das Internet fast täglich für einen Besuch auf verschiedenen Portalen wie etwa Facebook oder Twitter. Das hat den Vorteil, dass man schnell mit Freunden aus aller Welt kommunizieren und „Neuigkeiten" austauschen kann. Man findet im Netz Gleichgesinnte, die dieselben Interessen und Hobbys teilen. Es wird gemeinsam gelernt, es werden Hausaufgaben ausgetauscht oder auch nur Termine vereinbart, ohne dass man dafür aus dem Haus gehen oder weite Wege in Kauf nehmen muss. Auch das Einkaufen über Internetportale erleichtert das Leben. Man kann gemütlich mit der Familie am Abend vom Sofa aus in virtuellen Einkaufszentren stöbern und vom Pullover bis zu neuen Möbeln alles bequem bestellen.

Dies wird dann schon in kurzer Zeit nach Hause geliefert. Man spart also Zeit und weite Wege von einem Kaufhaus ins nächste. Gefällt etwas nicht, wird es ganz schnell wieder abgeholt.

Werden wir damit aber nicht zum „gläsernen Menschen"? Durch unsere Online-Aktivitäten geben wir mehr von uns preis, als uns lieb sein kann. Mithilfe intelligenter Technik können diese Daten ausgewertet werden. Schon heute erhält man beispielsweise personalisierte Werbung: Wenn man sich auf Amazon Angebote für ein paar Schuhe angesehen hat, so bekommt man in der Folge teilweise auch auf ganz anderen Seiten Schuhe angepriesen. Besonders problematisch können solche Daten werden, wenn sie automatisiert dazu genutzt werden, die Gesellschaft „hochaufgelöst" (vgl. Zitat 2) zu durchleuchten. Denn ich empfinde es als eine erhebliche Verletzung der Privatsphäre, wenn irgendwo aufgezeichnet wird, mit wem ich welche Beziehungen pflege – vor allem, wenn ich mir vorstelle, dass solche Daten in die falschen Hände (z. B. von Kriminellen) gelangen könnten.

Eines der angegebenen Zitate besagt, dass Roboter „künftig wichtige Rollen in der Gesellschaft übernehmen". Unter anderem wird als Beispiel angeführt, dass Roboter Pflegetätigkeiten übernehmen könnten. Sicher können Roboter körperlich schwere Arbeiten erledigen, wie z. B. eine Person aus einem Bett oder einer Badewanne heben. Roboter können dennoch niemals als Pfleger arbeiten. Sie können nicht wie Menschen auf die Bedürfnisse der Patienten reagieren. Des Weiteren zeigen sie auch keine echten Gefühle anderen gegenüber, sondern sind vorhersehbar. Gespräche wären vorprogrammiert und nicht entsprechend des seelischen Zustandes des Gegenübers.

In den Zitaten wird ebenfalls erwähnt, dass ein Roboter ein Freundesersatz sein kann. Das ist für mich nicht vorstellbar. Ein Freund sollte ein offenes Ohr haben, wenn man einmal Probleme hat und auch dementsprechend für einen da sein und persönliche Ratschläge geben. Ein Roboter hat keine Gefühle und kann somit auch nicht wissen, wie man sich selbst fühlt. Es ist wichtig, dass man soziale Kontakte mit anderen Menschen pflegt, dazu zählen keine Roboter. Mögliche Folgen könnten sein, dass Menschen nicht mehr in der Lage sind, mit anderen Leuten zu kommunizieren oder Beziehungen aufzubauen.

Bei vielen Menschen herrscht große Angst, dass sie durch einen erhöhten Einsatz von Robotern ihren Arbeitsplatz verlieren könnten. Auch wenn dies in den Pflegeberufen noch nicht so ist, kann man doch nicht leugnen, dass in vielen großen Firmen, wie z. B. in der Autoindustrie, zunehmend vollautomatisierte Fertigungsstraßen zu sehen sind, in denen Roboter Aufgaben übernehmen, die früher von Menschen erledigt worden sind. Damit wird einerseits die bisher körperlich schwere Arbeit erleichtert, andererseits benötigt man aber hochqualifizierte Arbeiter, die die Maschinen programmieren, überwachen und im Notfall auch reparieren. Die Jobs sind also nicht verschwunden, sondern verändern sich nur. Außerdem führt die durch Automatisierung erhöhte Effizienz häufig dazu, dass Produkte billiger werden. Dies kommt dann in der Regel auch dem Käufer zugute.

Moderne, computergesteuerte Technik ist nicht mehr aus unserem Leben wegzudenken. Sie hilft uns Menschen nicht nur in vielen Alltagssituationen, sondern erleichtert auch die Arbeit in Medizin und Wirtschaft. Wir müssen uns auch nicht fürchten, dass Maschinen vom Menschen entwickelt und konstruiert werden und können somit nicht schlauer sein als diese. Wichtig ist, dass zwischenmenschliche Beziehungen wie z. B. Freundschaften ebenso erhalten bleiben wie menschliches Mitgefühl, denn diese kann keine Maschine der Welt ersetzen.

Teil 1: Textverständnis (Pflichtteil)   (gesamt 20 BE)

Otaku allein zu Hause

Japanische Manga-Comics und Ani-me-Trickfilme sind bei uns längst Kult. Verursacht deren übertriebener Konsum psychische Probleme? Jeden-
5 **falls beobachten Psychologen, dass im-mer mehr Jugendliche ihr Zimmer überhaupt nicht verlassen und sich nur noch in der virtuellen Welt bewe-gen.**
10 Junge Leute, die monatelang ihr Zimmer nicht verlassen? Die ihr Leben Mangas, Plastikpuppen oder Promifotos widmen? Die sich untereinander siezen und schein-bar nichts mit der Welt draußen zu tun
15 haben wollen? Seit einigen Jahren be-richten westliche Medien über das son-derbare Verhalten japanischer Jugend-licher. Phänomene wie Hikikomori er-scheinen dabei als exotische Auswüchse:
20 So etwas kann es auch nur in Japan geben! Zwei Studien legen jedoch nahe, dass solche Phänomene vielleicht gar nicht so eng an die dortigen kulturellen Gegebenheiten gebunden sind.
25 Da ist etwa der Fall des 24-jährigen S.: Er verlässt sein Zimmer seit fünf Jah-ren nicht mehr. Tagsüber schläft er, in den Nächten sieht er fern oder spielt lei-denschaftlich Videospiele. Sein Essen
30 bekommt er von der Mutter an die stets verschlossene Tür gestellt; vergeblich hämmert der Vater dagegen, fordert ihn auf, er solle endlich etwas Sinnvolles tun, arbeiten gehen oder wenigstens be-
35 ten. Die Familie lebt im Oman.
Dortige Psychiater stellten bei S. wahlweise Depression oder Schizophre-nie fest. Die verschriebenen Medika-mente nimmt S. jedoch nicht ein. Er fühlt
40 sich nicht krank, er will einfach nur allein sein. Die ratlosen Eltern konsul-tieren auch religiöse Heiler, schließlich sogar einen Schamanen[1]. Ohne Erfolg. Erst Samir Al-Adawi von der Universität

45 in Maskat zieht ein angeblich spezifisch japanisches Syndrom[2] in Erwägung, des-sen Symptome S. allesamt aufweist: Hikikomori.
Eine spezielle Therapie, die stark auf
50 das Umfeld des Betroffenen abzielt, hilft S. schließlich aus seiner Isolation. Die Familie wird dabei angehalten, ihre feindliche Haltung gegenüber dem Sohn abzubauen und nicht mehr ständig gegen
55 die Tür zu hämmern – langsam lässt S. daraufhin die Verwandten wieder an sich heran. Sie machen gemeinsame Ausflü-ge, ein Picknick oder gehen ins Restau-rant. Später nimmt er einen Job an,
60 abends, mit minimalem Kontakt zu an-deren Personen. Ganz langsam normali-siert sich seine Lebensweise.
Im Oman wird der erste Fall von Hikikomori außerhalb Japans in einer
65 Studie dokumentiert. Al-Adawis japani-scher Kollege Noriyuki Sakamoto, Mit-verfasser der Studie, geht davon aus, dass sich das Hikikomori-Syndrom nach und nach über den Globus ausbreiten
70 wird – auch nach Europa.
In Japan gilt Hikikomori sogar schon als „nationale Katastrophe", so der Psy-chologe Tamaki Saito von der University of Tokio. Hikikomori bedeutet übersetzt
75 so viel wie „sich einschließen" und be-zeichnet sowohl das Syndrom als auch die Betroffenen. Das japanische Gesund-heitsministerium definiert die Hikiko-mori als Menschen, die ihr Elternhaus
80 für mindestens sechs Monate nicht ver-lassen – meist isolieren sie sich sogar für Jahre.
Die seltsame Krankheit gleicht einer stillen Epidemie. Bis zu 1,2 Millionen
85 junge Menschen, so Tamaki Saito, haben sich gegenwärtig in ihrem Elternhaus eingeigelt, ein Viertel davon seit mehr als fünf Jahren, acht Prozent gar seit mehr

als zehn Jahren. Genaue Zahlen über die
90 Verbreitung gibt es allerdings nicht.
Die Hikikomori selbst suchen definitionsgemäß keine fremde Hilfe, und die betroffenen Familien sehen im Totalrückzug ihres Kindes oft eine persön-
95 liche Schande. Sie schweigen folglich in der Hoffnung, das Problem würde sich irgendwann von selbst auswachsen. Eine erste Studie in eigens eingerichteten Hikikomori-Gesundheitszentren erfasste
100 2001 über 6.000 Fälle. 40 Prozent der Betroffenen waren zwischen 16 und 25 Jahre alt, ein Fünftel zwischen 25 und 30. Hikikomori ist vor allem in der jungen Generation in Japan verbreitet.
105 Charakteristisch ist der abgeschlossene Lebensstil der jugendlichen Einsiedler: Die meiste Zeit bleiben sie eingeschlossen, schlafen tagsüber und verbringen die Nacht vor ihrem PC oder
110 Fernseher. Ihre sozialen Kontakte jenseits des Internets gehen gegen null.
Das Hikikomori-Syndrom galt lange als spezifisch japanisches Phänomen, weil es von der fernöstlichen Gesell-
115 schaftsstruktur begünstigt wird: Die angebrachten Gründe reichen von dem historisch gewachsenen Ideal der Einsamkeit bis zu dem auf Disziplin und Pauken angelegten Schulsystem, in dem Schü-
120 ler-Mobbing weit verbreitet ist und schon die ganz Kleinen bei der Aufnahmeprüfung für die Vorschule Konkurrenzdruck spüren. Zusätzlich erschwere die enge Mutterbeziehung insbesondere
125 männlichen Teenagern den Schritt in die Unabhängigkeit.
„Japanische Kinder wachsen in einer bildungsbesessenen Gesellschaft auf", stellte Michael Manfé von der Univer-
130 sität Salzburg fest. Im gleichen Atemzug warnt der Medienwissenschaftler davor, das Problem vorschnell „nach Japan abzuschieben".
Manfé sieht im Hikikomori-Syndrom
135 eine verschärfte Variante des „Otakismus" – der übertriebenen Leidenschaft für ein (oftmals virtuelles) Hobby. Auch der japanische Professor Noriyuki Sakamoto betont: „Otakismus kann zum Hi-
140 kikomori-Syndrom führen. Gerade in Asien verlieren viele Menschen ihren

Kopf in Online-Rollenspielen. Wenn sie keine sozialen Kontakte mehr pflegen, werden sie zu Otaku oder sogar zu Hiki-
145 komori."
Die Parallele: Sowohl Otaku als auch Hikikomori ziehen sich zurück. Während der Hikikomori sich im Zimmer verbarrikadiert, also räumlich abschot-
150 tet, schafft sich der Otaku einen medialen Rückzugsraum. Er widmet sich mit maximaler Intensität einem virtuellen Hobby und macht dieses zu seiner einzigen Leidenschaft, die seinen Alltag
155 strukturiert.
Inzwischen ist die Bewegung auch in Deutschland angekommen – in Form des Manga- und Anime-Otakismus: Die Verkaufszahlen vom Kultmanga „Dra-
160 gon-Ball" brauchen sich vor „Harry Potter" nicht zu verstecken und stellen die alten Comic-Helden wie Super- und Spiderman längst in den Schatten. Bei uns macht die Bezeichnung Otaku den
165 einfachen Liebhaber der japanischen Comics zum eingeweihten Experten, der sich darüber hinaus intensiv mit dem Ursprungsland seiner Leidenschaft auseinandersetzt.
170 Ist der Otaku nun ein angehender Hikikomori-Fall? Das gälte, wenn der Rückzug in ein virtuelles Hobby immer die Flucht ins Jugendzimmer vorbereitet.
Für die deutsche „Light-Version" des
175 Otakismus ist jedoch Panik nicht angebracht: Nennen sich die Kids hier „Otaku", dann steht hauptsächlich die Zugehörigkeit zur Community im Vordergrund und eben nicht der bloße Rückzug
180 auf das Manga- und Anime-Hobby. Selbstironisch fragte „Koneko", ein deutsches „Trendmagazin für Otakus", woran man erkennt, dass man zu einem waschechten Otaku geworden sei. Unter
185 anderem daran: Otaku nennen sich „Miya-Chan" statt Peggy Müller. Sie fuchteln und reden hektisch wie japanische Zeichentrickhelden. Sie schneidern in ihrer Freizeit Cosplay-Kostüme, um
190 auf den Conventions[3] ihrem fiktiven Idol möglichst ähnlich zu sehen, und lernen Japanisch. Jugendliche, die freiwillig Japanisch lernen? Immerhin schon ein positiver Nebeneffekt!

1 Person mit magischen Fähigkeiten
2 gleichzeitiges Vorliegen verschiedener Krankheitszeichen
3 Treffen Gleichgesinnter

Quelle: Nach: Christoph Uhlhaas: Otaku allein zu Hause. In: Gehirn und Geist. Serie Kindesentwicklung 4. Selbstbild/Jugendkultur, S. 78–84, Jahrgang 2006

Aufgaben

Hinweis: Orthografie und Grammatik werden mit 2 BE bewertet.

1. Was sind Hikikomori?
    Geben Sie die laut Text für Japan gültige Definition an.   1 BE

2. Der Text weist auf bestimmte Verhaltensauffälligkeiten von Hikikomori hin.
    Nennen Sie vier.   2 BE

3. Im Text werden Therapiemaßnahmen aufgeführt, die im Fall des 24-jährigen
    S. zur Verbesserung seiner Lebenssituation führten.

    Leiten Sie zwei Empfehlungen für betroffene Familien ab.
    Notieren Sie diese in Satzform.   2 BE

4. Der Text nennt gesellschaftliche Gründe für die Verbreitung des Hikikomori-
    Syndroms in Japan. Markieren Sie die entsprechende Textstelle.

    Markierungsfarbe: ☐   1 BE

5. Erklären Sie das sprachliche Bild „stille Epidemie" (Zeile 84) unter Verwen-
    dung von Informationen aus dem Text.   2 BE

6. Vergleichen Sie das Hikikomori-Syndrom und den Otakismus.
    Setzen Sie diese in Beziehung zueinander.   3 BE

7. Der Autor des Artikels bezeichnet die deutsche Variante des Otakismus als
    „Light-Version".
    Erklären Sie mit Informationen aus dem Text, warum diese Bezeichnung
    angemessen ist.   1 BE

8. Schreiben Sie die Satzanfänge ab und vervollständigen Sie diese auf der
    Grundlage des Textes.

    a) Die alten Comic-Helden wie Superman und Spiderman …

    b) Eine positive Auswirkung des Otakismus in Deutschland ist …

    c) Im Vorspann (Zeilen 1 bis 9) wird die Frage aufgeworfen, ob …   3 BE

9. Nennen Sie eine mögliche Gruppe von Lesern, für die der Text geschrieben
    worden ist.
    Begründen Sie Ihre Entscheidung.   3 BE

Teil 2: Textproduktion (Wahlteil) (gesamt 30 BE)

Wählen Sie **eines** der folgenden Themen 1, 2 oder 3 aus.

Thema 1

Mirjam Pressler: Nathan und seine Kinder

Daja

[…]

„Hast du Heimweh?", fragte er. „Bist du nicht glücklich mit Nathan und seiner Tochter?"

[…]

Worte, die einmal ausgesprochen sind, lassen sich nicht mehr zurücknehmen. Sogar böse Gedanken, die man gedacht hat, lassen sich nicht ungedacht machen. Sie bleiben in deinem Kopf und lauern nur auf eine günstige Gelegenheit, um auszubrechen und Unheil anzurichten.

Quelle: Mirjam Pressler: Nathan und seine Kinder. Weinheim: Beltz & Gelberg 2011, S. 174–175

Ist Dajas Verrat an Nathan gerechtfertigt?

Erörtern Sie diese Frage. Beziehen Sie Dajas Handlungsmotive ein.

Thema 2

Krimifieber

Lässt sich spannend schreiben lernen? Prof. Dr. Christian Schärf sagt: Ja.
In seinem Buch „Spannend schreiben. Krimi, Mord und Schauergeschichten" leitet er angehende Krimiautoren zum Verfassen spannender Krimigeschichten an.
Unverzichtbar für ihn ist eine beeindruckende Detektivfigur.

„Entwerfen Sie eine Detektivgestalt […]. Sie können den Detektiv in die Großstadt versetzen oder ihn aufs Land schicken; Sie können ihn als scharfsinnigen Denker auftreten lassen oder als Sportsmann, der sich vor allem durch körperliche Ertüchtigung fit hält. In jedem Fall sollten Sie ihm markante Charakterzüge geben bis zu psychischen Details und Lebensverhältnissen. Gewisse Eigenwilligkeiten sind unverzichtbar …"

Quelle: Christian Schärf: Geliebtes Verbrechen. Warum bekommen so viele von uns nicht genug von Krimis und Thrillern? In: Psychologie heute. Beltz Verlag. 43. Jahrgang. Heft 8. August 2016, S. 40

Entwerfen Sie eine fiktive Detektivfigur.

Schreiben Sie einen ausführlichen Text, der diese Figur charakterisiert.

Thema 3

Die Bürgschaft *von Friedrich Schiller (1798)*

Zu Dionys, dem Tyrannen, schlich
Damon, den Dolch im Gewande:
ihn schlugen die Häscher in Bande,
„Was wolltest du mit dem Dolche? sprich!",
5 entgegnet ihm finster der Wüterich.
„Die Stadt vom Tyrannen befreien!"
„Das sollst du am Kreuze bereuen."

„Ich bin", spricht jener, „zu sterben bereit
und bitte nicht um mein Leben;
10 doch willst du Gnade mir geben,
ich flehe dich um drei Tage Zeit,
bis ich die Schwester dem Gatten gefreit;
ich lasse den Freund dir als Bürgen –
ihn magst du, entrinn' ich, erwürgen."

15 Da lächelt der König mit arger List
und spricht nach kurzem Bedenken:
„Drei Tage will ich dir schenken.
Doch wisse, wenn sie verstrichen, die Frist,
eh' du zurück mir gegeben bist,
20 so muss er statt deiner erblassen,
doch dir ist die Strafe erlassen."

Und er kommt zum Freunde: „Der König gebeut,
dass ich am Kreuz mit dem Leben
bezahle das frevelnde Streben;
25 doch will er mir gönnen drei Tage Zeit,
bis ich die Schwester dem Gatten gefreit.
So bleib du dem König zum Pfande,
bis ich komme zu lösen die Bande."

Und schweigend umarmt ihn der treue Freund
30 und liefert sich aus dem Tyrannen;
der andere ziehet von dannen.
Und ehe das dritte Morgenrot scheint,
hat er schnell mit dem Gatten die Schwester vereint,
eilt heim mit sorgender Seele,
35 damit er die Frist nicht verfehle.

Da gießt unendlicher Regen herab,
von den Bergen stürzen die Quellen,
und die Bäche, die Ströme schwellen.
Und er kommt ans Ufer mit wanderndem Stab –
40 da reißet die Brücke der Strudel hinab,
und donnernd sprengen die Wogen
des Gewölbes krachenden Bogen.

Und trostlos irrt er an Ufers Rand;
wie weit er auch spähet und blicket
45 und die Stimme, die rufende, schicket –
da stößet kein Nachen vom sichern Strand,
der ihn setze an das gewünschte Land,
kein Schiffer lenket die Fähre,
und der wilde Strom wird zum Meere.

50 Da sinkt er ans Ufer und weint und fleht,
die Hände zum Zeus erhoben:
„O hemme des Stromes Toben!
Es eilen die Stunden, im Mittag steht
die Sonne, und wenn sie niedergeht
55 und ich kann die Stadt nicht erreichen,
so muss der Freund mir erbleichen."

Doch wachsend erneut sich des Stromes Wut,
und Welle auf Welle zerrinnet,
und Stunde an Stunde entrinnet.
60 Da treibt ihn die Angst, da fasst er sich Mut
und wirft sich hinein in die brausende Flut
und teilt mit gewaltigen Armen
den Strom, und ein Gott hat Erbarmen.

Und gewinnt das Ufer und eilet fort
65 und danket dem rettenden Gotte;
da stürzet die raubende Rotte
hervor aus des Waldes nächtlichem Ort,
den Pfad ihm sperrend, und schnaubet Mord
und hemmet des Wanderers Eile
70 mit drohend geschwungener Keule.

„Was wollt ihr?", ruft er vor Schrecken bleich,
„ich habe nichts als mein Leben,
das muss ich dem Könige geben!"
Und entreißt die Keule dem nächsten gleich:
75 „Um des Freundes willen erbarmet euch!"
Und drei mit gewaltigen Streichen,
erlegt er, die andern entweichen.

Und die Sonne versendet glühenden Brand,
und von der unendlichen Mühe
80 ermattet sinken die Kniee.
„O hast du mich gnädig aus Räubershand,
aus dem Strom mich gerettet ans heilige Land,
und soll hier verschmachtend verderben,
und der Freund mir, der liebende, sterben!"

85 Und horch! da sprudelt es silberhell,
ganz nahe, wie rieselndes Rauschen,
und stille hält er, zu lauschen;
und sieh, aus dem Felsen, geschwätzig, schnell,
springt murmelnd hervor ein lebendiger Quell,
90 und freudig bückt er sich nieder
und erfrischet die brennenden Glieder.

Und die Sonne blickt durch der Zweige Grün
und malt auf den glänzenden Matten
der Bäume gigantische Schatten;
95 und zwei Wanderer sieht er die Straße ziehn,
will eilenden Laufes vorüber fliehn,
da hört er die Worte sie sagen:
„Jetzt wird er ans Kreuz geschlagen."

Und die Angst beflügelt den eilenden Fuß,
100 ihn jagen der Sorge Qualen;
da schimmern in Abendrots Strahlen
von ferne die Zinnen von Syrakus,
und entgegen kommt ihm Philostratus,
des Hauses redlicher Hüter,
105 der erkennet entsetzt den Gebieter:

„Zurück! du rettest den Freund nicht mehr,
so rette das eigene Leben!
den Tod erleidet er eben.
Von Stunde zu Stunde gewartet' er
110 mit hoffender Seele der Wiederkehr,
ihm konnte den mutigen Glauben
der Hohn des Tyrannen nicht rauben.“

„Und ist es zu spät, und kann ich ihm nicht,
ein Retter, willkommen erscheinen,
115 so soll mich der Tod ihm vereinen.
Des rühme der blut'ge Tyrann sich nicht,
dass der Freund dem Freunde gebrochen die Pflicht;
er schlachte der Opfer zweie
und glaube an Liebe und Treue!“

120 Und die Sonne geht unter, da steht er am Tor
und sieht das Kreuz schon erhöhet,
das die Menge gaffend umstehet;
an dem Seile schon zieht man den Freund empor,
da zertrennt er gewaltig den dichten Chor:
125 „Mich, Henker“, ruft er, „erwürget!
da bin ich, für den er gebürget!“

Und Erstaunen ergreifet das Volk umher,
in den Armen liegen sich beide
und weinen vor Schmerzen und Freude.
130 Da sieht man kein Augen tränenleer,
und zum Könige bringt man die Wundermär;
der fühlt ein menschliches Rühren,
lässt schnell vor den Thron sie führen.

Und blicket sie lange verwundert an;
135 drauf spricht er: „Es ist euch gelungen,
ihr habt das Herz mir bezwungen,
und die Treue, sie ist doch kein leerer Wahn –
so nehmet auch mich zum Genossen an:
Ich sei, gewährt mir die Bitte,
140 in eurem Bunde der dritte!“

Quelle: Meisterballaden. Hamburger Lesehefte Verlag 2014, S. 19 ff.

Damon betrachtet das Geschehen rückblickend.

Versetzen Sie sich in die Lage Damons.

Schreiben Sie einen ausführlichen inneren Monolog, der Damons Gedanken, Gefühle und Wahrnehmungen offenlegt.

Lösungsvorschläge

Teil 1: Textverständnis (Pflichtteil)

1. In Japan bedeutet Hikikomori „so viel wie ‚sich einschließen' und bezeichnet sowohl das Syndrom als auch die Betroffenen" (Z. 75–77).

    ✎ *Hinweis: Du kannst zitieren oder die Antwort mit eigenen Worten formulieren.*

2. *Mögliche Lösungen:*
    – totaler Rückzug der Betroffenen (vgl. Z. 10 f.)
    – nachtaktiv: verbringen die Nächte vor dem PC oder Fernseher (vgl. Z. 27–29)
    – schlafen tagsüber (vgl. Z. 27)
    – keine oder kaum soziale Kontakte (vgl. Z. 110 f.)
    – kein Verlassen des Zimmers, oft über Monate oder Jahre hinweg (vgl. Z. 10 f., 26 f.)
    – siezen sich untereinander (vgl. Z. 13)
    – bewegen sich nur in virtueller Welt (vgl. Z. 8 f.)
    – abgeschlossener Lebensstil (vgl. Z. 105–107)
    – widmen ihr Leben Mangas, Plastikpuppen oder Promifotos (vgl. Z. 11 f.)
    – lassen Eltern nicht an sich heran (vgl. Z. 29–35)

    ✎ *Hinweis: Im Text werden zahlreiche Verhaltensauffälligkeiten von Hikikomori benannt.*
    ✎ *Du musst aber nur vier nennen. Der Operator „Nennen" bedeutet, dass du dich zwischen*
    ✎ *Einzelwörtern und Wortgruppen entscheiden kannst.*

3. *Mögliche Lösungen:*
    – Akzeptieren Sie das sonderbare Verhalten!
    – Reagieren Sie mit Verständnis, damit Sie den Kontakt nicht verlieren!
    – Achten Sie bei dem Betroffenen auf die regelmäßige Einnahme der Medikamente!
    – Planen Sie gemeinsame Aktivitäten mit dem Betroffenen!
    – Nehmen Sie professionelle Hilfe in Anspruch!

    ✎ *Hinweis: Im Text werden mehrere Therapiemaßnahmen beschrieben. Du sollst zwei Maß-*
    ✎ *nahmen auswählen und sie in Empfehlungen für die Familien der Betroffenen umformu-*
    ✎ *lieren. D. h., dass du diese direkt, in der Höflichkeitsform ansprechen musst. Schreibe*
    ✎ *ganze Sätze und verwende den Imperativ (Befehlsform) oder Umschreibungen mit „sol-*
    ✎ *len"*.

4. „Die angebrachten Gründe reichen von dem historisch gewachsenen Ideal der Einsamkeit bis zu dem auf Disziplin und Pauken angelegten Schulsystem, in dem Schüler-Mobbing weit verbreitet ist und schon die ganz Kleinen bei der Aufnahmeprüfung für die Vorschule Konkurrenzdruck spüren. Zusätzlich erschwere die enge Mutterbeziehung insbesondere männlichen Teenagern den Schritt in die Unabhängigkeit." (Z. 115–126)

    ✎ *Hinweis: Achte darauf, dass du die gewählte Textstelle durch farbiges Anstreichen deut-*
    ✎ *lich sichtbar in der Textgrundlage hervorhebst und die Markierungsfarbe im Aufgaben-*
    ✎ *blatt angibst.*

5. Hikikomori lässt sich als „stille Epidemie" beschreiben, da es einer Massenerkrankung gleicht, die von anderen Menschen kaum wahrgenommen wird. Sie verbreitet sich wie eine Seuche, von der schon allein in Japan bis zu 1,2 Millionen junge Menschen betroffen sind. Das Fieber hat auch bereits nach Europa übergegriffen, in Form des Manga- und Anime-Otakismus.

    ✎ *Hinweis: Der Operator „Erklären" bedeutet, dass du mithilfe von Informationen aus dem*
    ✎ *Text und dem Nachschlagewerk in Satzform deutlich machen sollst, was mit dem sprach-*
    ✎ *lichen Bild „stille Epidemie" gemeint ist.*

Sprachliche Bilder sind Ausdrücke, die nicht wortwörtlich, sondern im übertragenen Sinne zu verstehen sind und beim Leser bestimmte Gefühle, Vorstellungen und Stimmungen erzeugen sollen. Bei dem vorliegenden sprachlichen Bild handelt es sich um einen Vergleich. Statt „die Krankheit gleicht einer Epidemie" könnte man auch ein Vergleichswort einfügen und sagen „die Krankheit ist wie eine stille Epidemie". Kläre zunächst die Bedeutung des Wortes „Epidemie". Schlage dazu im Wörterbuch nach (Epidemie: ansteckende Massenerkrankung). Suche dir nun die entsprechende Textstelle im Ausgangstext und überlege, welche Bedeutung dem Adjektiv „still" in diesem Zusammenhang zukommt.

6.

Hikikomori-Syndrom	Otakismus
• übertriebene Leidenschaft für ein (virtuelles) Hobby (vgl. Z. 134–137) • Vertreter beider Richtungen ziehen sich zurück (vgl. Z. 146 f.)	
verschärfte Variante des Otakismus (vgl. Z. 135 f.):	Otaku in Deutschland: eingeweihter Comic-Experte, der sich auch intensiv mit dem Ursprungsland Japan beschäftigt (vgl. Z. 163–169)
• Verbarrikadieren im Zimmer (vgl. Z. 148 f.) • räumliche Abschottung (vgl. Z. 149 f.)	Schaffung eines medialen Rückzugsraumes (vgl. Z. 150 f.)
totale Verlagerung des Lebens in die virtuelle Welt (vgl. Z. 8 f.)	virtuelles Hobby ist einzige Leidenschaft, strukturiert Alltag (vgl. Z. 151–155)
führt zur totalen Vereinsamung jenseits des Internets (vgl. Z. 110 f.)	Light-Version in Deutschland: Zugehörigkeit zur Community steht im Vordergrund; z. B. Schneidern von Kostümen für Treffen mit Gleichgesinnten (vgl. Z. 177–192)

Hinweis: Bei dieser Aufgabe sollst du das Hikikomori-Syndrom mit dem Otakismus vergleichen. Suche dafür zuerst nach Gemeinsamkeiten und arbeite dann die einzelnen Unterschiede heraus. Eine Tabelle ist hier als Übersicht gut geeignet. Eine Gegenüberstellung von Hikikomori und Otakismus findest du im Text ab Zeile 134. Du kannst auch auf deine Ergebnisse aus Aufgabe 2 zurückgreifen.

7. Die deutsche Version des Otakismus wird als „Light-Version" bezeichnet, weil in Deutschland die Aktivitäten nur im Freizeitbereich stattfinden. Es erfolgt kein totaler Rückzug in die Manga- oder Animewelt. Die „Zugehörigkeit zur Community" (Z. 177 f.) steht hier im Vordergrund. So werden beispielsweise in der Freizeit Cosplay-Kostüme geschneidert, um auf Conventions in die Rolle der fiktiven Vorbilder zu schlüpfen. Manche „Otaku" lernen auch Japanisch.

Hinweis: Der Operator „Erklären" erfordert die Antwort in Satzform. Suche dir zuerst die Informationen im Ausgangstext. Du findest sie in den Zeilen 174–192.

8. a) Die alten Comic-Helden wie Superman und Spiderman werden vom Kultmanga „Dragon-Ball" längst in den Schatten gestellt. (vgl. Z. 158–163)

b) Eine positive Auswirkung des Otakismus in Deutschland ist, dass die Anhänger freiwillig Japanisch lernen. (vgl. Z. 192–194)

c) Im Vorspann (Zeilen 1 bis 9) wird die Frage aufgeworfen, ob der übertriebene Konsum von japanischen Manga-Comics und Anime-Trickfilmen psychische Probleme verursachen kann. (vgl. Z. 1–4)

Hinweis: Finde die entsprechenden Textstellen und ergänze die Sätze. Achte darauf, den Satzanfang zu übernehmen, und überprüfe am Schluss, ob der Sinnzusammenhang stimmt.

9. *Mögliche Lösungen:*
   - Eltern
   - Lehrer
   - Interessierte
   - betroffene Familienmitglieder
   - Freunde Betroffener

   Der Text vermittelt Informationen über Otakismus und Hikikomori. Es wird auf Gefahren, Entwicklung und Verbreitung sowie auf mögliche Hilfsangebote aufmerksam gemacht. Daher kommen als Zielgruppe vor allem Personen infrage, die einen persönlichen Bezug zu dem Thema haben, wie z. B. die Eltern eines Betroffenen.

   Hinweis: Es sind mehrere Lösungen möglich. Achte auf eine logische und angemessene Begründung.

Teil 2: Textproduktion (Wahlteil)

Thema 1 – Mirjam Pressler: Nathan und seine Kinder

*Hinweis: Du sollst eine **Erörterung** zu der Frage schreiben, ob Dajas Verrat gerechtfertigt ist. Dabei sollst du auch Dajas Handlungsmotive miteinbeziehen.*

Als Grundlage dienen dir die angeführten Zitate aus dem Roman „Nathan und seine Kinder". Lies dir das Kapitel, dem die Textstellen entnommen sind, in einem ersten Schritt noch einmal gründlich durch (S. 167–175). Notiere dir beim Lesen alle Textstellen, in denen du etwas über Dajas Gefühle und die Gründe für ihren Verrat erfährst.

*Die Aufgabenstellung beinhaltet eine **Entscheidungsfrage**, d. h., dass du eine **Pro-Kontra-Erörterung** schreiben sollst. Du musst sowohl Argumente anführen, die Dajas Handeln rechtfertigen können, als auch Argumente, die gegen ihr Handeln sprechen, und du musst entscheiden, welcher Position du zustimmst.*

Bei der Pro- und Kontra-Argumentation beginnst du immer mit der Gegenseite und bearbeitest die Argumente vom stärksten zum schwächsten. Die Argumente deines eigenen Standpunktes leitest du vom schwächsten bis zum stärksten hin. Achte bei der Formulierung deines Standpunktes auf die Verwendung der Ich-Form und auf eine überzeugende, nachvollziehbare und sachliche Argumentation.

Überlege dir eine passende Überschrift oder wähle die zu erörternde Frage als Überschrift.

Fertige zuerst eine Stoffsammlung an. Diese könnte so aussehen:

	Inhalt
Einleitung	kurze Einordnung in den Textzusammenhang: • „spontan geplantes" Treffen mit Tempelritter am Abend • Auslöser für Verrat: Sehnsucht nach ihrer Heimat • Verrat von Nathans Geheimnis: Recha ist Christin, Jude zieht Christin auf und verschweigt ihr ihre religiöse Herkunft Fragestellung: Ist Dajas Verrat an Nathan gerechtfertigt?
Überleitungssatz	Beantwortung der Frage unter Einbeziehung der Handlungsmotive Dajas

Hauptteil 1	**Pro-Argumente: Verrat gerechtfertigt** 1. Wunsch nach Rückkehr durch Zusammentreffen mit Tempelherr: Sehnsucht nach Heimat / Heimweh 2. Nathan, Jude, verschweigt Recha ihre christliche Herkunft 3. Christin Daja hat starken Glauben 4. Tempelherr liebt Recha nach Rettung aus dem Feuer 5. Hochzeit möglich, da Recha Christin ist; Rückkehr in die Heimat durch Hochzeit möglich 6. Unschuld Dajas an „Mannbarkeit" des Mädchens 7. Unschuld am Zustand der Welt
Überleitungssatz	Gefühle und Gedanken Dajas als Rechtfertigung für den Verrat?
Hauptteil 2	**Kontra-Argumente: Verrat nicht gerechtfertigt** 1. Nathan als Retter in der Not: öffnet Kreuzfahrerin / Landstreicherin sein Haus 2. soziale Stellung: Erzieherin und Gesellschafterin Rechas, Freundin und Bettgefährtin Nathans 3. sorgenfreies, angenehmes Leben 4. Nathan liebt Recha wie eigenes Kind: guter Vater 5. Agieren hinter dem Rücken Nathans: fügt einem Menschen Schmerz zu, der ihr vertraut 6. Zerstörung einer Familie 7. Rücksichtslosigkeit, Egoismus, Undankbarkeit
Überleitungssatz	Zitate S. 175: • Worte gegen ihren Willen herausgerutscht? • Wünsche besser im Herzen vergraben lassen? • Tempelherr soll gesagte Worte vergessen • zu spät
Schluss	persönliche Meinung: • besonders schwerer Verrat • Alternative: Gespräch mit Nathan, gemeinsame Lösung • Vertrauensbruch • Verletzung der Loyalität

Schreibe nun das Konzept deiner Pro- und Kontra-Erörterung und überarbeite es anschließend hinsichtlich Orthografie, Grammatik und Sprache. Übertrage deinen Entwurf dann in die Reinschrift.

Beispieltext: Ist Dajas Verrat an Nathan gerechtfertigt?

Während Nathans Abendgebet schleicht sich Daja heimlich aus dem Haus, um sich unter dem Maulbeerbaum, spontan geplant mit dem jungen Tempelritter zu treffen. Die Sehnsucht nach ihrer alten Heimat lässt Daja beim Treffen mit dem jungen Tempelritter schwach werden. Sie verrät Nathans Geheimnis: Der Jude Nathan zieht Recha als Adoptivtochter auf und verschweigt ihr ihre religiöse Herkunft. Recha ist eine Christin.
Ist Dajas Verrat an Nathan gerechtfertigt? Diese Frage möchte ich nun unter Einbeziehung von Dajas Handlungsmotiven erörtern.
Bei einem Marktbesuch wird Daja bereits durch die Gerüche der Lebensmittel an ihre Großmutter und an das Leben in ihrer früheren Heimat erinnert. Als sie auf dem Markt dann dem jungen, aus ihrem Heimatland stammenden Tempelritter begegnet, bricht die Sehnsucht so

heftig in ihr auf, dass sie zu keinem vernünftigen Gedanken mehr fähig ist und alles in den Hintergrund rückt, was ihr an dem Leben bei Nathan wichtig ist. Sie will nur eines: nach Hause. Dieses Ziel kann sie aber nur erreichen, wenn sie sich mit dem Tempelritter trifft und ihm Nathans Geheimnis verrät.

Recha ist nicht Nathans leibliches Kind. Er zieht als Jude ein christliches Mädchen bei sich auf und verschweigt ihr dabei ihre eigentliche Religion, ihre christliche Herkunft. Darin kann man ein Unrecht gegenüber Recha sehen, das den Verrat Dajas, die ja Gesellschafterin und Erzieherin Rechas ist, rechtfertigen könnte.

Daja hat zudem einen starken christlichen Glauben. Das Handeln Nathans verstößt also auch gegen ihre religiösen Überzeugungen.

Als der Tempelritter Recha aus dem Feuer errettet, verliebt er sich in das Mädchen. Da er aber annimmt, dass sie eine Tochter aus einem jüdischen Haus ist, sieht er als Christ von einer Liebesbeziehung ab. Daja merkt, dass auch Recha dem Tempelritter zugetan ist. Durch ihren Verrat hilft sie also zwei jungen Menschen zueinanderzufinden.

Jetzt wäre eine Hochzeit zwischen den beiden und eine gemeinsame Rückkehr von Recha, dem Tempelritter und Daja in die Heimat möglich und Dajas tiefe Sehnsucht nach zu Hause gestillt.

Daja begründet den Verrat überdies mit ihrer Unschuld an der „Mannbarkeit" des Mädchens und am Zustand der Welt. Damit meint sie zum einen, dass es nicht ihre alleinige Schuld ist, wenn Recha Nathan verlässt – junge Mädchen werden erwachsen, verlieben sich und heiraten früher oder später. Zum anderen ist nicht Daja dafür verantwortlich, dass sich die Religionen untereinander bekriegen.

Mit diesen Gründen wäre der Verrat Dajas an Nathan gerechtfertigt. Es sprechen aber auch viele Punkte gegen ihr Verhalten:

Nathan hat vor 14 Jahren dafür gesorgt, dass sie als heimatlose Landstreicherin Aufnahme in sein Haus fand. Und nicht nur das. Er machte sie zur Erzieherin und Gesellschafterin seiner Ziehtochter Recha, um diese christlich groß werden zu lassen. Auch wenn er dem Mädchen seine christliche Herkunft verschweigt, trennt er sie doch nicht radikal von ihren Wurzeln.

Nathan liebt Recha wie sein eigenes Kind. Er ist ein guter Vater, indem er sie behütet aufwachsen lässt und ihr eine tolerante religiöse Erziehung ermöglicht. Er lebt die jüdische Religion, Daja erzieht Recha christlich.

Daja hat in Nathans Haus ein sorgenfreies, angenehmes Leben in einer angemessenen sozialen Position. Auch wenn sie der Meinung ist, dass Nathan Recha über ihre Herkunft hätte aufklären müssen, rechtfertigt das nicht ihr Agieren hinter Nathans Rücken. In diesem Moment ist sie hartherzig und rücksichtslos, denkt nur an sich und nicht daran, dass sie Nathan großen Schmerz zufügt und seine Familie zerstört. Und sie ist undankbar Nathan gegenüber, der sie so wohlwollend in sein Haus aufgenommen hat.

Sie selbst sagt, dass ihr die Worte „gegen [ihren] Willen herausgerutscht" wären. Sie sagt, dass sie sie lieber in ihrem „Herzen vergraben gelassen hätte" und sich nun wünschte, dass der Tempelherr ihre Worte vergessen würde. Aber: „Es war zu spät. Worte, die einmal ausgesprochen sind, lassen sich nicht mehr zurücknehmen." (S. 175)

Das jedoch rechtfertigt ihr Handeln für mich nicht. Ich bin der Meinung, dass Dajas Verrat an Nathan ein besonders schwerer Verrat ist. Nach allem, was er für Daja getan hat und wie die beiden zueinander stehen, hätte sie ihre Gefühle und Gedanken doch auch erst mit ihm besprechen können. Nathan hätte sicherlich Verständnis gehabt, und vielleicht hätten sie gemeinsam eine Lösung gefunden. Ich sehe in dem Gespräch mit dem Tempelritter einen großen Bruch des Vertrauens und eine Verletzung der Loyalität gegenüber einem Menschen, der einem das Leben gerettet hat.

Ja, es war ein schwerer Verrat, der nicht so einfach zu rechtfertigen ist.

Thema 2 – Krimifieber

*Hinweis: Du sollst in einem ausführlichen Text **eine Detektivfigur entwerfen** und **charakterisieren**. Lies dir dazu die Informationen gründlich durch, die dir der Text in dem Kasten gibt. Bei einer **Figurencharakteristik** soll die zu charakterisierende Figur umfassend beschrieben, ihr Verhalten gedeutet und bewertet werden.*

*Achte darauf, dass du in der **Einleitung** die Figur mit einer Kurzvorstellung einführst:*
- *erster Eindruck*
- *Name*
- *Funktion der Figur*

*Im **Hauptteil** erschließt du nun spezifische Merkmale:*
- *äußere Merkmale (z. B. Erscheinungsbild, Kleidung, Gesichtszüge, Haarfarbe, Größe)*
- *Biografie (z. B. Alter, Bildungsstand, Erziehung, Herkunft, Beruf)*
- *soziales Umfeld (z. B. Verhältnis zu Familie oder Freunden, Meinung anderer über die Figur)*
- *Verhalten und „innere Merkmale" (z. B. Verhaltensweisen oder -motive, Eigenschaften, Einstellungen, Vorlieben oder Abneigungen, Wünsche, Gedanken, Gefühle, allgemein der Charakter)*
- *Entwicklung (z. B. mögliche Veränderungen der Figur)*
- *ggf. Abgrenzung zu Kollegen (z. B. Gegenspieler)*

Die Auswahl und die Abfolge der spezifischen Merkmale im Text bestimmst du selbst. Du musst nicht auf alle Merkmale eingehen. Achte aber darauf, möglichst viele verschiedene Punkte aufzugreifen.

*Im **Schlussteil** solltest du deine Detektivfigur noch einmal im Gesamtbild darstellen und bewerten.*

Beachte folgende formale Anforderungen:
- *Verwende vorwiegend das Präsens. Wenn du über die Vergangenheit der Detektivfigur sprichst, wählst du eine Zeitform der Vergangenheit (v. a. Perfekt, Präteritum).*
- *Achte auf einen distanzierten Sprachstil.*
- *Schreibe aus der allwissenden oder personalen Perspektive.*
- *Verwende treffende und abwechslungsreiche Adjektive und Fachbegriffe.*

Erstelle zuerst in Form einer Tabelle oder eines Clusters eine Merkmalsübersicht. Sie könnte zum Beispiel so aussehen:

Aufbau	Merkmalkategorie	Detektivfigur
Einleitung	Name erster Eindruck / äußere Merkmale	Mona Talheim • jung • unruhige Person • laute Stimme • 1,80 m Körpergröße • stechend grüne Augen • flammend rotes Haar

Hauptteil		• Kollegen machen sich lustig • auffälliges Erscheinungsbild → guter Ermittler? • Ausräumen der Zweifel • vermeintlicher Nachteil erweist sich als Gewinn
	Abneigungen	• stundenlanges Warten in dunklen Autos • langweiliges Zusammentragen von Informationen

	Verhaltens- /
	Vorgehensweisen
		• Einschlafen bei Observierung
		• Spielen auf dem Handy
		• Folge: Zielperson verpasst
		• alternatives Vorgehen: Abpassen der Zielperson,
		  direktes Ansprechen, Verwicklung in ein Gespräch
		• äußere Merkmale und Auftreten (einnehmendes
		  Lächeln, abgetragene Jeans etc.) erleichtern Kontakt
		  zu den Verdächtigen
		• Überrumpeln der Verdächtigen
		• mehr Spaß beim Ermitteln
		• Erfolg

	Abgrenzung zu Kollegen	• arbeitet nicht gern im Team • Missbilligung durch ältere Kollegen • jüngere Kollegen macht die direkte Konfrontation mit Verdächtigen nervös • gutes Verhältnis zu Kollegen jenseits der Arbeit
Schluss	Urteil / Bewertung der Figur	• sympathisch • einnehmendes Wesen

 Schreibe jetzt deine Figurencharakteristik. Überarbeite deinen Text anschließend hinsichtlich Orthografie, Grammatik und Sprache. Fertige zum Schluss eine Reinschrift von deinem Entwurf an.

Beispieltext: Charakterisierung einer fiktiven Detektivfigur

Mona Talheim ist keine ruhige Person. Ihr Freund weist sie regelmäßig zurecht, wenn sie im Restaurant durch ihre laute Stimme die ungewollte Aufmerksamkeit der anderen Gäste auf sich zieht. Aber ein Mensch wie Mona kann gar keine leise Stimme haben. Mit ihrem beinahe 1,80 m Körpermaß, den stechend grünen Augen und den flammend roten Haaren sieht sie beinahe aus wie die Heldin aus einem Wikingerfilm.

Als Mona in der Detektei Grün & Schwarz angefangen hat, haben sich die Kollegen über sie lustig gemacht. Wie kann jemand, der so auffällig ist, ein guter Ermittler sein? Unauffälliges Beschatten gehört schließlich zum Handwerkszeug eines jeden guten Detektivs. Aber die junge Frau hat alle Zweifel in kürzester Zeit beiseitegeräumt, denn ihr vermeintlicher Nachteil ist in Wirklichkeit ihr größter Gewinn.

Nichts verabscheut sie mehr als das stundenlange Warten in dunklen Autos oder das langweilige Zusammentragen von Informationen am Computer im Büro. Mehr als einmal ist sie während längerer Beschattungseinsätze eingeschlafen oder hat beim Solitärspielen auf dem Handy verpasst, dass ihre Zielperson längst unbemerkt weggefahren ist. Wenn sie Informationen über einen Verdächtigen erfahren will, dann passt sie ihn in einer alltäglichen Situation ab: zum Beispiel beim Einkaufen im Supermarkt oder abends in einer Bar. Sobald die Person allein ist, geht sie einfach direkt auf sie zu und verwickelt sie in ein scheinbar beiläufiges Gespräch.

Jemand, der etwas zu verbergen hat, sieht sich ständig um, fühlt sich verfolgt und beobachtet, aber er rechnet ganz sicher nicht damit, dass die große, junge Frau mit den leuchtend roten

Haaren, dem einnehmenden Lächeln und den abgetragenen Jeans eine Privatermittlerin sein könnte.

Die häufig von ihrem Vorgehen überrumpelten Verdächtigen werden dann unvorsichtig, und bevor sie es überhaupt bemerken, plaudern sie bereitwillig alle Informationen aus, die Mona benötigt.

So beichtet die betrügerische Ehefrau im Café der vermeintlich neuen Freundin treuherzig von ihrer Affäre, und der hoch verschuldete Geschäftsmann prahlt abends in der Bar mit dem neu gekauften Haus in der Karibik.

Natürlich sind diese Eingeständnisse noch keine eindeutigen Beweise, für die ihre Kunden ja letztendlich zahlen. Aber das Ermitteln macht so viel mehr Spaß. Da braucht man nicht nach der Nadel im Heuhaufen zu suchen.

Der Erfolg gibt ihr recht, und immer mehr Klienten kommen in die Detektei, weil sie von der jungen rothaarigen Ermittlerin mit den besonderen Ermittlungsmethoden gehört haben.

Aufgrund ihrer speziellen Vorgehensweise arbeitet Mona nicht gern im Team. Die älteren Ermittler missbilligen ihre Methoden, und die Jüngeren sind oft zu nervös bei der direkten Konfrontation mit der Zielperson. Ein nervöses Augenzucken oder einige rote Flecken am Hals reichen in der Regel aus, damit ihr Gesprächspartner misstrauisch wird und seine Informationen lieber für sich behält.

Das heißt aber nicht, dass sie ihre Kollegen nicht mag. Spätestens, wenn sich am Freitagabend alle auf der Dachterrasse ihres kleinen Büros in dem alten Backsteingebäude versammeln, um bei einem Feierabendbier Anekdoten über alte Fälle auszutauschen, gehört Mona zu ihnen. Mit ihrem einnehmenden Lachen, der großen Klappe und der betonten Unbekümmertheit muss man sie einfach gernhaben.

Thema 3 – Friedrich Schiller: Die Bürgschaft

*Hinweis: Bei dem hier vorliegenden Text handelt es sich um eine **Ballade**. Eine Ballade ist eine besondere Form der Lyrik, die sowohl epische (Erzählung) und dramatische (Dialoge, Spannung) als auch lyrische (Strophen, Verse, Reime) Elemente aufweist.*

*In der Aufgabe wird verlangt, dass du einen inneren Monolog aus der Perspektive Damons schreibst, in dem er auf das in der Ballade geschilderte Geschehen zurückblickt. Ein **innerer Monolog** ist ein stummes Selbstgespräch einer Figur, welches ihre Gefühle und Gedanken in einer bestimmten Situation wiedergibt. Die Figur erläutert darin ihre Handlungsweise, verrät verborgene Emotionen und äußert sich zu ihren inneren Konflikten. Dabei geht es um die subjektive Wirkung des Geschehens auf diese Figur, nicht um einen sachlichen Bericht darüber.*

*Folgende **formale Anforderungen** sind zu beachten:*
- *Schreibe in der Ich-Form **rückblickend** aus der Perspektive Damons.*
- *Achte darauf, dass die beschriebenen Gefühle, Gedanken etc. immer in Zusammenhang mit dem Ausgangstext stehen.*
- *Schreibe vorwiegend im Präsens. Wenn Damon über Vergangenes spricht, verwende vorzugsweise das Perfekt.*
- *Achte bei Satzbau und Wortwahl auf:*
  - *verkürzte oder unterbrochene Sätze,*
  - *Ausrufe,*
  - *rhetorische Fragen,*
  - *Gedankensprünge,*
  - *wörtliche Rede,*
  - *sowie treffende Verben und Adjektive zur Darstellung der Sinneswahrnehmungen.*
- *Achte auf die Nachvollziehbarkeit deiner Ausführungen durch den Leser.*
- *Deine Sprache sollte zur Textvorlage passen.*

Fertige zunächst eine Stoffsammlung an:

Aufbau	Inhalt	Stoffsammlung
Einleitung	Anlass für den Monolog	unerwartetes Freundschaftsangebot von Dionys, König und Tyrann von Syrakus, nach der Rückkehr und der Rettung des Freundes (vgl. V. 134–140)
Hauptteil	Handlungsmotive	ursprüngliche Absicht Damons: Tod des Tyrannen zur Befreiung der Stadt (vgl. V. 1–6)
	Gefühle, Gedanken, Plan	• Verhaftung und Verurteilung zum Tod am Kreuz (vgl. V. 7) • Bitte um Aufschub für drei Tage: Verheiratung der Schwester (vgl. V. 8–12) • Freund als Bürge (vgl. V. 13 f., 22–30) • Gewährung der Bitte durch den König (vgl. V. 15–21)
	Umsetzung des Plans	Hochzeit und Absicherung der Schwester (vgl. V. 32 f.)
	Ereignisse, Gefühle, Gedanken, Hoffnungen auf dem Rückweg	• erschwerte Rückreise (vgl. V. 36–119) • gewaltiger Regen / Zerstörung der Brücke / kein Schiff / schwimmt (vgl. V. 36–65) • Überfall durch Räuber / Verteidigung / drei Tote / Flucht der Räuber (vgl. V. 66–77) • Hitze / Durst / kein Wasser / unverhoffte Erfrischung an einer Felsquelle (vgl. V. 78–91) • Gespräch zweier Wanderer über Hinrichtung des Freundes (vgl. V. 95–98) • Worte des Philostratus: „Zurück! du rettest den Freund nicht mehr, / so rette das eigene Leben!" (V. 106 f.) • Entscheidung, sich der Verantwortung zu stellen und mit dem Freund zu sterben (vgl. V. 113–126) • Reaktion von Volk und König (vgl. V. 127–133) • Freundschaftsangebot durch König und Tyrannen: „so nehmet auch mich zum Genossen an: / Ich sei, gewährt mir die Bitte, / in eurem Bunde der dritte!" (V. 138–140)
Schluss	Ist-Stand, mögliche Folgen des Ereignisses für die Zukunft	• überraschende Wendung von der Verurteilung Damons zum Tod über die „Fast-Hinrichtung" des Freundes hin zum Freundschaftsangebot durch Dionys • menschliche Rührung? • höhere Macht? • Glaubhaftigkeit?

Schreibe nun deinen inneren Monolog und überarbeite diesen anschließend hinsichtlich Orthografie, Grammatik und Sprache. Zum Schluss überträgst du deinen Text in Reinschrift.

Beispieltext: Innerer Monolog Damons

Immer wieder denke ich an den Augenblick zurück, in dem ich, ganz außer Atem, auf dem Marktplatz stehend, dich, meinen besten Freund, weinend vor Schmerz und aus Freude, dich doch noch gerettet zu haben, umarmte. Und wie die Leute uns zugejubelt haben! Und noch immer sehe ich den verwunderten Blick des Dionys, König und Tyrann der Stadt, auf uns ruhen und höre immer wieder noch in Gedanken seine Worte an uns: „Es ist euch gelungen, / ihr habt das Herz mir bezwungen, / und die Treue, sie ist doch kein leerer Wahn – / so nehmet auch mich zum Genossen an: Ich sei, gewährt mir die Bitte, in eurem Bunde der dritte!"

Der König bietet uns seine Freundschaft an, möchte unser Freund werden, und das, nachdem ich ihn eigentlich umbringen wollte, um die Stadt vom Tyrannen zu befreien. Ich wurde erwischt. Leider. Sollte dafür am Kreuz hängen. Drei Tage Aufschub habe ich erbeten – und dich, den Freund, als Bürgen. Die Schwester musste durch die Hochzeit abgesichert werden.

Mein guter Freund! Das Opfer, welches du für mich gebracht hast, werde ich wohl nie wiedergutmachen können.

Ich glaube, dass es auf dieser Welt noch einmal zwei solche Freunde gibt, die so zueinanderstehen.

Unerwartete Hindernisse habe ich überwinden müssen, um mein Versprechen zu halten. Habe ich dich doch schon vor meinem inneren Auge statt meiner am Kreuz hängen gesehen!

Die knappe Zeit und der gewaltige Regen, der die Brücke zerstört, den Fluss unbeschiffbar gemacht hat, haben mich fast zum Aufgeben gezwungen. Da habe ich mich in die Fluten gestürzt, bin geschwommen. Selbst die Räuber, die Hitze und der schreckliche Durst konnten mich nicht aufhalten.

Panische Angst um dich, mein Freund, hat mich ergriffen bei den Worten der aus der Stadt kommenden Wanderer, die meinten, dass du eben jetzt ans Kreuz geschlagen wirst. „Zurück! du rettest den Freund nicht mehr, / so rette das eigene Leben!", riet Philostratus mir, der treue Hüter meines Hauses. Ich entschied mich, lieber mit dir zu sterben, als mein Versprechen nicht zu halten. Liebe und Treue sind keine leeren Worte für mich!

Nun stehen wir hier, mein Freund. Umjubelt vom erstaunten Volk. Vor einem König, der, statt mich zu hängen, nun unser Freund sein möchte. Sich feiern lässt als gütiger Herrscher, weil er uns verschont hat? Haben wir ihn, den Tyrannen, doch menschlich anrühren können mit unserer Freundschaft? Vom Henker zum Freund? Oder ist es ein Zeichen einer höheren, göttlichen Macht, die uns sagen will, dass vor uns ein einsamer Mann steht, der nur die falschen Berater hat? Dass wir sein Angebot annehmen sollen? Ihm zeigen, was Freundschaft bewirken kann? Vom Tyrannen zum Freund?

Können wir seinen Worten Glauben schenken? Mmh, Freunde? Berater? Oder doch nur Fassade für seine Untertanen?

Wie gerne würde ich meine Gedanken jetzt mit dir teilen, mein Freund. Aber im Moment bin ich nur froh, dass du lebst. Alles andere später, mein Freund!

Teil 1: Textverständnis (Pflichtteil)

(gesamt 20 BE)

Geheimnisse der J. K. Rowling

**Der Erfolg hat ihre Haltung nicht ge-
ändert: Die Frau hinter Harry Potter
zeigt sich als einfühlsame Autorin,
aber auch als streitbare Bürgerin, die
5 für ihre Ziele kämpft.**
Was haben die Schriftsteller Kennilworthy Whisp, Newt Scamander und Robert
Galbraith gemeinsam? Stimmt, die Namen klingen wie Fantasyfiguren aus
10 „Harry Potter" – und sind es teilweise sogar. Aber es handelt sich vor allem um
drei Pseudonyme, und dahinter verbirgt
sich ein und dieselbe Person: Dr. h. c. Joanne Kathleen Rowling (*31. 07. 1965),
15 Erfinderin des Zauberschülers Harry
Potter und eine der bekanntesten lebenden Autorinnen der Welt.
　Bevor sie dazu kam, Bücher unter
Pseudonymen zu veröffentlichen, schrieb
20 sie zunächst unter ihrem eigenen Namen,
mit beispiellosem Erfolg: Ihr erster Roman über Harry Potter und das Zauberinternat Hogwarts machte sie 1997 welt-
berühmt. Damals eine Überraschung,
25 denn ihr Held erscheint zunächst recht
unscheinbar: ein Nerd mit Hornbrille,
Stirnnarbe und einer Eule namens Hed-
wig als Haustier, die pflichtbewusst, aber
keineswegs niedlich ist. Das alles stört
30 die mittlerweile mehr als 450 Millionen
Käufer von Rowlings siebenteiligem Ju-
gendbuchzyklus nicht. Auch nicht, dass
die Fantasyreihe mit jedem Band gruse-
liger und düsterer wurde. Sind die Bü-
35 cher mittlerweile zu brutal für Kinder?
Offenbar nicht. Heute kennt sich fast jedes Kind und nahezu jeder Erwachsene
bestens aus in Hogwarts magischer Zau-
berwelt.
40 　Im Vergleich dazu ist die Frau hinter
Harry Potter, die ehemalige Lehrerin Joanne Rowling aus Chipping Sodbury bei
Bristol im Südwesten Englands, immer
noch nahezu unbekannt. Ihre Fans und

45 alle, die es werden können, finden hier
verblüffende Fakten über die als scheu
geltende Ausnahmeautorin.

Eine Erfolgsstory beginnt

　Als Joanne Rowling neun Jahre alt ist,
50 zieht die Familie nach Tutshill an der
Grenze zu Wales. Joanne geht gern zur
Schule, obwohl sie bei ihren Mitschülern
unbeliebt ist und wegen ihrer Andersar-
tigkeit gehänselt wird. Schon als Sechs-
55 jährige erfindet sie traurige, aber auch
sehr lebendige Geschichten – wie die
über ein armes Kaninchen, das an Ma-
sern erkrankt. Rowling verknüpft mit
dieser Phase ihres Lebens eine der bes-
60 ten Erinnerungen: „Während meiner
Schulzeit hielten mich einige Mitschüler
für besserwisserisch – und für eine Angeberin. Ich war ein intelligentes Mauer-
blümchen mit einer Begabung zum Leh-
65 ren und Belehren." Diese zwiespältigen
Charakterzüge überträgt die Autorin später auf ihre schlaue, aber ebenfalls sehr
sehr beliebte Romanfigur Hermine Granger, Harry Potters beste Freundin.
70 　Nach Joannes durchwachsenem Start
ins Leben geht es holperig weiter. Es dauert Jahre, bis sich die Pechmarie Joanne
in eine wahre Goldmarie verwandelt.
Vor der Veröffentlichung von „Harry
75 Potter und der Stein der Weisen" liegen
vier harte Jahre. Joanne Rowling ist al-
leinerziehend und arbeitslos. Sie schreibt
am Manuskript zu Harry Potter. Häufig
setzt sie sich dafür in Cafés. Auf einem
80 Friedhof in unmittelbarer Nähe einer
Kaffeestube entdeckt Rowling den Namen Tom Riddle auf einem alten Grabstein. Nach langen Überlegungen, welches Schicksal den Verblichenen wohl
85 zu Lebzeiten ereilt haben könnte, erfindet die Autorin ein Riddle-Märchen.
Darin dichtet sie dem Verstorbenen die

Biografie eines bösen Magiers an, der einen Jungen namens Harry Potter vernichten will. Auf die Idee zu der Figur Harry Potter war Rowling bereits 1990 während einer Zugfahrt gekommen – als sie aus dem Fenster schaute und sich vorstellte, wie ein kleiner Kerl in der Eisenbahn zu einem Zauberinternat fährt.

Heute gilt sie als nervenstarke Krisenmanagerin und ist glücklich mit ihrem zweiten Ehemann, dem erfolgreichen Anästhesisten Dr. Neil Murray. Sie hat mit ihm zwei Kinder. In diesem familiären Umfeld widmet sich die sensible Schriftstellerin nun ganz dem Beruf, der sie zur vielleicht reichsten Frau Großbritanniens gemacht hat. Man munkelte früher, ihr Vermögen sei größer als das der Queen.

Als sie die beiden Pole von Gut (Potter) und Böse (Riddle / Voldemort) erst einmal festgelegt hat, steht das Gerüst für einen Roman. 15 Jahre wird die Arbeit am „Harry Potter"-Zyklus dauern. Danach schreibt sie auch Krimis.

Doch weshalb benutzt die Autorin für ihre Krimis „Der Ruf des Kuckucks" und „Der Seidenspinner" Pseudonyme? Warum setzt sie nicht auf ihren eigenen, seit „Harry Potter" überaus zugkräftigen Namen? Rowlings Erklärung klingt einleuchtend: „Ich wollte ohne Hype und Erwartungen arbeiten und ein völlig ungeschminktes Feedback erhalten." Dieser Wunsch wird ihr erfüllt. Bevor ans Licht kommt, dass Rowling hinter Galbraith steckt, verkaufen sich in Großbritannien gerade einmal 8 500 Exemplare. Dann aber verdrängen die Krimis sogar Dan Browns „Inferno" vom Spitzenplatz der Bestsellerliste.

Aber auch ihr Künstlername J. K. Rowling ist eine Erklärung wert: Nach dem Willen ihres damaligen Verlegers soll sie ihren Vornamen abkürzen, um zu verbergen, dass das Buch von einer Frau geschrieben wurde. Er ist der Meinung, Jungs würden lieber Bücher von Männern lesen. Also wählt die Autorin noch den Buchstaben K für Kathleen, den Namen ihrer Großmutter väterlicherseits. Fortan heißt sie in Großbritannien J. K. Rowling; in Deutschland dagegen wird sie von Anfang an unter Joanne K. Rowling veröffentlicht.

Eine Frau setzt sich durch

Paparazzi und neugierige Reporter, die ihr dicht auf die Pelle rücken, würde Rowling am liebsten alle verbannen. Die Reporterin Rita Kimmkorn in „Harry Potter" hat sie mit zahlreichen bösartigen Eigenschaften ausgestattet. Rowlings Antipathie beruht auf schlechten Erfahrungen. 1999 musste sie umziehen, weil ihr Haus ständig von Fotografen belagert wurde und zwei schottische Reporter sogar vor ihrer Haustür schliefen. So etwas lässt die Erfolgsschriftstellerin nicht auf sich sitzen und sie wehrt sich gegen allzu aufdringliche Journalisten.

Auch Werbefirmen beißen bei J. K. Rowling auf Granit. Anfragen werden grundsätzlich abgelehnt. Rowling: „Die Werbebranche bot mir immer wieder hohe Summen an, um Figuren aus meinen Romanen nutzen zu dürfen. McDonald's beispielsweise wollte Harry-Potter-Happy-Meals anbieten. Nichts davon wurde umgesetzt. Wenn man so viel Geld besitzt wie ich, entwickeln Leute um einen herum ganz viele Ideen, wie man noch mehr Geld verdienen kann. Die sind dann enttäuscht, wenn man nicht jede Chance nutzt."

Die Autorin hat eine Weltkarriere gemacht und sich aus einfachen Verhältnissen bis zur Milliardärin hochgearbeitet. Ihre Wurzeln hat sie auf diesem Weg nicht vergessen. Auf dem Gipfel des Erfolgs spendet sie einen Großteil ihres Vermögens, um es Armen und sozial Benachteiligten zukommen zu lassen. So ist die einst vielleicht reichste Frau Großbritanniens „nur" noch Multimillionärin.

Die Autorin nimmt bei der Veröffentlichung und dem Marketing ihrer Bücher alles selbst in die Hand. Sie überwacht jeden Schritt der Verlage, Druckereien, Buchhändler und Auslieferer. Und Rowling ist ein harter Verhandlungspartner. Auch die Buchhändler müssen zuvor einen knallharten Vertrag unterschreiben. Ihnen verlangt die Schriftstellerin ab, dass sie das Buch vorab weder selber lesen noch es anderen zugänglich machen.

Heute werden Rowlings Bücher in abgesperrten Bereichen gedruckt, in die man
195 nur nach einer strengen Taschenkontrolle gelangt. Und bevor Rowling Filmrechte an „Harry Potter" verkauft, schreibt sie den Produzenten vor, dass sämtliche Rollen ausschließlich mit Briten zu besetzen sind. Die Frau weiß, was
200 sie will. Und sie setzt es durch.
Twitter ist das Forum Nummer eins für Rowling. Seit August 2009 hat sie 2 000 Tweets abgesetzt. Mittlerweile
205 folgen ihr bereits mehr als fünfeinhalb Millionen Menschen. Rowling verrät nicht nur unverbindliche Dinge im Netz. Sie polemisiert auch schonungslos. Fast täglich veröffentlicht sie scharfzüngige
210 Kommentare sowohl zu politischen Themen als auch Hintergrundinformationen zu ihren Romanfiguren. Heftige Reaktionen von Gegnern nimmt sie in Kauf. Beschwerden von wütenden Fans beant-
215 wortet die Autorin mit schnippischen Kommentaren. In die Ausgestaltung ihrer Charaktere lässt sie sich von niemandem hineinreden.

Die Erfolgsstory geht weiter

220 Über Harry Potter ist alles gesagt, dachten die Fans. Ende September 2015 je-

doch twittert Rowling plötzlich: „Bin gerade in Edinburgh. Kann mal bitte jemand nach King's Cross gehen und
225 James S. Potter viel Glück wünschen? Heute ist sein erster Schultag in Hogwarts!" Es folgt ein globaler Jubelschrei – denn James S. Potter ist Harrys Sohn!
Die sagenhafte „Harry Potter"-Serie
230 wird also fortgeschrieben – nun auch auf der Theaterbühne. In dem Stück „Harry Potter and the Cursed Child" muss Harry, zusammen mit seinem jüngsten Sohn Albus, wieder bösen Mächten gegen-
235 übertreten – in zwei Teilen. Auch auf der Website Pottermore.com verrät Joanne K. Rowling regelmäßig neue Details über beliebte Charaktere des Zauberuniversums, zum Beispiel die traurige Le-
240 bensgeschichte von Harrys Lehrerin Minerva McGonagall.
Irgendwann wird Joanne K. Rowling auf Twitter sicher auch enthüllen, wie es mit ihr selbst weitergeht. Die Rowling-
245 Story hat gerade erst begonnen, und sie interessiert nach wie vor Millionen Menschen. Zu Recht – schließlich ist die Geschichte von Harry Potter und seiner Schöpferin eng miteinander verbunden.

Quelle: Text nach: Mike Powelz: 10 Geheimnisse der J. K. Rowling. In: Hörzu. Wissen. Nr. 6. Dezember 2015/Januar 2016, S. 94–104.

Aufgaben

Hinweis: Orthografie und Grammatik werden mit 2 BE bewertet.   2 BE

1. Notieren Sie das Genre, zu dem der Roman „Harry Potter" im Text zugeord-
    net wird.   1 BE

    a) Horror

    b) Abenteuer

    c) Krimi

    d) Fantasy

2. Erläutern Sie den Zusammenhang zwischen J. K. Rowlings Erinnerungen an
    ihre Schulzeit und der Romanfigur Hermine Granger.   2 BE

3. Geben Sie die zwei Begebenheiten an, die die erwachsene J. K. Rowling zu
    der Figur Harry Potter und seiner Geschichte inspiriert haben.   1 BE

4. Die Autorin J. K. Rowling veröffentlicht ihre Bücher zum Teil unter Pseudo-
    nymen. Notieren Sie die drei im Text genannten Pseudonyme der Autorin.

    Begründen Sie, warum die bereits erfolgreiche Autorin einige ihrer Bücher
    unter Pseudonymen veröffentlichte.   2 BE

5. Belegen Sie anhand des Textes mit zwei Beispielen, dass J. K. Rowling mit
    ihren Büchern erfolgreich ist.   2 BE

6. Nennen Sie die im Text genannten Möglichkeiten, die J. K. Rowling nutzt,
    um sich ihren Fans im Internet mitzuteilen.   1 BE

7. Der Autor des Textes schreibt über J. K. Rowling:
    „Sie polemisiert auch schonungslos." (Zeile 208)
    Erläutern Sie mit eigenen Worten, was mit dieser Formulierung gemeint ist.   2 BE

8. Markieren Sie den Satz, der J. K. Rowlings soziales Engagement verdeutlicht.

    Markierungsfarbe: ☐   1 BE

9. Der Autor Mike Powelz beschreibt im Text J. K. Rowling als Frau, die ihren
    Willen durchsetzen kann. Beweisen Sie diese Aussage an drei Beispielen aus
    dem Text.   3 BE

10. Der Autor des Textes behauptet, dass die Lebensgeschichte von J. K. Row-
    ling nach wie vor Millionen Menschen interessiert. Halten Sie das für wahr-
    scheinlich?
    Nehmen Sie begründet Stellung.   3 BE

Teil 2: Textproduktion (Wahlteil)

(gesamt 30 BE)

Wählen Sie **eines** der folgenden Themen 1, 2 oder 3 aus.

Thema 1

Mirjam Pressler: Nathan und seine Kinder

> **Recha**
>
> „Al-Hafi", sagte ich, „ich werde eines Tages einen Sohn haben. Ich werde ihn Nathan nennen ... Ich werde dafür sorgen, dass mein Vater in seinen Kindeskindern weiterlebt."
>
> *Quelle: Mirjam Pressler: Nathan und seine Kinder. Weinheim: Beltz & Gelberg 2011, S. 243*

Stellen Sie sich vor, Rechas Zukunftspläne werden Wirklichkeit. Recha will ihrem Sohn Nathan erzählen, warum er den Namen des Großvaters trägt und worin das Vermächtnis bzw. das Vorbild des Großvaters besteht. Sie bereitet sich auf das Gespräch vor und überlegt sich, was sie ihrem Sohn sagen möchte.

Schreiben Sie Rechas inneren Monolog.

Thema 2

Digitale Diät

> Jeder kennt sie und fast jeder nutzt sie. Die Rede ist von Smartphones. Die meisten Jugendlichen benutzen sie von morgens bis abends. Der freiwillige Verzicht auf dieses digitale Medium wäre für viele undenkbar.
>
> Ihre Schule möchte sich an einer Projektwoche zum Thema „Digitale Diät" beteiligen. Im Rahmen dieses Projektes sollen alle Schüler für eine Woche ihr Smartphone abgeben und ohne dieses auskommen.
>
> Eine Woche ohne Smartphone! Was würde so ein Verzicht für Sie bedeuten?

Erörtern Sie das Für und Wider dieses Projektes. Gehen Sie dabei auch darauf ein, was ein Verzicht auf das Smartphone für Sie bedeuten würde.

Treffen Sie eine Entscheidung zur Teilnahme am Projekt. Begründen Sie diese.

Thema 3

Filmfans für Jugendjury gesucht!

Worum geht es?

Beim „Goldenen Raben", dem großen Festival für Kinder- und Jugendfilme, bestimmen Jugendliche in den Jurys mit. Dafür werden bis zu 27 junge Filmfans ausgewählt und du kannst dabei sein.

Was erwartet dich?

Zunächst einmal musst du zwischen dem 11. und 17. August 2018 Zeit haben, nach Thüringen zu reisen. Die Mitglieder der Jugendjury werden in Gera und Erfurt sechs Tage lang im Kino sitzen, Filmbeiträge anschauen und darüber diskutieren. Am Ende müsst ihr die Gewinner küren und schließlich auch den Preis – den Goldenen Raben – überreichen.

Wer kann mitmachen?

Wenn du zwischen 15 und 18 Jahren alt bist, kannst du dich bis zum 30. Juni 2018 für die Jugendjury bewerben.

Wie können wir dich auswählen?

Schick uns deine ausführliche Bewerbung, die uns zeigt, warum wir ausgerechnet dich nehmen sollen!

Wir wollen wissen, wer du bist und warum du in unserer Jugendjury dabei sein möchtest.

Um zu sehen, was du schon an Können mitbringst, solltest du uns auch einen Film[1] zusammenfassend vorstellen, den du gesehen hast. Schreibe auf, was dir an diesem Film gefallen hat und was nicht. Begründe diese Angaben.

Sende deine Unterlagen an:
Kinotreff, zu Händen von Herrn Goldmann in 07545 Gera, Festivalstraße 4.

1 Dieser Film muss für Kinder und Jugendliche bis 16 Jahre freigegeben bzw. für diese Altersgruppe geeignet sein. Gewaltbezogene Filme sind hier ausgeschlossen.

Bewerben Sie sich für die Jury des Filmfestivals.

Teil 1: Textverständnis (Pflichtteil)

1. d) Fantasy

   Hinweis: Das Genre kannst du, wenn du den Roman „Harry Potter" nicht kennst, aus dem Text erschließen: In Zeile 33 ist z. B. von der „Fantasyreihe" die Rede.

2. J. K. Rowling war in ihrer Schulzeit ein unbeliebtes, besserwisserisches und intelligentes Kind, das von den Mitschülern gehänselt und als „Angeberin" bezeichnet wurde. Genau diese Charaktereigenschaften und Eigenarten bezieht sie auf Hermine Granger aus den „Harry Potter"-Romanen. Hermine ist zwar schlau, aber unbeliebt.

   Hinweis: Die Lösung findest du in den Zeilen 51–54 und 60–69. Du musst den Zusammenhang zwischen der Biografie von J. K. Rowling und der Fantasiefigur Hermine Granger herstellen. Benenne dabei die Gemeinsamkeiten in vollständigen Sätzen.

3. Der Hinweis auf die erste Begebenheit findet sich in den Zeilen 77 bis 90. Zum Schreiben setzt sich J. K. Rowling häufig in Cafés. Auf einem Friedhof in der Nähe eines Cafés sieht sie auf einem Grabstein den Namen Tom Riddle. Sie überlegt, welches Schicksal dieser Mann gehabt haben könnte, und macht ihn in ihrer Geschichte zu einem bösen Magier, der Harry Potter vernichten will. Sie dichtet ihm also ein Riddle-Märchen an.
   Von der zweiten Begebenheit erfährt man in den Zeilen 90 bis 95. Die Figur des Harry Potter entstand während einer Zugfahrt, als J. K. Rowling „aus dem Fenster schaute und sich vorstellte, wie ein kleiner Kerl in der Eisenbahn zu einem Zauberinternat fährt" (Z. 93–95).

   Hinweis: Die zwei Begebenheiten werden direkt hintereinander im Text genannt. Sie können in ganzen Sätzen nacherzählt, aber auch direkt zitiert werden. Beim Zitieren musst du den Text wörtlich übernehmen. Dabei muss das Zitat in Anführungszeichen stehen. Setze die Zeilenangabe hinter das Zitat.

4. Die Autorin J. K. Rowling hat ihre Bücher unter folgenden Namen veröffentlicht: Kennilworthy Whisp, Newt Scamander und Robert Galbraith. Sie hat Pseudonyme verwendet, weil sie „ohne Hype und Erwartungen arbeiten" (Z. 119 f.) und ein reales und „ungeschminktes Feedback" (Z. 120 f.) bekommen wollte.

   Hinweis: Die Aufgabe ist zweigeteilt. Die Pseudonyme findest du in den Zeilen 6–8. Achte darauf, alle drei Namen zu nennen und korrekt zu schreiben. Im zweiten Teil der Aufgabe musst du begründen, was die Autorin dazu veranlasst hat, diese Pseudonyme zu verwenden. Du findest Hinweise darauf in den Zeilen 119–121.

5. Im Ausgangstext in den Zeilen 172 bis 174 kann man lesen, dass die Autorin „eine Weltkarriere gemacht und sich aus einfachen Verhältnissen bis zur Milliardärin hochgearbeitet" hat. J. K. Rowling ist also eine sehr erfolgreiche Autorin. Das kann man auch daran erkennen, dass in den Zeilen 102 bis 106 über Rowling gesagt wird, sie sei durch ihren Beruf möglicherweise die reichste Frau Großbritanniens. Es wurde sogar vermutet, dass sie noch reicher als die Queen.

   Hinweis: Im Text gibt es mehrere Beispiele dafür, dass J. K. Rowling mit ihren Büchern sehr erfolgreich ist (vgl. z. B. auch Z. 21–24, 29–32). Wähle zwei Beispiele aus und nutze sie als Beleg.

6. Rowling nutzt an erster Stelle das Internetforum Twitter, und auf der Website Pottermore.com schreibt sie regelmäßig über die Figuren aus den „Harry Potter"-Romanen.

   Hinweis: Die Lösung kannst du in den Zeilen 202 f. bzw. 235–239 nachlesen.

7. Mit dem Ausspruch „Sie polemisiert auch schonungslos" ist gemeint, dass J. K. Rowling im Internet angriffslustige Kommentare zur aktuellen Politik oder zu ihren Romanfiguren postet. Sie hält dabei mit ihrer Meinung nicht hinterm Berg und nimmt keine Rücksicht z. B. auf Kritiker.

Hinweis: Erläutere in Satzform, logisch und nachvollziehbar, unter Einbeziehung der Textinformationen, was der Autor mit der Aussage meint. Eventuell musst du im Wörterbuch nachschlagen, was das Wort „polemisieren" bedeutet. Unter dem Stichpunkt „Polemik" findest du folgende Erklärung: wissenschaftliche, literarische Fehde, Auseinandersetzung; (unsachlicher) Angriff. Übertrage nun die Wortbedeutung des Substantivs auf das Verb.

8. „Auf dem Gipfel des Erfolgs spendet sie einen Großteil ihres Vermögens, um es Armen und sozial Benachteiligten zukommen zu lassen." (Z. 176–179)

Hinweis: Markieren bedeutet, den Satz farbig anzustreichen oder zu unterstreichen. Achte auf das vollständige Markieren des einen Satzes. Gib die Markierungsfarbe im vorgesehenen Kästchen an.

9. Mögliche Antworten:
Dass J. K. Rowling eine starke Frau ist, die ihren Willen durchsetzen kann, erkennt man an folgenden Begebenheiten:
– Sie wehrt sich gegen zu aufdringliche Reporter (vgl. Z. 156 f.).
– Sie lehnt Angebote von Werbefirmen ab (vgl. Z. 158–160).
– Vom Schreiben des Buches bis hin zu Druck und Marketing – sie kümmert sich um alles selbst (vgl. Z. 182–184).
– Sie setzt sich auch bei den Buchhändlern durch. Diese dürfen die Bücher vor dem Verkauf weder lesen, noch anderen zur Verfügung stellen (vgl. Z. 188–192).
– Den Verkauf ihrer Bücher regelt sie mit harten Verträgen (vgl. Z. 189).
– Die Bücher werden in abgesperrten, kontrollierten Bereichen gedruckt (vgl. Z. 193–196).
– Die Filmrechte an Harry Potter verkauft sie nur unter der Bedingung, dass alle Rollen ausschließlich von Briten gespielt werden (vgl. Z. 196–200).
– Sie sagt auf Twitter klar ihre Meinung (vgl. Z. 208–218).

Hinweis: Der Text enthält mehrere Beispiele für die in der Aufgabenstellung formulierte Behauptung. Wähle davon drei aus. Die Antworten findest du in den Zeilen 143–201 sowie 208–218. Verwende eigene Formulierungen oder Textzitate (Zitierregeln beachten!, vgl. Aufgabe 3).

10. Ich halte es für wahrscheinlich, dass das Interesse an der Lebensgeschichte von J. K. Rowling weiterhin groß sein wird, weil sehr viele Menschen weltweit Fans sowohl von ihren Büchern als auch von ihrer Person sind. Sie wollen wissen, wer diese Autorin ist, warum sie schreibt und ob noch mehr Geschichten von ihr zu erwarten sind. Das erkennt man auch daran, dass ihre Internetauftritte von Millionen Menschen verfolgt werden.

Hinweis: Begründet Stellung zu nehmen heißt, seine Meinung zur Thematik nicht nur zu nennen, sondern auch die Gründe dafür anzuführen. Für eine bejahende Antwort findest du zahlreiche Begründungen im Ausgangstext. Solltest du gegenteiliger Meinung sein, musst du dir eigene Argumente überlegen. Als Antwort wäre aber auch eine knappe Pro-Kontra-Argumentation möglich.

Teil 2: Textproduktion (Wahlteil)

Thema 1 – Mirjam Pressler: Nathan und seine Kinder

Hinweis: Ein innerer Monolog spiegelt die Gefühle und Gedanken einer Person aus deren Perspektive wider und erläutert Handlungen, Überlegungen und Empfindungen zu inneren Konflikten. Dabei werden z. B. anstehende Entscheidungen vorüberlegt und im Kopf diskutiert sowie Wünsche, Hoffnungen, Pläne und Träume geäußert.

Zu beachten sind folgende formale Anforderungen:
- *Schreibe aus der Perspektive von Recha in der Ich-Form.*
- *Achte darauf, das Präsens zu verwenden, wenn du über Gegenwärtiges schreibst. Ist von Vergangenem die Rede, verwende vorzugsweise das Präteritum.*
- *Achte bei Satzbau und Wortwahl darauf, dass diese eher der gesprochenen Sprache entsprechen. Dazu gehören verkürzte Sätze, Ausrufe, rhetorische Fragen und Gedankensprünge, treffende Verben sowie Adjektive der Sinneswahrnehmung.*

Folgende inhaltliche Schwerpunkte solltest du beachten:
- *Recha hat einen Sohn, der Nathan heißt.*
- *Recha will ihrem Sohn erzählen, dass dieser nach seinem Großvater benannt wurde.*
- *Recha will ihrem Sohn erklären, warum er den Namen des Großvaters trägt: Er soll in seinen Enkeln weiterleben, d. h., sie sollen seine Werte, seine Lebenshaltung weitertragen.*
- *Worin bestehen diese? Inwiefern ist der Großvater ein Vorbild, was ist sein Vermächtnis? Es ist wichtig, dass du diese beiden Begriffe klärst, bevor du mit dem Schreiben beginnst: Wenn jemand ein „Vorbild" ist, heißt das, dass wir die Art und Weise, wie er lebt und handelt als nachahmenswert empfinden. „Vermächtnis" wird hier im übertragenen Sinne verwendet; gemeint ist das geistige Erbe, das Gedankengut und die Lebenseinstellung, die der Großvater vermittelt hat. Du musst also darauf eingehen, wie Nathan gelebt und gehandelt hat, wie seine Beziehung zu seinen Mitmenschen war, welche besonderen Charakterzüge, Wertvorstellungen etc. ihn ausgezeichnet haben.*

Deine Stoffsammlung könnte zum Beispiel so aussehen:

Situation Rechas
• Zukunftspläne nach Nathans Tod werden Wirklichkeit: Sohn Nathan • Vorbereitung der Namenserklärung • Erinnerung an Nathan als liebenden Vater und Dankbarkeit für vermitteltes Wissen und Werte • Ähnlichkeit Enkel – Großvater
Nathan als Vorbild / Nathans Vermächtnis
• Charakter • vernünftiges, tolerantes Handeln • Hilfsbereitschaft, Barmherzigkeit • Großzügigkeit • friedliches Zusammenleben im Großen und Kleinen • Liebe zu den Menschen trotz schwerem persönlichen Schicksal • Liebe zu den Menschen über die Grenzen der Religionszugehörigkeit hinaus • Umgang mit den Religionen bzw. dem Glauben: Ringparabel • Weltoffenheit
Hoffnungen und Wünsche Rechas
• „Ich werde dafür sorgen, dass mein Vater in seinen Kindeskindern weiterlebt." • Verwirklichung der Träume Nathans durch seine Kindeskinder

Schreibe nun den inneren Monolog Rechas und überarbeite diesen (Orthografie, Grammatik, Sprache). Übertrage deinen Text danach in die Reinschrift.

Beispieltext: Innerer Monolog Rechas

Der Balkon meines Hauses erinnert mich an jenen meiner Kindheit und Jugend. Bunte, wohlriechende Blumen zieren das Geländer, und wenn ich über dieses hinwegblicke, sehe ich Nathan. Nathan. Doch ich sehe nicht meinen Vater Nathan, ich sehe Nathan, meinen Sohn, wie er mit den anderen Kindern spielt. Ritter spielen sie, erschlagen Dornenbüsche und lachen. Sind fröhlich und frei. Warm wird mir ums Herz.

Ach, Vater, wenn du doch deinen Enkelsohn Nathan noch erleben könntest! Wie ähnlich sich doch der kleine und der große Nathan sind.

Nun wird es also Zeit für mich, meinem Sohn von seinem Großvater zu erzählen, dessen Namen er trägt, ich will ihm erklären, welche Werte mit diesem Namen verbunden sind. In Dankbarkeit und Liebe.

Ja, mein Sohn ähnelt dir sehr, lieber Vater. Er lehrt andere mit Begeisterung die Werte, die er von seinem Lehrer erfahren hat. Zügelt die Jungs, wenn wieder mal eine Prügelei in Gang zu kommen scheint oder diese ein Tier zum Spaß quälen wollen. Freunde hat er in jeder Religion, und ich frage mich oft, ob diese Ähnlichkeiten von seinem/deinem Namen herrühren.

Heute Abend, wenn es etwas kühler geworden ist und wir gemeinsam im Innenhof unseres Hauses zusammensitzen, werde ich ihm von dir, meinem Vater, erzählen. Vielleicht beginne ich so:

Nathan, mein Junge, du trägst den Namen deines Großvaters, den alle „Nathan den Weisen" nannten. Seine Hilfsbereitschaft, Toleranz und die Liebe zu den Menschen, egal welcher Religion sie angehörten, zeichneten ihn aus. In Geschem, Daja, Zipora, Elijahu, ihm und mir lebten drei Religionen friedlich unter einem Dach zusammen: die jüdische, die christliche und die muslimische.

Und obgleich ihm das Schicksal seine frühere Familie genommen hat, hat er uns allen ein Zuhause und eine sichere Zukunft gegeben und mich an Kindes statt als seine Tochter angenommen. Jegliche Rachegedanken waren ihm fremd, und er blieb großzügig, weitherzig und nachsichtig. Glaube mir, sagte er oft, die Liebe ist ein starkes Band, manchmal noch stärker als Blut.

Und mit der Geschichte von den drei Ringen, die symbolisch für das Christentum, das Judentum und den Islam stehen, konnte er sogar den Sultan Saladin und seine Schwester Sittah davon überzeugen, dass alle Religionen den gleichen Kern haben und dass es an den Menschen selbst liegt, wie die Welt gestaltet wird. Also nicht die Religion ist dafür verantwortlich, ob man „gut oder böse" ist.

In aufrichtiger Freundschaft verbunden ist uns der Sultan, mein Junge, seitdem. Ich habe dich, mein Sohn, nach deinem Großvater benannt, weil ich mir wünsche, dass er in seinen Kindeskindern weiterlebt. Nathan, der von Gott Gegebene, der Gebende.

Du bist deinem Großvater in vielem ähnlich, und ich hoffe, dass du klug, barmherzig und tolerant durchs Leben gehst.

Nathan, der Weise, träumte davon, dass Juden, Muslime und Christen eines Tages Brüder wären und unsere Stadt Jerusalem eine Stadt des Friedens und der Gerechtigkeit wäre. Dein Großvater wäre stolz auf dich, wenn er wüsste, dass du an der Erfüllung seines Traumes weiterarbeitest.

Ja, genau so werde ich es meinem kleinen Nathan heute Abend erzählen.

Thema 2 – Digitale Diät

Hinweis: Du sollst das Für und Wider des Projektes „Digitale Diät" erörtern, d. h., du musst die Vorteile und die Nachteile diskutieren, die ein einwöchiger Verzicht auf das Smartphone mit sich bringen würde.
Dabei sollst du auch darauf eingehen, was der Verzicht auf das Smartphone konkret für dich persönlich bedeuten würde. Abschließend musst du dich begründet für oder gegen eine Teilnahme am Projekt entscheiden.

*In Bezug auf die **äußere Form** und den **Aufbau** deiner Erörterung kannst du dich an folgenden Hinweisen orientieren:*
– Denke an eine passende Überschrift oder nutze die Überschrift des Projektes.
– Notiere in der Einleitung den Schreibanlass und formuliere die Frage, die erörtert werden soll.
– Im Hauptteil gehst du zunächst auf das Für und Wider des Projektes ein und verbindest die Argumentation mit den dich persönlich betreffenden Gedanken und Überlegungen. Im Anschluss führst du deine Entscheidung zur Teilnahme am Projekt an und begründest sie.
– Achte darauf, dass du deine Argumente klar formulierst und nach dem Schema Behauptung – Begründung – Beispiel aufbaust.
– Verknüpfe verschiedene Aspekte mithilfe sinnvoller Überleitungen. Verwende passende Konjunktionen (z. B. damit, obwohl, um … zu), Adverbien (z. B. deshalb, daher, außerdem, zudem) und Fügungen (z. B. aus diesem Grund, darüber hinaus).
– Im Schlussteil bekräftigst du deine Entscheidung noch einmal und beendest deinen Aufsatz z. B. mit einem kurzen Appell an deine Mitschüler.
– Du kannst dich als Verfasser namentlich unter diesem Statement erwähnen, musst es aber nicht.

Fertige nun eine Stoffsammlung an. Diese könnte folgendermaßen aussehen:

	Inhalt
Einleitung	• smartphonefreie Woche – Schreck für Jugendliche • Informationsbrief zum Projekt „Digitale Diät" an der Schule • Einsammeln der Smartphones am Wochenanfang • Rückgabe am Ende der Woche • Fragestellung: Was spricht für, was gegen eine smartphonefreie Woche? Welche Bedeutung hätte der Verzicht für mich persönlich?
Überleitung	Überlegung, ob Jugendliche ihr Smartphone sinnvoll nutzen

Hauptteil, 1. Teil	**Pro-Argumente** (für das Projekt):
	• oft sinnloses Nutzen des Smartphones: langes Spielen, ständiges Schreiben mit Freunden
	• sinnvoller: Natur, frische Luft, persönliche Kontakte zu Freunden
	• persönlicher Gebrauch des Smartphones:
	  – endlos spielen
	  – Zeit und Hausaufgaben vergessen
	  – Smartphone zerstört Zeitplan

	Kontra-Argumente (gegen das Projekt):
	• Smartphone bietet unkomplizierten Kontakt zu weit weg wohnenden Freunden und Verwandten; aber: Sicherheit der Informationen und Bilder fragwürdig
	• ständiger Internetzugang: Smartphone als PC-Ersatz zur Informationsgewinnung; aber: häufig auch Lesen unwichtiger Seiten
Hauptteil, 2. Teil	**Begründete Entscheidung:** • Ja zum Projekt • Test der eigenen Abhängigkeit • sinnvollere Zeitnutzung • neue Aktivitäten / alte Interessen (wieder)entdecken
Überleitung	Misserfolg lässt sich nicht ausschließen, aber zumindest Versuch starten
Schluss	• Bekräftigung der Entscheidung • Appell, „Digitale Diät" durchzuführen

Schreibe nun die Erörterung und überarbeite diese (Orthografie, Grammatik, Sprache). Übertrage deinen Text danach in die Reinschrift.

Beispieltext: Digitale Diät – Eine Woche ohne Smartphone

Eine Woche ohne Smartphone! – Ein Satz der für viele erschreckend klingt, besonders für Jugendliche. Unsere Schule erhielt vor Kurzem einen Informationsbrief zum Projekt „Digitale Diät". Gegenstand des Projektes ist, dass die Schüler für eine Woche ohne ihr Smartphone leben sollen. Das Smartphone wird zu Beginn der Woche eingesammelt und man bekommt es am Ende der Projektwoche wieder. Doch erklären sich die Schüler dazu bereit? Was spricht für, was gegen eine smartphonefreie Woche? Und welche Bedeutung hätte ein solcher Verzicht für mich persönlich?

Zunächst habe ich mir überlegt, wann wir Jugendliche das Smartphone wirklich sinnvoll verwenden und wann nicht.

Ich denke, dass die meisten Jugendlichen das Smartphone eher für sinnlose Dinge nutzen. Man verwendet es meist für Spiele oder belangloses „Herumschreiben" mit Freunden. Stattdessen könnte man raus in die Natur gehen und die frische Luft genießen oder Freunde persönlich treffen. Bei mir ist es zum Beispiel so, dass ich zu Hause in meinem Zimmer sitze mit dem Handy in der Hand und mir die Zeit mit Spielen vertreibe. Obwohl ich eigentlich noch mit dem Fahrrad eine Freundin besuchen wollte, mache ich es nicht. Abends merke ich dann, dass die Zeit wie im Fluge vergangen ist, die Hausaufgaben noch immer unberührt auf dem Schreibtisch liegen und die Sonne, die ich eigentlich genießen wollte, längst nicht mehr scheint. Ohne Handy wäre der Tag besser gelaufen. Mein Smartphone verdirbt mir den Zeitplan.

Natürlich ist das Smartphone auch nützlich. Man kann den Kontakt mit Freunden und weit weg wohnenden Familienangehörigen halten und ihnen gleich von Neuigkeiten berichten. Zum Beispiel wohnt meine Tante in Norwegen und ich kann von ihr immer Nachrichten und Bilder von Erlebnissen erhalten, die ich sonst nicht so schnell gesehen hätte. Ich kann somit ein Stück mehr vom Leben anderer miterleben.

Doch so schön es ist, persönliche Erlebnisse sofort und jederzeit teilen zu können: Bilder, die mit dem Handy aufgenommen werden, können durch das Internet auch schnell um die ganze Welt gehen. Wenn persönliche Bilder dann plötzlich ungewollt im Netz stehen, kann das sehr ärgerlich oder sogar peinlich sein.

Ebenso zwiespältig ist die Informationssuche im Internet zu sehen. Einerseits ist es sehr praktisch, dass das Smartphone ein kleiner Computer mit ständigem Internetzugang ist, denn so kann man viele Hausaufgaben besser lösen und auch mehrere Seiten mit verschiedenen Erklärungen finden, um Sachverhalte in der Schule besser zu verstehen und seine Allgemeinbildung zu erweitern. Doch dadurch, dass das Smartphone immer dabei ist, liest und sucht man auch ganz viele Dinge im Netz, die eigentlich unwichtig sind.

Ist es also sinnvoll, eine Woche ohne Smartphone zu organisieren? Meiner Meinung nach ist diese Projektwoche eine gute Idee und ich würde gerne den Versuch an unserer Schule starten. Zwar wäre es keine normale Woche für mich, da der Verzicht eine große Umstellung bedeuten würde. Doch ich wollte es schon immer einmal testen, ob ich ein Stück weit abhängig bin von dem viereckigen Minicomputer. Bestimmt würden viele die Aktion zunächst ablehnen, dabei könnte man dadurch bestimmt viele neue Aktivitäten angehen oder alte Interessen neu entdecken. Man könnte die Zeit wieder sinnvoller nutzen und auch die Hausaufgaben weniger vernachlässigen. Es lässt sich natürlich nicht ausschließen, dass sich bei manchen Mitschülern nicht viel im Alltag ändern würde, weil andere technische Geräte wichtiger als das Smartphone sind. Es wäre möglich, dass die Zeit trotzdem nicht gut genutzt wird, weil dann PC oder Playstation im Vordergrund stehen würden, aber einen Versuch, zumindest für eine Woche, wäre es meiner Meinung nach auf jeden Fall wert.

Ich weiß nicht, wie andere Schüler die Projektwoche empfinden würden, doch für mich wäre sie gut. Ich denke, man sollte sie an unserer Schule durchführen, denn durch so eine „Digitale Diät" lernt man auch die Reaktionen der anderen Schüler kennen und man kann sein eigenes Nutzungsverhalten besser einschätzen. Vielleicht lassen sich auch ein paar Eltern anstecken und verzichten auf ein digitales Gerät.

Das werden wir nur wissen, wenn das Projekt gestartet wird. Auf in die „Digitale Diät", weg von der steigenden Abhängigkeit von Smartphones.

Lerne so deine Zeit besser zu nutzen.

Thema 3 – Filmfans für Jugendjury gesucht!

Hinweis: Deine Aufgabe ist es, dich für die Mitarbeit als Mitglied in der Jury des Jugendfilm-festivals „Goldener Rabe" zu bewerben, d. h., du musst ein Bewerbungsschreiben anfertigen. Mit diesem Bewerbungsschreiben stellst du dich den Verantwortlichen der Jurymitgliedsaus-wahl, vertreten durch Herrn Goldmann, vor und äußerst deinen begründeten Wunsch, in der Jury mitzuarbeiten. Des Weiteren sollst du deiner Bewerbung eine Filmvorstellung/-rezension beifügen.

*Für den **formalen Aufbau** eines Bewerbungsschreibens gilt:*
– Briefkopf: Absender und Empfängeradresse (links) sowie Ort und Datum (rechts).
– Unter die Empfängeradresse schreibst du die Betreffzeile, in der in Stichworten zu lesen sein sollte, worum es geht.
– Sprich den Ansprechpartner höflich mit Namen an.
*– Formuliere nun deine Bewerbung, indem du genau begründest, warum du dich um diese Jurymitgliedschaft bewirbst. Ergänze hierbei deine Filmerfahrungen sachlich und stelle einen konkreten Film in Form einer Filmkritik/-rezension vor. Bei einer **Rezension** handelt es sich um eine kritische Auseinandersetzung mit dem Film, die auf eine Empfehlung oder eine Ablehnung zielt. Eine Rezension sollte folgende Informationen enthalten: Titel, Erscheinungsjahr, Regisseur, Inhaltsangabe sowie eine begründete Bewertung in Hinsicht auf Inhalt, Handlungsaufbau, Figuren und filmische Gestaltung.*
– Wähle nun die für dich wichtigsten Informationen aus, um begründet aufzuzeigen, was dir an dem Film gefallen hat und was nicht.
– Beende dein Schreiben mit einer passenden Grußformel und deiner Unterschrift.

*Beachte bei der **sprachlichen Gestaltung**, dass du das Bewerbungsschreiben in einem sach-lichen Stil schreibst und kurze, einfache Sätze verwendest. Verfasse die Inhaltswiedergabe des Films im Präsens und setze z. B. wertende Adjektive, Anspielungen und rhetorische Fragen ein, um den Text sprachlich individuell und lebendig zu gestalten.*

Fertige nun eine Stoffsammlung an. Diese könnte zum Beispiel so aussehen:

	Stoffsammlung

Einleitung	• Briefkopf:
	  – Absender- und Empfängeradresse (links)
	  – Ort und Datum (rechts)
	• Betreffzeile: Bewerbung um Mitarbeit in der Filmjury „Goldener Rabe" 2018
	• Anrede: Sehr geehrter Herr Goldmann, …
	• Anlass: Filmfans zwischen 15 und 18 Jahren zur Mitarbeit in Filmjury gesucht

Hauptteil	• persönliche Vorstellung
	• begründetes Interesse an Mitarbeit in Jury
	• Vorstellung eines Films (Filmkritik / Filmrezension): „Tschick":
	  – wesentliche inhaltliche Aspekte
	  – begründete Bewertung einzelner Filmszenen
	  – Kritik am Ende des Films

Schluss	• verbindlicher Schlusssatz, z. B. Bitte um Rückmeldung • Grußformel • namentliche Unterschrift

Schreibe nun das Konzept deiner Bewerbung und überarbeite es anschließend hinsichtlich Orthografie, Grammatik und Sprache. Übertrage dein Konzept zum Schluss in die Reinschrift.

Beispieltext: Bewerbung als Jurymitglied

Lisa Gerber
Heideweg 16
01662 Meißen

Kinotreff
Herrn Goldmann
Festivalstraße 4
07545 Gera

Meißen, 09. 05. 2018

Bewerbung als Jurymitglied beim Filmfestival „Goldener Rabe" 2018

Sehr geehrter Herr Goldmann,

hiermit möchte ich, Lisa, 15, Filmfan, mich für die Mitarbeit in der Filmjury für den „Goldenen Raben" 2018 bewerben.

Das Medium Film interessiert mich schon seit der siebten Klasse, als wir zum ersten Mal einen kurzen Film im Fach Deutsch für die Schule drehen sollten. Damals haben wir im Deutschunterricht alle filmsprachlichen Mittel kennengelernt. Während des Filmens habe ich schon bemerkt, dass Filmen, die Umsetzung des Drehbuches, nicht so einfach ist. Entsprechend der Handlung müssen die Kameraeinstellungen und die Kameraperspektive vorher genau geplant werden. Auch die Nachbearbeitung des Films bei Schnitt und Montage will überlegt sein. Alle diese Faktoren tragen, neben der eigentlichen Story, dazu bei, ob ein Film beim Publikum ankommt. Ich habe mich also mit dem Medium Film sehr intensiv beschäftigt und glaube deshalb, für die Mitarbeit in der Jury geeignet zu sein.

Einer der letzten Filme, die ich gesehen habe, ist „Tschick". 2016 kam der Film des Regisseurs Fatih Akin in die Kinos. Roadmovie. Heldengeschichte. Der Einstieg in den Film war Spannung pur: ein Unfall auf der Autobahn. Tote Schweine. Ein kaputter Lada. Ein blutüberströmter Junge. Macht neugierig! „Tschick" erzählt die Geschichte der Freundschaft zweier 15-jähriger Jugendlicher, Maik und Tschick, die gegensätzlicher nicht sein könnten. Maiks Familie hat keine Geldsorgen, aber die Mutter ist alkoholabhängig und sein Vater hat eine Geliebte. Er hat keine Freunde und ist in Tatjana, eine Mitschülerin verliebt. Sie bemerkt ihn aber nicht mal. Er ist also oft allein. Tschick kommt eines Tages als neuer Mitschüler in die Klasse von Maik. Er ist aus Russland, ist schlampig gekleidet und betrunken. Ihre Freundschaft beginnt mit dem Besuch von Tatjanas Geburtstagsparty, zu der beide nicht eingeladen sind. Tschick hat ein Auto geklaut, Maik abgeholt und die beiden sorgen ganz schön für Aufsehen auf der Feier. Danach beschließen die Jungs mit dem Lada in die Walachei zu fahren. Es wird ein Sommer voller Abenteuer und Freiheit für Maik und Tschick.

Richtig packend fand ich die Stelle, als die beiden mit ihrem Lada durch ein Maisfeld jagen, weil sie von einem Bauern mit dem Traktor verfolgt werden. Action pur! Coole Bilder und Kameraeinstellungen und -bewegungen, die die Fahrt spannend machen. Als sehr ergreifend erlebte ich die Szene im Film, als die Jungs gemeinsam mit Isa, einer jugendlichen Pennerin, die sie auf einer Müllhalde kennengelernt haben, beschließen, sich in 50 Jahren dort wiederzutreffen. Sehr schade finde ich, dass am Ende des Films offenbleibt, was aus Tschick geworden ist, zumal man von Maiks Rückkehr nach Hause erfährt. Tschick hinterlässt zwar eine kurze Botschaft an Maik, aber über sein weiteres Schicksal wird nicht berichtet und damit endet der Film. Für mich ein Manko des Films.

Ich würde mich freuen, wenn Sie meine Filmrezension überzeugen konnte und ich von Ihnen hören würde.

Ich verbleibe mit freundlichen Grüßen

Lisa Gerber

Teil 1: Textverständnis (Pflichtteil) (gesamt 20 BE)

Lesen Sie den Text. Bearbeiten Sie anschließend die vorgegebenen Aufgaben.

Die geheime Macht der Worte

Wie Sprache uns beeinflusst, wie sie den Menschen prägt und was sie über jeden von uns verrät.

Wörter können toxisch[1] sein

5 Jeden Tag, wenn wir auf unserem Smartphone oder im Fernsehen die Nachrichten verfolgen, prasseln unzählige Wörter auf uns ein: „Hitzewelle", „Datenflut", „Plastikmüllteppich", „Touristenströ-
10 me". Was uns dabei kaum bewusst ist: Jedes dieser Wörter sickert wie ein schleichendes Gift in unsere Köpfe und manipuliert unser Denken und Fühlen. „Um Metaphern zu begreifen, aktiviert
15 unser Gehirn abgespeichertes Wissen: Gefühle, Gerüche, visuelle Erinnerungen", erklärt die Wissenschaftlerin Elisabeth Wehling von der Universität Berkeley in Kalifornien. Wenn in den Nach-
20 richten also von „Touristenströmen" die Rede ist, dann ordnet unser Gehirn das automatisch in den entsprechenden Deutungsrahmen ein. „Unser Gehirn kann ohne diese Deutungsrahmen keine Fak-
25 ten wahrnehmen", so Wehling. „Das Wort ‚Strom' assoziiert beispielsweise eine Naturgewalt, eine Gefahr." […] Das Gehirn übersetzt also: Viele Touristen sind scheinbar eine „Gefahr". Manchmal
30 werden solche Rahmen gezielt eingesetzt, um unser Denken und Fühlen in eine bestimmte Richtung zu lenken.

Wie viel Wucht schon ein einziges Wort entfalten kann, hat die Psychologin
35 Lera Boroditsky gezeigt: In einem Experiment legte sie den Teilnehmern zwei Versionen eines Textes vor, der die Kriminalität in der fiktiven Stadt Addison problematisierte. Sie unterschieden sich
40 nur in einem einzigen Satz: Einmal wur-
de die Kriminalität als „wildes Tier" beschrieben, in der anderen Version als „Virus". Die Versuchspersonen sollten Lösungsansätze entwickeln, wie man die
45 Verbrechen in der Stadt reduzieren könnte. Das verblüffende Ergebnis: Die Probanden, in deren Text die Kriminalität mit einem wilden Tier assoziiert wurde, sprachen sich dafür aus, die Verbrecher
50 hartnäckig zu verfolgen, sie wegzusperren und härtere Gesetze zu erlassen. Diejenigen, denen die Kriminalität als Virus dargestellt worden war, machten sich hingegen dafür stark, die Ursachen zu erfor-
55 schen, Armut zu bekämpfen und die Bildung zu verbessern. Die Metaphern für „Kriminalität" haben also zu unterschiedlichen Bewertungen geführt. […]

In einem weiteren Experiment kon-
60 frontierte der US-amerikanische Psychologe John A. Bargh in einer Studie das Unterbewusstsein von Probanden mit Worten, die ganz allgemein mit den Themen „Alter", „Altern" und „alten Men-
65 schen" zu tun haben. Die Folgen waren verblüffend: Nach dem Experiment bewegten sich die so Manipulierten langsamer als die Probanden einer nicht manipulierten Vergleichsgruppe. Tatsächlich
70 schien es, als hätten die beiläufig erwähnten Worte die Probanden altern lassen. „Wir wissen nicht, dass wir durch ein Wort einen bestimmten Reiz wahrgenommen haben, aber man kann nachwei-
75 sen, dass wir trotzdem darauf reagieren", erklärt Psychologe Daniel Kahneman, der diesen Effekt „Priming" nennt. Doch wie kann es sein, dass jenseits von Fachkreisen kaum einer davon weiß – obwohl
80 jeder Mensch mehrfach täglich von diesem Effekt beeinflusst wird?

Ein gezielt gewähltes Wort kann stärker wirken als jedes Medikament

Im Alltag ist man sich dessen selten bewusst, aber Gedanken und Gefühle kommen nicht aus dem Nichts. Die Gedanken und Gefühle benötigen einen Kontext[2]. Sie beziehen sich auf Vorhergehendes und werden damit verbunden – oft ist uns die Verbindung mit dem Vorhergehenden nicht bewusst. Also das, was wir denken und fühlen, wird in Worte übersetzt. Doch Worte drücken nicht nur Gedanken und Emotionen aus, sondern können diese auch direkt auslösen, auch wenn ein Wort gar nicht bewusst wahrgenommen wird. Ein Effekt, den jeder aus dem Alltag kennt. Aus den Ergebnissen der Priming-Forschung lässt sich klar sagen, dass wir jeden Tag unzählige Male geprimt werden und selbst regelmäßig andere Menschen primen, ohne es bewusst zu bemerken.

Dass Gedanken und Handlungen maßgeblich durch unbewusste Reize beeinflusst werden, zeigt auch folgendes Beispiel: Christian Edwards von der University of Worcester gelang es, die Leistung von Rugby-Spielern merklich zu verbessern – indem er sie nur mit unauffällig eingestreuten Sätzen wie „Ich kann heute höher springen" primte.

Ähnlich beeindruckend sind die medizinischen Effekte des Primings: Für angehende Ärzte ist Heilen durch Sprache mittlerweile Teil ihrer Ausbildung. Denn Worte können Krankheiten sowohl heilen als auch verschlimmern. Studien belegen, dass ein Medikament besser wirkt, wenn ein Arzt dessen positive Effekte anstelle der Nebenwirkungen anspricht. „Ich kenne nur wenige Heilmittel, die mächtiger sind als ein sorgsam gewähltes Wort", beschreibt der amerikanische Arzt Bernard Lown diese erstaunlichen Effekte.

Priming ist weder gut noch schlecht, es existiert einfach. Es ist ein Phänomen, das beschreibt, wie zuvor Wahrgenommenes unsere folgende Wahrnehmung und unser Denken beeinflusst. Es ist ein nützlicher Vorgang, der blitzschnell Dinge in einen Zusammenhang bringt und dabei Vorhergehendes miteinbezieht. Wir können davon ausgehen, dass unser Verstand ohne diesen Effekt erheblich langsamer arbeiten würde. Den daraus resultierenden Nachteil der Beeinflussbarkeit durch Vorhergegangenes müssen wir dabei in Kauf nehmen. Oder wir nutzen ihn, um unser Leben bewusst zu gestalten …

Um sich selbst positiv zu beeinflussen, muss man sich mit einem Reiz konfrontieren, der die gewünschte Emotion weckt. Beispiel: Möchte ich im Büro besser gelaunt sein, kann ich nette Worte aufschreiben und aufhängen, die Freunde zu mir gesagt haben. Diese Sprüche sollten ab und zu ausgewechselt werden. Denn Gewöhnung verringert den Effekt. Um andere Menschen in eine bestimmte Richtung zu primen, hilft es, ihre Bedürfnisse zu kennen. Denn Priming ist die Kunst, den richtigen Reiz zur richtigen Zeit zu aktivieren.

Das Wörterbuch der Manipulation

Oft ist es nur ein einziges Wort, das einen Satz komplett ändert. Ein Wort, das einen Menschen in die richtige oder in die falsche Richtung lenkt. Ein Wort, das einen Lügner enttarnt. Wer die Macht der Wörter geschickt nutzt, kann im Alltag und im Berufsleben entscheidende Vorteile erlangen.

Mit welchen Wörtern erreiche ich, was ich will?

Wir vermittelt Gemeinsamkeit und Zugehörigkeit. Unser Gehirn produziert das Glückshormon Dopamin, wenn wir uns als Teil einer Gruppe fühlen. Einem Redner, der sein Publikum in der Wir-Form anspricht, werden automatisch positive Gefühle entgegengebracht.

Der *eigene Name* hebt den Angesprochenen aus der Anonymität heraus. Wer eine Person mit ihrem Namen anredet, vergrößert seine Erfolgschancen bei Behörden, Unternehmen oder auch einfach im Alltag. Denn der eigene Name klingt nicht nur gut, er steht auch für einen guten Ruf, den es zu verteidigen gilt.

Ja ist ein fast reflexhaft ausgesprochenes Wort, wenn etwas unseren Ansichten entspricht. Gute Rhetoriker tasten sich vor, indem sie uns erst allgemeine Aussagen präsentieren, zu denen die Zustimmung leichtfällt. Schrittweise wird die Aussage konkretisiert, dann ist das Gehirn längst im Ja-Sage-Modus. Wer widerspricht, müsste seine frühere Aussage zurücknehmen – und erschiene sofort als widersprüchlich.

Weil und *aufgrund* befriedigen die menschliche Erwartung eines Grundes. Das belegt ein verblüffendes Experiment. Es wurde getestet, wie man sich erfolgreich am Kopierer vordrängelt. „Darf ich vor?" führte in 40 Prozent der Fälle zur Ablehnung. Bei „Darf ich vor, weil ich es eilig habe?" verweigerten erwartungsgemäß nur sieben Prozent. Doch absurderweise reichte auch eine Begründung wie „Darf ich vor, weil ich kopieren muss?" für die gleiche Erfolgsquote. Bei „weil" und „aufgrund" schaltet das Gehirn sofort auf Zustimmung. Deshalb ertönen in öffentlichen Verkehrsmitteln bei Verspätungen oft solch inhaltslose Begründungen wie „aufgrund eines technischen Problems" – Menschen hören sie einfach gern.

Welche Wörter sind tabu?

Leider wirkt negativ, denn darauf folgen in der Regel nur Begründungen, warum etwas nicht geht. Das Gehör schaltet sofort „auf Durchzug", und das Gehirn beginnt parallel nach Alternativen oder Lösungen für das vermeintliche Problem zu suchen.

Aber und *trotzdem* provozieren innere Gegenwehr, am Satzanfang lösen sie Aggressionen aus. „Hochexplosiv" nennt der Rhetorik-Trainer Rolf Ruhleder solche Widerspruchswörter, die das Gegenüber in den Verteidigungszustand versetzen.

Welche Wörter verraten einen Lügner?

Du und *man* sind Zeichen eines Perspektivwechsels. Die meisten Lügner vermeiden „ich". Normalerweise sagt ein Mensch im Alltag alle 16 Wörter einmal „ich", „mein" oder „mich". Ist es auffällig seltener, heißt es Vorsicht. Lügner wollen klare Aussagen vermeiden und nutzen deshalb lieber eine unpersönliche Formulierung. Also statt „Ich war um 23 Uhr nicht auf der Straße" eher „Um diese Zeit geht man doch nicht mehr allein auf die Straße". Da hilft nur festnageln: „Waren Sie oder nicht?"

Danach, *während* und *als Nächstes* – Lügner erzählen meist alles streng chronologisch, denn Lügen ist schwer: Es gibt viele Daten, die zusammenpassen müssen. „Die meisten Lügner erzählen deshalb die Wahrheit bis zu dem Punkt, wo sie etwas verstecken wollen, und kehren danach wieder zur Wahrheit zurück", erklärt ein ehemaliger FBI-Agent. Ein Trick: Lassen Sie sich eine Geschichte in zeitlich umgekehrter Reihenfolge erzählen, das überfordert Lügner oft.

Quelle: Welt der Wunder. Die geheime Macht der Worte. Heft 1/18, S. 28–39.

1 toxisch: giftig
2 Kontext: Bezug, Zusammenhang

Aufgaben

Hinweis: Orthografie und Grammatik werden mit 2 BE bewertet.　　　　　　2 BE

1. „Wörter können toxisch sein." (Zeile 4)
   Zitieren Sie normgerecht den Satz im Text, der dieser Teilüberschrift entspricht.　　　　　　　　　　　　　　　　　　　　　　　　　　　1 BE

2. Erläutern Sie zusammenfassend das Experiment der Psychologin Lera Boroditsky und dessen Ergebnis.　　　　　　　　　　　　　　　　　　2 BE

3. Untersuchen Sie, welche Gemeinsamkeiten die Experimente von Lera Boroditsky und John A. Bargh aufweisen. Notieren Sie diese mit eigenen Worten
   in Satzform.　　　　　　　　　　　　　　　　　　　　　　　　2 BE

4. Erklären Sie das Phänomen „Priming" mit eigenen Worten anhand des
   Textes. Gehen Sie dabei auf den Auslöser und auf dessen Auswirkungen ein.　3 BE

5. „Ein gezielt gewähltes Wort kann stärker wirken als jedes Medikament."
   (Zeile 82 f.)　　　　　　　　　　　　　　　　　　　　　　　　2 BE

   a) Belegen Sie diese Aussage an einem Beispiel aus dem Text.

   b) Nennen Sie ein weiteres Beispiel für positives Primen aus dem Text.

6. Was setzt die Wirkung des positiven Primens herab? Markieren Sie den
   Satz.

   Markierungsfarbe: ☐　　　　　　　　　　　　　　　　　　　　1 BE

7. Wörter können Reaktionen von Menschen positiv oder negativ beeinflussen.
   Erklären Sie diese Behauptung an jeweils einem Beispiel aus dem Textabschnitt „Das Wörterbuch der Manipulation" (ab Zeile 157).　　　　2 BE

8. Lügner können mit einer im Text beschriebenen Methode überführt werden.
   Geben Sie die Methode an und erläutern Sie, warum diese funktioniert.　2 BE

9. Legen Sie zusammenfassend dar, worin die „geheime Macht der Worte" laut
   Text besteht.
   Leiten Sie daraus eine Schlussfolgerung für sich ab.　　　　　　　3 BE

Teil 2: Textproduktion (Wahlteil) (**gesamt 30 BE**)

Wählen Sie **eines** der folgenden Themen 1, 2 oder 3 aus.

Thema 1

Der Schwan, der Hecht und der Krebs – eine Fabel

Der Schwan, der Hecht und der Krebs

Wenn zur Genossenschaft sich Eintracht nicht gesellt,
ist's mit dem Werke schlecht bestellt:
Es gibt nur Quälerei, und man bringt nichts zurecht.
Einst wollten Schwan und Krebs und Hecht
fortschieben einen Karrn mit seiner Last
und spannten sich zu drein davor in Hast.
Sie tun ihr Äußerstes – er rückt nicht von der Stelle.
Die Last an sich wär' ihnen leicht genug,
allein der Schwan nimmt aufwärts seinen Flug,
der Krebs keucht rückwärts, und der Hecht strebt in die Welle.
Wer schuld nun ist, wer nicht, darüber hier kein Wort,
der Karren aber steht noch dort.

Iwan Andrejewitsch Krylow

Quelle: http://gutenberg.spiegel.de/buch/fabeln-5264/44 [letzter Zugriff am 16. 09. 2018]

Erfassen Sie die vorliegende Fabel.

Übertragen Sie die Fabel auf eine Alltagssituation und schreiben Sie eine Erzählung mit menschlichen Figuren.

Die Konfliktlösung kann negativ sein (wie in der Fabel) oder auch positiv.

Thema 2

Bernhard Schlink: „Der Vorleser"

„Woher kennen Sie sich?"
[…][1] „Wir wohnten in der Nähe und haben uns kennengelernt und befreundet. Als junger Student war ich dann beim Prozeß, bei dem sie verurteilt wurde."
„Wieso haben Sie Frau Schmitz Kassetten geschickt?"
Ich schwieg.
„Sie wußten, daß sie Analphabetin war, nicht wahr? Woher wußten Sie's?"
Ich zuckte mit den Schultern. Ich sah nicht, was Hannas und meine Geschichte sie anging. Ich hatte Tränen in Brust und Hals und Angst, nicht reden zu können. Ich wollte vor ihr nicht weinen.

Quelle: Bernhard Schlink: Der Vorleser. Diogenes Verlag AG, Zürich, 1997, S. 192 f.

Nach dem Gespräch mit der Gefängnisdirektorin denkt Michael über Hanna und über seine Beziehung zu Hanna nach.

Schreiben Sie einen inneren Monolog, der die Gedanken und Gefühle des erwachsenen Michaels zum Ausdruck bringt.

Die nachfolgend dargestellten Fragen bieten Ihnen dafür Anregungen.

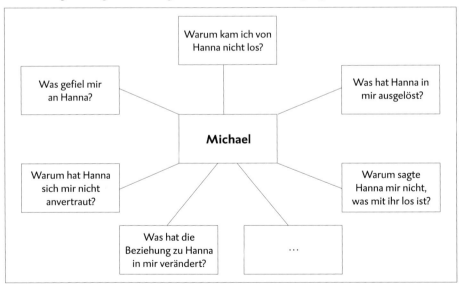

1 Die Rechtschreibung des Textauszugs folgt der Quelle, der sie entnommen wurde.

Thema 3

Leseclub – bist du dabei?

Stefanie, eine Schülerin Ihrer Schule, veröffentlichte auf der Schul-Homepage folgenden Beitrag:

Leseclub – bist du dabei?

Wann immer ich auf Leute treffe, die viel lesen, quetsche ich sie über ihre Meinung zu bestimmten Büchern aus. Ich will wissen, ob sie jenes Buch genauso unmöglich fanden, ob dieses Buch auch ihr Leben verändert hat oder sie ein anderes Buch nach 150 Seiten weggelegt haben.

Meine Lösung: Ein privater Leseclub muss her! Mit Leuten, die ungefähr meinen Büchergeschmack teilen, viel lesen und sich gern darüber austauschen.

Mit Freunden diskutierte ich mögliche Vorschläge für unsere Treffen:
– Einer präsentiert fünf Buchvorschläge und liefert eine Kurzbeschreibung bzw. Klappentexte.
– Jeder bewertet die Buchvorschläge in Form von Punkten.
– Das Buch mit den meisten Punkten gewinnt.
– Nachdem alle das Buch gelesen haben, trifft man sich bei einem der Teilnehmer und diskutiert.
– Derjenige, der das Buch präsentiert, hat vorher Recherchen betrieben, um die Diskussion mit Hintergrundwissen zu bereichern.

Ich finde die Idee eines privaten Leseclubs super! Unsere Treffen könnten alle zwei Monate stattfinden, sodass jeder genug Zeit hat, das Buch zu lesen. So kann man auch noch andere Bücher lesen, auf die man Lust hat.

Was hältst du von der Idee?

Du kannst mir deine Antwort an die E-Mail-Adresse *stefanie@leseclub.de* schicken.

Quelle: Stefanie Laube: Leselink. Dein Überblick über Bücher und Filme. Leseclub.
http://www.leselink.de/Leseclub [letzter Zugriff am 04. 02. 2018]

Schreiben Sie eine ausführliche Antwort-E-Mail.

Erörtern Sie darin Vor- und Nachteile dieser Idee.

Treffen Sie eine Entscheidung zu Ihrer Teilnahme am Leseclub. Begründen Sie diese.

Teil 1: Textverständnis (Pflichtteil)

1. „Jedes dieser Wörter sickert wie ein schleichendes Gift in unsere Köpfe und manipuliert unser Denken und Fühlen." (Z. 11–13)

   Hinweis: Die angegebene Teilüberschrift bezieht sich auf den ersten Textabschnitt (Z. 5–81). Hier findest du den Satz, der die gleiche Aussage hat wie diese Teilüberschrift. Beim Zitieren musst du den Text wortwörtlich übernehmen. Setze das Zitat in Anführungszeichen und gib die Zeilenangaben hinter dem Zitat in Klammern an.

2. Die Psychologin Lera Boroditsky führte ein Experiment durch, das zeigt, welchen Einfluss „schon ein einziges Wort" (Z. 33 f.) auf Menschen haben kann. Es gab zwei Teilnehmergruppen und jede Gruppe erhielt einen fast identischen Text. In dem einen Text wurde die Kriminalität in einer frei erfundenen Stadt als „wildes Tier" (Z. 41) beschrieben, in dem anderen als „Virus" (Z. 43). Die Testpersonen sollten Vorschläge machen, wie man die Kriminalität in der ausgedachten Stadt bekämpfen kann. Das Verblüffende dabei war, dass die Personen, in deren Text die Kriminalität als „wildes Tier" bezeichnet wurde, härtere Strafen und Gesetze für die Verbrecher vorschlugen. Die andere Gruppe jedoch sprach sich für bessere Bildung, Bekämpfung von Armut und Erforschung der Ursachen von Kriminalität aus. Das Ergebnis des Experiments zeigt also, dass sich Menschen durch Worte beeinflussen lassen und gleiche Tatsachen durch verbale Beeinflussung unterschiedlich bewerten.

   Hinweis: Das Experiment wird in den Zeilen 33–58 beschrieben. Der Operator „erläutern" zielt darauf, dass du das Experiment in eigenen Worten wiedergibst und mit passenden Textstellen veranschaulichst. Achte aber darauf, deine Erläuterung knapp zu halten, denn du sollst das Experiment „zusammenfassend" erläutern.

3. In beiden Experimenten wurde die Wirkung von Worten auf das Unterbewusstsein untersucht. Es gab je zwei Versuchsgruppen, die durch Worte manipuliert wurden. An der unterschiedlichen Reaktion der Gruppen zeigte sich in beiden Experimenten, dass Worte unser Denken bzw. Verhalten unbewusst beeinflussen.

   Hinweis: Die beiden Experimente werden direkt hintereinander im Text beschrieben (Lera Boroditsky: Z. 33–58, John A. Bargh: Z. 59–72). Achte darauf, in ganzen Sätzen zu antworten.

4. Mit „Priming" ist gemeint, dass Worte bei uns unbewusst bestimmte Gefühle und Gedanken auslösen. Auch wenn wir die Worte nicht bewusst wahrgenommen haben, stellen sie einen Reiz dar, auf den wir reagieren. Das liegt daran, dass wir Worte automatisch mit den Erfahrungen und Emotionen in Verbindung setzen, in deren Kontext wir sie zu einem früheren Zeitpunkt schon einmal gehört haben. Unsere Erfahrungen und Vorkenntnisse beeinflussen also das Denken und unsere Reaktionen auf Wortimpulse. Wir beeinflussen somit täglich mehrmals Mitmenschen und werden von ihnen beeinflusst, ohne dass es uns bewusst ist.

   Hinweis: Eine ausführliche Erklärung des Phänomens „Priming" findest du im Text in den Zeilen 72–156. Du musst einerseits den Auslöser von „Priming" erklären, also wie „Priming" entsteht. Andererseits sollst du erklären, wie sich das „Priming" auf den Menschen auswirkt. Finde eigene Formulierungen. Wenn du Textstellen wortwörtlich übernimmst, musst du sie als Zitat kennzeichnen.

5. a) Worte beeinflussen die Wirkung von Medikamenten. Das hat eine Studie bewiesen. Man hat herausgefunden, dass Medikamente besser wirken, wenn der Arzt die positiven Effekte des Medikaments anpreist, anstatt auf die Nebenwirkungen hinzuweisen. (vgl. Z. 117–122)

   b) Christian Edwards von der University of Worcester hat seinen Rugby-Spielern durch Priming zu besseren Leistungen verholfen, indem er ihnen zwischendurch und beiläufig aufmunternde Sprüche zuflüsterte. (vgl. Z. 107–112)

   Hinweis: Du findest passende Beispiele im zweiten Textabschnitt (Z. 82–156). Notiere für Aufgabe a ein Beispiel, das die Aussage belegt, sich also auf den medizinischen Bereich bezieht. Bei Aufgabe b kannst du ein beliebiges positives Beispiel für das Primen nennen.

6. „Denn Gewöhnung verringert den Effekt." (Z. 151)

   Hinweis: Suche im zweiten Textabschnitt (Z. 82–156) nach einem Satz, der erklärt, welche Faktoren die Wirkung des positiven Primens abschwächen. Markiere ausschließlich diesen einen Satz.

7. Mögliche Lösung:
   – **positiv:** „*Weil* und *aufgrund*" (Z. 194), also Begründungen der eigenen Handlungen, wirken sich positiv aus. Die Menschen haben Verständnis für die Handlung, selbst wenn sie negativ ist, wie z. B. das Vordrängeln am Kopierer (vgl. Z. 196–206).
   – **negativ:** Die Worte „*[a]ber* und *trotzdem*" (Z. 221) versetzen das Gegenüber automatisch in eine Abwehrhaltung und provozieren Widerspruch. Werden sie am Satzanfang verwendet, können sie sogar zu Aggressionen führen. (Vgl. Z. 221–227)

   Hinweis: Der letzte Teil des Textes ist besonders hervorgehoben und nennt sich „Wörterbuch der Manipulation". Beispiele für Wörter, auf die Menschen positiv reagieren, findest du in dem Abschnitt „Mit welchen Wörtern erreiche ich, was ich will?" (Z. 166–212). Wörter, die negative Reaktionen bewirken, werden in dem Abschnitt „Welche Wörter sind tabu?" (Z. 213–227) genannt. Wähle jeweils ein positives und ein negatives Beispiel aus und erkläre es mit eigenen Worten.

8. FBI-Agenten lassen sich die Geschichte von einem vermeintlichen Lügner in umgekehrter zeitlicher Reihenfolge erzählen. „Lügner erzählen meist alles streng chronologisch" (Z. 243 f.), da viele Daten zusammenpassen müssen. Sie bleiben zunächst bei der Wahrheit, bis zu dem Punkt, an dem sie etwas zu verbergen haben, lügen dann, und kehren schließlich zur Wahrheit zurück. Etwas in umgekehrter Reihenfolge zu erzählen, ist für Lügner schwer, da sie dann leicht etwas durcheinanderbringen.

   Hinweis: Die Lösung für diese Aufgabe findest du in den Zeilen 228–253. Erkläre zunächst die Methode und begründe dann, warum diese funktioniert.

9. Die „geheime Macht der Worte" besteht darin, dass sie uns Menschen unbewusst beeinflussen und manipulieren können. Sie bestimmen unser Denken und Fühlen entscheidend mit. So können Worte z. B. unsere Leistungen ankurbeln und sogar Medikamente wirksamer machen. Ich kann daraus schlussfolgern, dass vor allem positive Worte enorm wichtig sind, um unser Leben auf eine positive Art zu beeinflussen und uns zu helfen. Durch Worte kann man es schaffen, sich selbst besser zu fühlen und mehr zu leisten. Ich schließe für mich auch aus dem Text, dass ich meine Worte mit mehr Bedacht wählen muss.

   Hinweis: In der letzten Aufgabe geht es zum einen darum, die Kernaussage des Textes, dass Worte eine „geheime Macht" haben, kurz und präzise zusammenzufassen. Zum anderen sollst du darlegen, welche Schlussfolgerungen du für dich selbst aus dem Text ziehen kannst. D. h., du sollst erklären, welche Erkenntnisse du durch den Text für dich selbst gewonnen hast und ob/inwiefern du dein Verhalten in Zukunft ändern möchtest.

Teil 2: Textproduktion (Wahlteil)

Thema 1 – Der Schwan, der Hecht und der Krebs – eine Fabel

Hinweis: Um die Aufgabe bearbeiten zu können, ist es wichtig, dass du Inhalt und Aussage der Fabel verstanden hast. Die folgenden Fragen können dir dabei helfen, den Text zu erschließen:
- *Welche Figuren treten auf?*
- *Welche Eigenschaften/Fähigkeiten haben sie?*
- *Welche Aufgabe versuchen sie zu bewältigen und woran scheitern sie?*
- *Welche Lehre kann man aus der Fabel ziehen? Was müssten die Figuren tun, damit ihnen ihr Vorhaben gelingt?*

*Du sollst nun auf der Grundlage der Fabel eine **Erzählung** mit menschlichen Figuren schreiben, die sich so in unserem Alltag abspielen könnte.*

*Die folgenden **inhaltlichen Punkte** aus der Fabel musst du in deine Erzählung übertragen:*
- *drei Hauptfiguren mit unterschiedlichen Eigenschaften/Stärken/Schwächen*
- *die Handlung und die Konfliktsituation: das Scheitern an einer gemeinsamen Aufgabe und die Gründe für das Scheitern*
- *die Lehre der Fabel*

Du kannst weitere Figuren und Handlungselemente dazuerfinden und auch die Gestaltung des Schlusses steht dir frei: Du kannst die Figuren wie in der Fabel an der gemeinsamen Aufgabe scheitern lassen oder aber du lässt sie einen Weg finden, wie sie doch noch ihr Ziel erreichen.

*Die folgenden **formalen Elemente einer Erzählung** solltest du berücksichtigen:*
- *treffende Überschrift*
- *Spannungsbogen mit einem überraschenden Höhepunkt*
- *lebendige Sprache (abwechslungsreiche Adjektive und Verben, wörtliche Rede, sprachliche Bilder etc.)*
- *Tempus: Präteritum oder (szenisches) Präsens*

Fertige nun eine Stoffsammlung an. Diese könnte zum Beispiel so aussehen:

	Stoffsammlung

Einleitung	**Figuren:**
	• drei Bäckerlehrlinge mit unterschiedlichen Stärken:
	  – Peter: viel Erfahrung, arbeitet sehr sorgfältig, bäckt am liebsten Brot
	  – Prija: kreativ, dekoriert am liebsten Plätzchen und Torten
	  – Marvin: Konditorlehrling, süßes Gebäck und Torten sind seine Spezialität, denkt sich am liebsten selbst Rezepte aus
	• Bäckermeister: Herr Fröhlich
	
	Thema:
	• Backwettbewerb
	• Ausschreibung für die schönste Torte zum Thema „Urlaubsträume"
	• Preis: 500 Euro

Hauptteil	**Handlungsschritte:**
	• Streit zwischen den drei Lehrlingen um die Gestaltung der Torte
	• keine Einigung; jeder wird allein eine Torte backen
	• letzter Tag vor dem Abgabetermin: jeder Lehrling präsentiert dem Bäckermeister seine Torte
	  – Marvin: Kuchen mit außergewöhnlichem Geschmack, aber zu trocken und langweilig gestaltet
	  – Prija: einfallsreich dekorierte Torte, aber viel zu süß
	  – Peter: perfekt gebackener Kuchen, aber äußerlich nicht ansprechend
	• Urteil des Meisters: Alle drei Torten sind durchschnittlich; nur wenn alle drei Lehrlinge ihre Stärken vereinen, können sie einen ganz besonderen Kuchen einreichen.

Schluss	**positive Konfliktlösung:** • Marvin plant, Peter bäckt und Prija dekoriert die Torte. • Sie gewinnen den Wettbewerb.

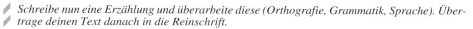

Schreibe nun eine Erzählung und überarbeite diese (Orthografie, Grammatik, Sprache). Übertrage deinen Text danach in die Reinschrift.

Beispieltext: Erzählung – Der Backwettbewerb oder eine besondere Torte

Die drei Lehrlinge der Bäckerei Fröhlich möchten an einem Backwettbewerb der lokalen Zeitung teilnehmen. Gesucht wird die schönste Torte zum Thema „Urlaubsträume". Dem Gewinner winkt ein Preisgeld von 500 Euro.

Peter ist der erfahrenste Lehrling. Seine Spezialität sind Brote. Besonders das dunkle Sauerteigbrot gelingt ihm immer richtig gut. Dafür ist er aber nicht besonders kreativ und bäckt am liebsten nach Rezept.

In der jungen Auszubildenden Prija hat der Bäckermeister eine wahre Künstlerin gefunden. Das tägliche frühe Aufstehen in der Ausbildung fällt ihr oft schwer und das Backen von einfachen Broten und Brötchen ist ihr viel zu langweilig. Dafür verziert sie die leckeren Plätzchen und Torten in den schönsten Farben ihrer indischen Heimat.

Diese stammen aus der Hand von Marvin, dem Konditorlehrling. Mit süßem Gebäck kennt sich keiner so gut aus wie er. Seine Schwarzwälder Kirschtorte bringt die älteren Damen der Nachbarschaft ins Schwärmen. Nur mit Rezepten kann er nichts anfangen. Die Zutaten mischt er nach Lust und Laune und lässt sich dabei auch selbst gern von dem Ergebnis überraschen.

Schon bei ihrem ersten Treffen zur Planung der Torte streiten sich die drei. Peter möchte gern etwas Einfaches und Bodenständiges backen, das nicht viel Arbeit macht, während Prija von den schönsten Kreationen aus zartem Zucker und feinster Schokolade träumt. Marvin hingegen schlägt ein wildes Geschmacksgemisch aus Senf und Papaya vor, das er schon immer einmal ausprobieren wollte.

Da sie sich einfach nicht einig werden können, beschließen die drei, getrennt voneinander je eine Torte zu backen und anschließend Herrn Fröhlich, den Bäckermeister, entscheiden zu lassen, welches Gebäck sie zum Wettbewerb einreichen sollen.

Zwei Tage lang tüfteln sie jeder für sich in der Backstube an ihren Werken. Schließlich ist Sonntag, der letzte Tag vor dem Abgabetermin.

Herr Fröhlich sitzt gespannt an einem langen Tisch, während die drei aufgeregten Schüler ihre Kreationen vor ihm platzieren. Der erste ist Marvin. Sein Kuchen sieht von außen sehr unscheinbar aus, fast wie ein gewöhnlicher Rührkuchen. Eifrig schneidet er ein Stück für den Bäcker ab und legt es ihm auf einen Teller.

Herr Fröhlich nimmt einen Bissen und kaut bedächtig, während die drei ihn genau beobachten. Schließlich erhellt sich seine Miene: „So was hab' ich ja noch nie gegessen, Marvin. Wirklich ein Geschmackserlebnis." Marvin strahlt, aber dann ergänzt Herr Fröhlich: „Die Konsistenz ist aber viel zu trocken und der Kuchen sieht auch etwas langweilig aus. Ich fürchte, so kannst du nicht überzeugen."

Enttäuscht lässt der junge Konditor die Schultern hängen. Die Nächste ist Prija mit einem tropischen Kuchen, der fast wie eine echte Ananas aussieht. Herr Fröhlich lobt die einfallsreiche Dekoration, aber dieser Kuchen ist ihm viel zu süß.

Als Letzter tritt Peter nach vorne und überreicht seinem Chef ein Stück von seinem einfachen braunen Gebäck, das ein bisschen an ein Kastenbrot erinnert. Herr Fröhlich schaut den Kuchen erst zweifelnd an, bevor er einen Bissen nimmt. Dann sagt er überrascht: „Dein Kuchen sieht zwar nach nichts Besonderem aus Peter, aber gebacken ist er fantastisch. Man merkt, mit wie viel Sorgfalt du die Zutaten zusammengefügt hast."

Nachdem die Verkostung vorbei ist, sehen sich die drei ratlos an. An allen Kuchen hatte der Meister etwas gelobt, aber auch etwas kritisiert. Welchen sollen sie denn nun zum Wettbewerb einreichen? Herr Fröhlich lächelt seinen Auszubildenden freundlich zu.

„Jeder von euch dreien hat besondere Stärken, aber auch Schwächen, die sich gut in diesen drei eher durchschnittlichen Kuchen widerspiegeln. Allein könnt ihr nicht mehr erreichen. Würdet ihr aber eure Stärken zusammenlegen und jeder gibt das hinzu, was er am besten kann, dann hättet ihr am Ende den saftigsten Kuchen mit einem erlesenen Geschmack und einer Dekoration, wie sie die Jury noch nie zuvor gesehen hat. So könnt ihr den Wettbewerb sicher gewinnen."

Verlegen schweigend blicken die drei zu Boden. Schließlich lächeln sie. Herr Fröhlich hatte recht. Mit einer Torte, die Marvin plant, Peter bäckt und Prija dekoriert, würden sie das Preisgeld gewinnen. Sofort machen sie sich ans Werk und sind am Ende stolz darauf, jeder einen Beitrag zur besten Torte des Wettbewerbs geleistet zu haben.

Thema 2 – Bernhard Schlink: „Der Vorleser"

Hinweis: Ein innerer Monolog ist eine Art „stummes Selbstgespräch", das die Gefühle, Gedanken und Erinnerungen einer Person zum Ausdruck bringt. Die Person reflektiert z. B. Erfahrungen und eigene Handlungsweisen, spricht Wünsche, Träume und Hoffnungen aus oder stellt sich selbst Fragen und versucht Antworten darauf zu finden.

*Das Thema des inneren Monologs Michaels sind Hanna und seine Beziehung zu ihr. Die konkrete **inhaltliche Gestaltung** des inneren Monologs ist dir freigestellt. Die in der Aufgabenstellung genannten Fragen sollen dir lediglich als Anregungen dienen. Wichtig ist aber, dass der situative Kontext des vorgegebenen Textauszugs in deinem inneren Monolog deutlich wird. Lies dazu noch einmal die Passagen im Roman, die der Textstelle vorangehen und nachfolgen. Aus deinem Aufsatz muss klar hervorgehen, dass du mit dem Romaninhalt gut vertraut bist. Achte daher darauf, Details aus der Romanhandlung zu nennen (z. B. Michaels Familiensituation, sein Verhältnis zu Frauen, Erlebnisse mit Hanna), die deine Textkenntnis belegen.*

*Berücksichtige die **formalen Merkmale** eines inneren Monologs:*
– Schreibe aus der Perspektive von Michael in der Ich-Form.
– Verwende das Präsens, wenn du über Gegenwärtiges berichtest. Ist von Vergangenem die Rede, schreibst du vorzugsweise im Präteritum.
– Satzbau und Wortwahl sollten eher der gesprochenen Sprache entsprechen. Setze z. B. Ausrufe, rhetorische Fragen, Gedankensprünge und verkürzte Sätze ein.
– Achte darauf, treffende Verben und Adjektive zu verwenden, die die Stimmung des „Sprechers" deutlich zum Ausdruck bringen.

Deine Stoffsammlung könnte zum Beispiel so aussehen:

	Stoffsammlung

Einleitung	Ausgangssituation:
	• Hanna hat sich am Tag vor ihrer Freilassung in ihrer Zelle erhängt.
	• Gespräch mit der Gefängnisdirektorin nach Hannas Tod:
	  – Michael schweigt zu seiner Beziehung mit Hanna.
	  – unterdrückt Tränen

Hauptteil	• Fragen nach den Gründen für Hannas Tod:
	  – Warum wollte sie nicht weiterleben?
	  – Warum hat sie sich Michael nicht anvertraut?
	• Erinnerung an die Beziehung mit Hanna:
	  – erste Begegnung
	  – Mutterrolle Hannas
	  – bedingungslose Liebe
	  – schmerzhafte Trennung
	• Erinnerung an die Wiederbegegnung im Gerichtssaal:
	  – Gefühlschaos
	  – Vorwurf: Hanna hat ihre Vergangenheit verschwiegen und bei Michael jahrelange Schuldgefühle ausgelöst.
	• Beziehung zu Hanna beeinflusst Michaels ganzes Leben:
	  – Entscheidungsschwäche
	  – Beziehung zu anderen Frauen
	• Eingeständnis eigener Fehler:
	  – selbst verschuldete Abhängigkeit von Hanna
	  – Scheidung
	  – hat die Gefühle seiner Tochter Julia verletzt

Schluss	• Frage, wie sein Leben weitergehen wird • Hannas letzter Wunsch • Vorsatz, das Verhältnis zu seiner Tochter zu verbessern

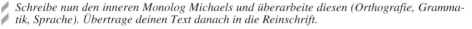 *Schreibe nun den inneren Monolog Michaels und überarbeite diesen (Orthografie, Grammatik, Sprache). Übertrage deinen Text danach in die Reinschrift.*

Beispieltext: Innerer Monolog Michaels

Ich kann es immer noch nicht fassen, ich sitze in meinem Auto und bin wie gelähmt! Vor wenigen Stunden erst habe ich erfahren, dass Hanna tot ist, dass sie sich in ihrer Zelle erhängt hat. Dann fragte mich die Gefängnisdirektorin auch noch so viel über Hanna, aber ich war einfach nicht in der Lage, ihr zu antworten. Außerdem wollte ich ihr nichts über die damalige Beziehung von Hanna und mir erzählen. Wie hätte sie wohl reagiert? Vielleicht würde sie mich für die Beziehung zu Hanna verurteilen? Fragen über Fragen habe ich im Kopf. Ich weiß auch, dass ich auf manche nie eine richtige bzw. wahre Antwort bekommen werde. Besonders quält mich die Frage, warum sie mir nicht gesagt hat, was in ihr vorging. Sie stand kurz vor ihrer Entlassung nach 18 Jahren und konnte jetzt lesen und schreiben. Warum wollte sie also nicht mehr weiterleben? Hatte sie Angst vor der Welt hier draußen, die komplett neu für sie ist? Oder lag es daran, dass sie niemanden außer mir hat?

Ich erinnere mich noch genau an den Tag, als ich sie das erste Mal sah. Heute kann ich aber nicht mehr genau sagen, warum es mich so zu ihr hingezogen hat ... sie übernahm damals wohl so etwas wie eine Mutterrolle für mich. Obwohl sie mich so unterdrückt hat, habe ich sie trotzdem geliebt. Ich wollte nie ihre Zuneigung zu mir verlieren. Als sie dann von dem einen auf den anderen Tag verschwunden war, brach für mich eine Welt zusammen. Ich zog mich zurück und war zu den anderen Menschen um mich herum nur noch abweisend. Nachdem ich Hanna nach einer sehr langen Zeit im Gerichtssaal wieder begegnete, rissen alte Wunden auf. Ich hatte das Gefühl, meine Emotionen fahren Achterbahn. Warum hatte Hanna mir ihre Vergangenheit nicht früher anvertraut? Ich konnte verstehen, dass sie nicht stolz darauf war, aber sie hätte trotzdem mit mir darüber reden können. Nach ihrem Verschwinden war ich davon überzeugt, dass ich schuld an ihrem Weggang war, aber nach dem Prozess wusste ich es besser. Sie war für meine jahrelangen Schuldgefühle verantwortlich! Sie hat mein ganzes Leben beeinflusst, ohne es selbst zu merken! Auch in den Jahren, in denen sie nicht bei mir war, hat sie mein Leben in einer gewissen Art und Weise mitbestimmt. Ich war … nein, ich bin jetzt auch immer noch nicht in der Lage, eigene Entscheidungen zu treffen. Mir fällt es schwer, auf meine innere Stimme zu hören.

Aber ich bin auch selbst schuld, so wie ich mich verhalten habe, nur um bei ihr bleiben zu können und um Liebe von ihr zu bekommen. Wobei ich bis heute nicht weiß, wie echt ihre Liebe zu mir war. Ich bin auch nicht sehr kontaktfreudig und arbeite lieber allein, deswegen werde ich nie als Rechtsanwalt tätig sein. Mein Leben spielt sich in meiner eigenen einsamen Welt ab. Außerdem habe ich mich genau wie mein Vater aus meiner Familie zurückgezogen. Damit habe ich die Gefühle meiner Tochter Julia verletzt. Sie fühlte sich für die Scheidung von mir und ihrer Mutter verantwortlich. Obwohl ich die einzige Person bin, die an der Trennung von meiner Familie Schuld trägt.

Auch in anderen Beziehungen konnte ich mich nie wirklich auf die Frauen einlassen, ich verglich sie immer mit Hanna. Die Beziehung zu Hanna hat in mir sehr viel verändert. Nun ist sie nicht mehr am Leben, aber ich fühle mich immer noch nicht frei. Ob ihr überhaupt bewusst war, was sie mit mir und meinem Leben gemacht hat?

Ich sitze immer noch wie gelähmt im Auto und muss meine Gedanken erst mal wieder sammeln und ordnen. Wie soll es jetzt mit mir und meinem Leben weitergehen? Ich habe das Gefühl, das ganze Leben ist wie die Odyssee, über die ich in der Schule gelesen und die ich vor langer Zeit auch Hanna vorgelesen habe. Den letzten Wunsch werde ich ihr auf jeden Fall erfüllen und der letzten Überlebenden die 7 000 Mark überreichen. Ich hoffe, dadurch werden meine Schuldgefühle, eine ehemalige KZ-Aufseherin geliebt zu haben, etwas weniger. War Hanna der größte Fehler in meinem Leben? Darauf werde ich nie eine Antwort bekommen. Das Einzige, was mir im Moment wichtig ist, ist die Verbesserung der Beziehung zu meiner Tochter. Vielleicht werde ich dadurch ein klein wenig glücklicher.

Thema 3 – Leseclub – bist du dabei?

Hinweis: Bei dieser Aufgabenstellung wird eine Argumentation von dir verlangt: Du sollst die Vor- und Nachteile eines privaten Leseclubs erörtern und dich anschließend für oder gegen die Teilnahme an diesem Club aussprechen. Deine Entscheidung musst du gut begründen.

Lies zunächst den Ausgangstext gründlich durch und mache dir Notizen, welche Aspekte daraus du aufgreifen möchtest.

*Beachte die **formalen Grundregeln** einer Erörterung:*
– Baue deine Argumente nach dem Schema Behauptung – Begründung – Beispiel auf.
– Überlege dir, wie du deine Argumente anordnen möchtest. Du kannst die Pro- und Kontra-Argumente nach dem Sanduhrprinzip abhandeln, d. h., du nennst zuerst die Argumente, die deine Meinung nicht stützen, und ordnest sie nach absteigender Wichtigkeit; bei den Argumenten, die deine Meinung stützen, nennst du das wichtigste am Schluss. Oder du gehst nach dem Ping-Pong-Prinzip vor und hältst jeweils einem Pro-Argument ein passendes Kontra-Argument entgegen.

*Du musst deine Erörterung in Form einer **E-Mail** verfassen:*
– Stelle deinem Text die E-Mail-Adresse des Empfängers und eine Betreffzeile voran.

- *Beginne deine E-Mail mit einer Anrede und beende sie mit einer passenden Grußformel.*
- *Adressat deiner E-Mail ist eine Schülerin deiner Schule. Dein **Sprachstil** sollte also nicht zu formell sein; bleibe aber sachlich und vermeide umgangssprachliche Formulierungen.*

Fertige nun eine Stoffsammlung an. Diese könnte zum Beispiel so aussehen:

	Stoffsammlung
E-Mail-Kopf	• Empfänger-Adresse • Betreff: Teilnahme am Leseclub
Einleitung	• Anrede: Liebe Stefanie, • Anlass der E-Mail: Aufruf zur Gründung eines Leseclubs • Ziel der Mail: Darlegen der Vor- und Nachteile eines Leseclubs

Hauptteil	• **Argumente kontra Leseclub:**
	  – keine Einigung auf ein Buch aufgrund unterschiedlichen Lesergeschmacks
	  – häufiges Fehlen bei den Treffen verhindert sinnvolle Diskussion
	• **Argumente pro Leseclub:**
	  – Knüpfen von neuen Kontakten und Freundschaften durch gemeinsames Hobby
	  – mehr Lesen steigert das Wissen und die Allgemeinbildung
	  – bessere Leistungen in der Schule

Schluss	• **persönliche Meinung:**
	  – Entscheidung für die Teilnahme am Leseclub
	  – Bekräftigung der Pro-Argumente
	  – persönliche Beweggründe: wieder mehr lesen
	• Anmeldung zum Leseclub
	• freundlicher Schlusssatz
	• Grußformel
	• Name

Schreibe nun die E-Mail und überarbeite sie anschließend hinsichtlich Orthografie, Grammatik und Sprache. Übertrage dein Konzept zum Schluss in die Reinschrift.

Beispieltext: Leseclub – bist du dabei?

An: stefanie@leseclub.de
Betreff: Teilnahme am Leseclub

Liebe Stefanie,

auf der Schulhomepage habe ich deine Anzeige gelesen, in der du vorschlägst, einen Leseclub zu gründen. Ich habe mir zu deiner Idee ein paar Gedanken gemacht und möchte dir in dieser Mail gerne mitteilen, welche Vor- und Nachteile ich in einem Leseclub sehe.
Sicher gibt es einige, die nicht auf Anhieb begeistert von deiner Idee sind, denn ein Leseclub bringt auch Nachteile mit sich.
Ich stelle es mir schwierig vor, wenn sich mehrere Personen auf ein Buch einigen sollen, weil der Lesergeschmack jedes Einzelnen unterschiedlich ist. Wenn zum Beispiel drei Teilnehmer*innen ein Abenteuerbuch lesen möchten, die anderen zwei aber lieber einen Thriller, ist es nicht leicht, ein geeignetes Buch zu finden.
Hinzu kommt, dass einige Mitglieder die Treffen manchmal versäumen und es dadurch kompliziert wird, über das gelesene Buch zu diskutieren. Wenn beispielsweise nur drei von fünf der

Teilnehmer*innen anwesend sind und eine der fehlenden Personen die zusätzlichen Informationen für die Diskussion ausarbeiten sollte, kann sich die Gruppe nur sehr oberflächlich über das Buch austauschen, da ihr wichtiges Hintergrundwissen fehlt.

Andererseits hat ein Leseclub aber auch zahlreiche Vorteile.

Wenn sich viele Leute, die sich vorher noch nicht kannten, in dem Leseclub zusammenfinden, kann man zahlreiche neue Kontakte knüpfen. Da man durch den Leseclub bereits eine Gemeinsamkeit entdeckt hat, kommt man sicher schnell miteinander ins Gespräch. Beispielsweise werden sich Jugendliche, die gern lesen, gut unterhalten können und dadurch können Freundschaften entstehen.

Außerdem kann man durch das häufige Lesen sein Wissen und seine Allgemeinbildung steigern. Durch die Bücher lernt man viele Dinge hinzu und versteht sie durch den gemeinsamen Austausch darüber besser. Liest man zum Beispiel ein interessantes Buch über den Zweiten Weltkrieg, fällt es einem bestimmt leichter, das Gelesene zu verstehen, wenn man mit anderen darüber diskutiert.

Am wichtigsten ist aber, dass sich viele Jugendliche durch den Leseclub auch in der Schule verbessern würden, da sie durch die Bücher und die Gespräche darüber an neues Wissen gelangen. Wenn zum Beispiel ein Schüler, der vorher in Geschichte nicht gut war, ein Buch über das Mittelalter liest und dadurch das Thema endlich versteht, wird er auch im Fach Geschichte bessere Noten schreiben.

Ich komme also zu dem Ergebnis, dass der Leseclub eine tolle Idee ist. Man kann neue Freundschaften schließen, lernt spannende Dinge dazu und hat sogar die Chance, sich in der Schule zu verbessern. Abgesehen davon habe ich schon lange kein Buch mehr gelesen und würde diesem Hobby gerne wieder etwas intensiver nachgehen.

Ich melde mich hiermit für den Leseclub an und freue mich schon auf das erste Treffen.

Viele Grüße

[Dein Name]